高等职业教育"十四五"规划旅游大类精品教材

编委会

总主编

马　勇　教育部高等学校旅游管理类专业教学指导委员会副主任
　　　　湖北大学旅游发展研究院院长，教授、博士生导师

编　委（排名不分先后）

朱承强　全国旅游职业教育教学指导委员会委员
　　　　上海师范大学MTA教育中心主任
　　　　上海旅游高等专科学校酒店研究院院长，教授

郑耀星　全国旅游职业教育教学指导委员会委员
　　　　中国旅游协会理事，福建师范大学教授、博士生导师

王昆欣　全国旅游职业教育教学指导委员会委员
　　　　浙江旅游职业学院党委书记，教授

谢　苏　全国旅游职业教育教学指导委员会委员
　　　　武汉职业技术学院旅游与航空服务学院名誉院长，教授

狄保荣　全国旅游职业教育教学指导委员会委员
　　　　中国旅游协会旅游教育分会副会长，教授

邱　萍　全国旅游职业教育教学指导委员会委员
　　　　四川旅游学院旅游发展研究中心主任，教授

郭　沙　全国旅游职业教育教学指导委员会委员
　　　　武汉职业技术学院旅游与航空服务学院院长，副教授

罗兹柏　中国旅游未来研究会副会长，重庆旅游发展研究中心主任，教授

徐文苑　天津职业大学旅游管理学院教授

叶娅丽　成都纺织高等专科学校旅游教研室主任，教授

赵利民　深圳信息职业技术学院旅游英语专业教研室主任，教授

刘亚轩　河南牧业经济学院旅游管理系副教授

张树坤　湖北职业技术学院旅游与酒店管理学院院长，副教授

熊鹤群　武汉职业技术学院旅游与航空服务学院党委书记，副教授

韩　鹏　武汉职业技术学院旅游与航空服务学院酒店管理教研室主任，副教授

沈晨仕　湖州职业技术学院人文旅游分院副院长，副教授

褚　倍　浙江旅游职业学院人力资源管理专业带头人，副教授

孙东亮　天津青年职业学院旅游专业负责人，副教授

闫立媛　天津职业大学旅游管理学院旅游系专业带头人，副教授

殷开明　重庆城市管理职业学院副教授

莫志明　重庆城市管理职业学院副教授

蒋永业　武汉职业技术学院旅游与航空服务学院讲师

朱丽男　青岛酒店管理职业技术学院旅游教研室主任，讲师

温　燕　浙江旅游职业学院讲师

张丽娜　湖州职业技术学院讲师

高等职业教育"十四五"规划旅游大类精品教材

旅游心理学

主　编 ◎ 刘亚轩　金丽丹
副主编 ◎ 赵　红　刘亚钦

Tourism Psychology

华中科技大学出版社
http://press.hust.edu.cn
中国·武汉

内容提要

本书从全新的角度,全面、系统地阐述了旅游心理学的理论、方法及其在实践中的应用。主要介绍了旅游服务心理学的研究对象、研究内容和方法、旅游知觉、旅游动机、旅游者的态度、旅游者的情绪情感、旅游者的个性心理特征、旅游审美心理、旅游服务心理、导游服务心理、饭店服务心理、旅游营销心理、售后服务心理与旅游者投诉、其他部门旅游服务心理等内容。

本教材注重理论与实际相结合,分析问题力求由浅入深,具有较强的应用性,不但适合学生阅读,也适用于旅游工作者和广大心理学爱好者。

图书在版编目(CIP)数据

旅游心理学/刘亚轩,金丽丹主编. —武汉:华中科技大学出版社,2016.8(2024.8重印)
ISBN 978-7-5680-1770-1

Ⅰ.①旅…　Ⅱ.①刘…②金…　Ⅲ.①旅游心理学-高等职业教育-教材　Ⅳ.①F590

中国版本图书馆 CIP 数据核字(2016)第 092278 号

旅游心理学　　　　　　　　　　　　　　　　刘亚轩　金丽丹　主编
Lüyou Xinlixue

策划编辑:李　欢　周小方
责任编辑:刘　烨
封面设计:原色设计
责任校对:何　欢
责任监印:周治超
出版发行:华中科技大学出版社(中国•武汉)　　电话:(027)81321913
　　　　　武汉市东湖新技术开发区华工科技园　　邮编:430223
录　　排:华中科技大学惠友文印中心
印　　刷:武汉市籍缘印刷厂
开　　本:787mm×1092mm　1/16
印　　张:16　插页:2
字　　数:384千字
版　　次:2024年8月第1版第7次印刷
定　　价:45.00元

本书若有印装质量问题,请向出版社营销中心调换
全国免费服务热线:400-6679-118　　竭诚为您服务
版权所有　侵权必究

总序 Introduction

大众旅游时代,旅游业作为国民经济战略性支柱产业,对拉动经济增长和实现人民幸福发挥了重要作用。2015年,中国旅游业步入了提质增效时期,旅游业总收入超过4万亿元,对GDP(国内生产总值)的综合贡献率高达10.51%,成为推动我国供给侧改革的新的增长点。伴随着旅游产业的迅猛发展,旅游人才供不应求。因此,如何满足社会日益增长的对高素质旅游人才的需要,丰富旅游人才层次,壮大旅游人才规模,释放旅游人才红利,提升旅游专业学生和从业人员的人文素养、职业道德和职业技能,成为当今旅游职业教育界急需解决的课题。

国务院2014年颁布的《关于加快发展现代职业教育的决定》,表明了党中央、国务院对中国职业教育的高度重视,标志着我国旅游职业教育进入了重要战略机遇期。教育部2015年颁布的《普通高等学校高等职业教育(专科)专业目录(2015年)》中,在旅游大类下设置了旅游类、餐饮类与会展类共12个专业,这为全国旅游职业教育发展提供了切实指引,为培养面向中国旅游业大转型、大发展的高素质旅游职业经理人和应用型人才提供了良好的成长平台。同年,国家旅游局联合教育部发布的《加快发展现代旅游职业教育的指导意见》中,提出"加快构建现代旅游职业教育体系,培养适应旅游产业发展需求的高素质技术技能和管理服务人才"。正是基于旅游大类职业教育变革转型的大背景,出版高质量和高水准的"全国高等职业教育旅游大类'十三五'规划教材"成为当前旅游职业教育发展的现实需要。

基于此,在教育部高等学校旅游管理类专业教学指导委员会和全国旅游职业教育教学指导委员会的大力支持下,在"十三五"开局之时,我们

率先在全国组织编撰出版了"全国高等职业教育旅游大类'十三五'规划教材"。该套教材特邀教育部高等学校旅游管理类专业教学指导委员会副主任、中国旅游协会教育分会副会长、中组部国家"万人计划"教学名师马勇教授担任总主编。为了全方位提升旅游人才的培养规格和育人质量,为我国旅游业的发展提供强有力的人力保障与智力支撑,同时还邀请了全国近百所旅游职业院校的知名教授、学科专业带头人、一线骨干"双师型"教师和"教练型"名师,以及旅游行业专家等参与本套教材的编撰工作。

为了更好地适应"十三五"时期新形势下旅游高素质技术技能和管理服务人才培养与旅游从业人员的实际需要,本套教材在以下四大方向实现了创新与突破。

一是坚持以"新理念"为引领,通过适时把握我国旅游职业教育人才的最新培养目标,借鉴优质高等职业院校骨干专业建设经验,围绕提高旅游专业学生人文素养、职业道德、职业技能和可持续发展能力,尽可能全面地凸显旅游行业的新动态与新热点。

二是坚持以"名团队"为核心,由中国旅游教育界的知名专家学者、骨干"双师型"教师和业界精英人士组成编写团队,他们教学与实践经验丰富,保证了教材的优良品质。

三是坚持以"全资源"为抓手,全面发挥"互联网+"的优势,依托配套的数字出版物,提供教学大纲、PPT、教学视频、习题集和相关专业网站链接等教学资源,强调线上线下互为配套,打造独特的立体教材。

四是坚持以"双模式"为支撑,本套教材分为章节制与项目任务制两种体例,根据课程性质与教材内容弹性选择,积极推行项目教学与案例教学。一方面增加项目导入、同步案例、同步思考、知识活页等模块,以多案例的模式引导学生学习与思考,增强学生的分析能力;另一方面,增加实训操练模块,加大实践教学比例,提升学生的技术技能。

本套教材的组织策划与编写出版,得到了全国旅游业内专家学者和业界精英的大力支持与积极参与,在此一并表示衷心的感谢!应该指出的是,编撰一套高质量的教材是一项十分艰巨的任务,本套教材中难免存在一些疏忽与缺失,希望广大读者批评指正,以期在教材修订再版时予以补充、完善。希望这套教材能够满足"十三五"时期旅游职业教育发展的新要求,让我们一起为现代旅游职业教育的新发展而共同努力吧!

规划教材编委会
2016 年 5 月

前言 Preface

旅游心理学是一门"年轻"却极富魅力的学科，它凭借着中国旅游事业的腾飞而迅速发展。旅游心理学是心理学的一个应用分支学科，它是将心理学的原则和理论应用于旅游实践活动，重点研究旅游者的心理和行为规律，分析旅游业工作中的心理因素，为改善旅游企业经营管理，提高旅游业的服务质量，正确调整旅游活动中的人际关系，更好地满足旅游者的需要提供理论依据。

本教材注重知识的系统性、准确性和实用性，内容上深入浅出、层次分明，具有以下两个特点：一是综合性。本教材吸收了普通心理学、社会心理学、管理心理学、行为科学和社会学等学科的研究成果以及旅游心理学现有的文献资料，比较全面、系统地分析阐述了旅游心理学在旅游业中的应用。二是应用性。随着旅游行业的发展，与旅游有关的各类心理问题不时见诸媒体。本教材可为旅游心理问题进行针对性的辅导，有助于旅游业更好地发展。

本教材既是高等院校旅游专业教材，又可作为自学考试及旅游从业人员的培训教材，还可作为相关行业从业人员的参考用书。

本书编写分工如下：

第一章、第四章、第五章由金丽丹编写。

第二章、第三章由赵红编写。

第六章、第七章、第八章、第九章、第十章、第十二章由刘亚轩编写。

第十一章由刘亚钦编写。

在编写过程中作者参考了诸多文献，并在本书最后列有主要参考书目，如有遗漏，敬请谅解。在此对所有文献作者表示深深的感谢。

由于编者水平有限，书中纰漏之处在所难免，敬请专家、学者批评指正。

2015 年 9 月

编 者

目录 Contents

第一章　旅游心理学概述
第一节　心理学的基本知识　/2
第二节　旅游心理学概述　/7
第三节　旅游心理学与相关学科　/17

第二章　旅游知觉
第一节　知觉概述　/25
第二节　旅游者的知觉　/35

第三章　旅游动机
第一节　旅游需要　/52
第二节　旅游动机　/59

第四章　旅游者的态度
第一节　态度概述　/71
第二节　旅游者的态度　/78

第五章　旅游者的情绪和情感
第一节　情绪和情感的概述　/91
第二节　旅游者的情绪和情感　/103

第六章　旅游者的个性心理特征

第一节　气质与旅游活动　/112
第二节　性格与旅游活动　/116
第三节　能力与旅游活动　/128

第七章　旅游审美心理

第一节　审美心理学回顾　/135
第二节　旅游审美心理状态　/139
第三节　旅游审美意识　/147

第八章　旅游服务人员的心理素质

第一节　旅游服务人员的心理素质　/153
第二节　了解旅游者心理状态的方法　/162

第九章　导游服务与饭店服务心理

第一节　带队服务心理　/171
第二节　游览过程服务心理　/176
第三节　饭店服务与旅客需求　/180
第四节　前厅服务与旅客心理　/184
第五节　客房服务与旅客心理　/187
第六节　餐饮服务与旅客心理　/189
第七节　康乐服务与旅客心理　/193
第八节　旅游商品服务与旅客心理　/196

第十章　旅游营销心理

第一节　旅游广告　/201
第二节　旅游营销人员心理素质培训　/207

第十一章　售后服务心理与旅游者投诉

第一节　旅游产品售后服务的意义与服务策略　/214
第二节　旅游者的投诉心理与如何正确处理投诉　/219

第十二章　旅游交通部门及其他部门旅游服务心理

　　第一节　旅游交通部门旅游服务心理　/229

　　第二节　其他部门旅游服务心理　/236

参考文献　/236

第一章 旅游心理学概述

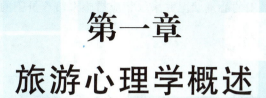

学习目标

通过本章学习,应当达到以下目标:

职业知识目标:了解旅游心理学的研究意义与概况;理解心理学的基本知识;掌握旅游心理学的内涵、研究对象和研究方法;了解旅游心理学与相关学科的关系。

职业能力目标:能认知什么是心理学和旅游心理学;能熟练运用旅游心理学的研究方法;能在旅游实践活动中开展旅游心理研究。

职业道德目标:结合"旅游心理学"教学内容,培养学生学习旅游心理学课程的兴趣,为今后的学习奠定基础。

引例:福特的积极心理管理法

背景与情境:福特汽车公司的创始人老亨利的儿子亨利·福特二世对于职工的心理状况十分重视。他曾经在大会上发表了有关此项内容的讲演:"我们应该像过去重视机械要素取得的成功那样重视人性要素、重视员工的心理状况,让员工以积极的心态面对工作,这样才能解决战后的工业问题。"他说到做到,任命贝克为总经理,以改变公司职员消极怠工的局面;还亲自听取员工的意见,并积极、耐心地着手解决存在的每一个问题,让员工感到企业的温暖,同时也给予员工袒露心声的机会。亨利二世还和工会主席一起制订了雇员参与计划,在各车间成立由工人组成的"解决问题小组",并鼓励员工共同解决问题,以激发员工的智力和自我效能感。工人们有了发言权,不但解决了他们自己的问题,更重要的是对工厂的整个生产工作起到了积极的推动作用。

(资料来源 http://www.mhjy.net/forum.php?mod=viewthread&tid=22923&ordertype=1)

从这个案例,我们可以看到,员工的积极心态对于企业的发展有着举足轻重的作用。那么,企业应该如何衡量员工的心理状况并采取相应措施来培养员工的积极心态呢?

第一节 心理学的基本知识

一、心理学的历史

(一)心理学的产生

心理学是一门渊源数千载而历史上仅有百年的科学。自有人类以来,人们对自身心理活动的探索就从未停止过,最早这种探索是在哲学的框架下进行的。早在两千多年前,哲学家们就将人类的本性、本能、心灵、感觉、意识等问题作为哲学上的主要观念去讨论。但这种讨论,主要是思辨的、猜想的,没能建立在客观的研究方法和系统的理论之上。因此,在漫长的时期内,并没有形成科学的心理学,而只能称为哲学的心理学。19世纪以来,自然科学得到迅速发展,生理学、生物学等学科得到了长足的发展,人们获得了大量关于人体的知识。自然科学的突飞猛进,启发了人们的思维,刺激人们寻找研究心理的新方法,出现了一批尝试用实验的方法研究人的心理现象的探索者、学者,德国生理学家、哲学家威廉·冯特是其中的杰出代表。1879年,冯特在莱比锡大学建立了世界上第一座心理学实验室,用科学实验的方法来研究人的心理现象,标志着心理学的诞生。因此,冯特被誉为"心理学之父"。

> **知识活页**
>
> **冯特与科学心理学的诞生**
>
> 冯特,德国心理学之父。实验心理学的开创者、心理学史上第一位专业心理学家、构造心理学的倡导者、生理学家、医学家和哲学家。1862年出版《感官知觉理论》,首次提出实验心理学的名称。1863年出版《人与动物的心灵讲义》,书中提出了许多实验心理学的重要问题。1867年出版《生理心理学纲要》,构造心理学从此诞生。1879年,冯特在莱比锡大学创立了世界上第一个心理学实验室,开展了大量实验研究,造就出一大批心理学家。1881年,创办《哲学研究》杂志,刊载心理学实验室的成果。
>
> (资料来源 杜·舒尔茨,《现代心理学史》,人民教育出版社,1984年版)

(二)心理学的发展

在心理学形成伊始,就存在不同的流派,如以冯特为代表的构造主义学派,以韦德海默为代表的格式塔心理学派和以詹姆士、杜威为代表的机能主义学派。而比较著名的和有影响力的流派是形成于20世纪的三大流派,即精神分析学派、行为分析学派、人本主义学派。

1. 精神分析学派

精神分析学派的创始人是奥地利精神病医师、心理学家弗洛伊德。弗洛伊德认为,人的心理分为两部分:意识与潜意识。潜意识不能被本人所感知,它包括原始的盲目冲动、各种本能以及出生后被压抑的动机与欲望。他强调潜意识的重要性,认为本能是人的心理的基本动力,是摆布个人命运和决定社会发展的永恒力量。精神分析学派重视潜意识与心理治疗,扩大了心理学的研究领域,并获得了某些重要的心理病理规律。

2. 行为分析学派

行为主义学派(又称早期行为主义学派)于1913年产生于美国,其创始人是华生。这一学派不赞同心理学探讨意识,认为心理学是行为的科学,心理学的目的应是寻求预测与控制行为的途径,认为心理学应当研究客观观察所能获得的并为所有的人都清楚的东西,也就是人的行为,并提出"刺激—反应"(S-R)的行为公式。行为主义学派主张观客观的研究方向,有助于摆脱主观思辨的性质,更多地从实验研究中得出结论,但无视行为产生的内部过程,反对研究意识,引起不少人的非难与反对。

新行为主义学派的主要代表人物是托尔曼、赫尔、斯金纳。他们认为,有机体不是单纯地对刺激做出反应,它的行为总是趋向或避开一个目标。在外部刺激和人的行为反应之间,必须有一个"中介"因素,这就是个体的心理,因此加进一个中介变量O,使行为主义的模式成为S-O-R。同时提出了强化理论,认为人的行为产生不仅取决于刺激这个原因,而且取决于行为的结果,对行为的结果加以强化会导致这种行为的重复产生,用公式表示为R-S。新行为主义学派强调客观的实际操作,冲击了内省心理学,促进了心理学的广泛应用和程序教学的开展,但陷入了还原论和机械论的境地。

3. 人本主义学派

人本主义学派是由美国心理学家马斯洛和罗杰斯于20世纪50年代末60年代初被创建的。它既反对精神分析学派贬低人性、把意识经验还原为基本动力,又反对行为主义学派把意识看做副现象,认为人不是"较大的白鼠"或"较缓慢的计算机",主张研究人的价值和潜能的发展;认为人的本质是善良的,人有自我实现的需要和巨大的心理潜能,只要有适当的环境和教育,人们就会完善自己、发挥创造潜能,达到某些积极的社会目的。

一个多世纪以来,人们对自身心理活动的规律已经有了较深入的认识,并且能够利用心理活动的规律去指导实践活动,心理对人类来说已不再是神秘而不可捉摸的了。如今心理学已经有了很大的发展,并形成了其主干学科和众多的分支学科。

同步案例 人怎会变成"狼"?

背景与情境:历史记载,1920年在印度发现的8岁的狼孩卡玛拉(女性),其身体外形与人不同,特点是:四肢长得比一般人长,手长过膝,双脚的拇指也稍大,两腕肌肉发达;骨盆细而扁平,背部发达而柔弱,但腰和膝关节萎缩而毫无柔韧性。她有明显的动物习性:吞食生肉,四肢爬行,喜暗怕光,白天总是蜷缩在阴暗的角落里，夜间则在院内外四处游荡，凌晨1时到3时像狼似的嚎叫。给她穿衣服，她却粗野地把衣服撕掉。她目光炯炯、嗅觉敏锐，但不会说话，没有人的理性。

（资料来源 http://www.douban.com/group/topic/5089174/）

问题：从心理学的角度评析本案例。

分析提示：人们不禁会问，这位8岁的女孩，她原来是人呀，怎不具有人的禀性而变成"狼"了呢？这一案例有力地说明了社会生活对人的心理发展的决定性意义。由于这位女孩自幼落到狼群中，由狼群喂养长大，有长达8年的时间在狼群中生活，虽然她有人的遗传素质，具有人的一切外貌特征、生理机构和感觉器官，确确实实是由人生出来的，但她没有一般人的心理机能和理性思维能力。这是因为她自幼脱离了人的社会生活，虽然生下来就具备说话的神经组织，但没有同人接触，没有同人进行交往，所以不懂得人类的语言；虽然她有人的脑以及各种感官神经组织，但没有在社会中生活，没有受到社会文化环境的熏陶，没有得到正常的发展与训练，所以无法构造人的心理现象和精神世界。相反，由于她长期在兽群的环境中生活，原有的那些人类的神经组织发生了萎缩，身体的特征也发生了一些变化，时间越长，其狼的习性就越多，这就是使人慢慢变成"狼"的原因。类似的猪孩、羊孩、熊孩也如此。

可见，仅有人健全的脑，若离开人的社会生活环境，人的心理也不可能正常发展。狼孩卡玛拉被带回人群中生活后，经过精心护理和引导，逐渐恢复了正常人的心理状态。

二、人的心理的实质

虽然心理活动和心理现象人人都有，与生俱来，但是要科学地理解和掌握心理现象的实质，却并不是一件容易的事情。围绕着心理学的两个最根本的问题，即心理与身体的关系（心身关系），以及心理与客观现实的关系（心物关系），心理学家形成了不同的观点。

（1）主观唯心主义者认为，心理是一种主观存在的人的心理或精神现象，是世界的本源。世界上的万事万物都是由人的感觉或精神现象决定的。离开了人的精神现象，世界上什么东西都不会存在。而客观唯心主义者则认为，心理是一种"绝对精神"世界，是由某种神秘的精神决定的。

（2）唯物主义者认为，心理是物质派生的。例如，19世纪德国的庸俗唯物主义者毕希纳和福格特都认为，脑髓分泌思想正如肝脏分泌胆汁、胃分泌胃液一样；后来法国机械唯物主义者拉美特列和德罗认为人的心理是自然的本能活动。虽然这些观点都对心理与物质的关系问题提出了比较进步的看法，但都忽视了人的心理的社会本质，其对心理实质的理解也是错误的。

（3）辩证唯物主义者认为，心理是人脑的功能，客观现实是人心理的源泉，人的心理有主观能动性。

（一）心理是人脑的机能

心理现象离不开人的大脑，它依附于人的大脑器官，并通过人的大脑器官的活动得以实现和反映，这是人们随着科学的发展和实践经验的积累逐渐认识到的。正是在这样一种意义上,我们说心理是人脑的机能,没有人脑这块按特殊方式组成的物质的高级产物,就不可能产生人的心理。

(二)客观世界是人的心理的源泉

如果没有外部客观世界的作用,人脑本身是无法独立产生人的心理的。同样道理,一个人即使有了人的头脑,但如果没有社会生活这一外部世界客观环境的熏陶,还是不能产生人的心理的。"狼孩"故事,有力地说明了这一点。所以,我们说,人所生活的外部客观是心理的源泉和内容,心理是对客观现实的一种反映。

(三)人的心理具有主观能动性

人的心理是客观世界在人脑中形成反映的过程,这种反映并不像人照镜子那样机械,而是要受个人知识经验、实践领域和全部的个性特征制约,并通过完整的心理活动表现出来,这样心理活动就会带有个体色彩,从而表现出人的心理的主观性。并且,这种主观性是能动的,表现为对现实的反映并不是消极的、被动的,而是对客观现实进行积极的、能动的反映,并通过实践反作用于客观世界,进而创造出客观世界中不存在的事物和形象,以此推动客观世界不断向新的方向发展。在人的周围世界相互作用的过程中,人无疑是最积极、最活跃的因素,充满着智慧和谋略,并且运用这些智慧和谋略自觉地、创造性地认识周围的世界。这是人的心理具有主观能动性的最重要的表现。

三、心理学的基本内容

普通心理学是研究人的心理活动及其规律的科学,基本任务是提示心理活动的本质和发生、发展的规律。

人的心理活动是存在于主体自身的主观精神现象,人的心理活动极其复杂,但从总体上可以将其分为心理过程和个性心理两个方面。

(一)心理过程

心理过程是人脑对现实的反映过程,主要包括三个方面:

1. 认知过程

认知过程是人的最基本的心理活动过程。认知过程就是人脑对客观对象的属性及其规律的反映。由感觉、知觉、记忆、思维、想象、注意等一系列认知环节所构成。

(1)感觉。

感觉是一种最简单的心理现象,是人脑对直接作用于感觉器官的事物的个别属性的反映,可分为外部感觉和内部感觉。外部感觉是接受外部刺激,反映外界事物特性的感觉,如视觉、听觉、嗅觉、味觉和皮肤感觉。内部感觉是相对于外部感觉而言,指反映机体内部状态和内部变化的感觉,包括运用感觉、平衡感觉和内脏感觉。

(2)知觉。

任何事物都是由许多属性按一定关系综合起来构成一个整体的,而知觉就是人脑对直接作用于感觉器官的事物的整体属性的反映。

(3)记忆。

人们感知过的事物以信息的形式在"大脑仓库"中进行储存、加工和整理,并在一定条件

下回想起来,这就是记忆。记忆过程包括认知、保持、再认知和回忆四个阶段。只有感觉、知觉而没有记忆就不能获得知识与经验。

(4)思维。

思维是人脑对客观事物本质特征的间接和概括的反映,是人们在感知的基础上对事物进行分析思考,做出判断。思维的形式有概念、判断和推理。

(5)想象。

人还能在感知、记忆、思维的基础上创造出新事物的形象,这种利用头脑中已有的知识经验去设想、创造一些前所未有的东西的过程就是想象。

(6)注意。

注意是心理活动对一定对象的指向和集中。人的心理活动的认知过程必须在注意的情况下才能产生,它不是一个独立的心理过程,是认知过程共有的特征,是认识事物的必要条件。

2. 情感过程

在认知基础上,人对客观事物能否满足人的需要而产生的心理体验,如满意、厌恶、喜欢、反感等心理活动,由此形成人们的情感过程。内在的情绪或情感的外部表现是表情,表情通过言语、身体动作表现出来。

3. 意志过程

经过情感过程,人们需要对所认知的事物进行处理,并为此而采取一定的措施,克服一定的困难,以便达到自己的目的。人根据预定的目的,主观能动地去行动,与克服困难联系的心理过程就是意志过程。人的意志强弱不同,面临的风险、困难大小不同,意志过程也不尽相同。根据预定的目标,主观能动地行动,克服一定的困难,坚持达到目的的心理活动过程,也属于意志过程;介于二者之间的心理活动过程,同样属于意志过程。以往界定意志过程强调第一种情况,有失偏颇。

(二) 个性心理

个性心理是一个人在心理活动中所表现出来的经常表现出的、比较稳定的特征,是一个人带有倾向的、稳定的心理特点的总和。个性心理包括个性心理特征和个性倾向性特征两大部分。

1. 个性心理特征

个性心理特征即个体经常表现出来的、稳定的心理特点,主要包括气质、性格和能力。"气质是一个人典型、稳定的个性心理特征,是指一个人在心理活动和行为表现的强度、速度、稳定性和灵活性等动态方面的特征。"[①]性格是指人对客观现实的稳定态度以及与之相适应的习惯性的行为方式。能力是指人能顺利完成一定活动所必须具备的心理特征。

2. 个性倾向性特征

个性倾向性特征即个人在社会生活中逐渐形成的思想倾向,主要包括需要、动机、兴趣、态度、理想、信念、世界观等。个性倾向性特征制约着人的全部心理活动的方向,是人的行为

---

① 吕勤,郝春东.旅游心理学[M].广州:广东旅游出版社,2000.

的动力。

心理过程是人的心理的共性,个性心理是在心理过程中发生的、发展的;已经形成的个性心理又对心理过程起着调节作用。心理过程和个性心理是统一的心理活动的两个方面,两者互相制约、相互影响。

第二节 旅游心理学概述

一、旅游心理学的研究对象

旅游心理学是心理学的一门分支学科,它是把心理学的相关研究成果和有关原理及研究方法运用到分析、了解旅游这一现象上来而产生的新兴应用学科。在旅游心理学产生的初期,主要是把心理学的知识方法移植过来,直到近些年才有独立研究成果出现,所积累的研究成果并不丰厚,所以说旅游心理学还不是一个很成熟的学科。旅游心理学以影响旅游者活动产生、旅游选择和旅游心理效果的主客观因素为研究对象,包括旅游者消费心理、旅游服务心理和旅游企业员工心理,这三方面内容构成了旅游心理学的主体。旅游这一现象本身是一种复杂的社会、经济、文化和心理现象的综合,因而对心理规律的探讨常常不能单独进行,所以进行这方面的研究是比较复杂并有相当难度的。

(一)旅游者消费心理

在旅游活动中,人们总是按照自己的意图、偏好和兴趣来选择和购买自己需要的产品和服务,他们的旅游消费行为是在其消费心理支配下发生的,旅游者的心理因素是始终影响着旅游活动全过程的重要因素。因此了解旅游者消费心理的发生、发展、变化规律是非常有必要的。

美国著名心理学家勒温提出的行为公式有助于我们对这个问题的分析,勒温的行为公式是

$$行为 = (人格 \times 环境)$$

他认为人的行为受两大因素影响:一个是人格;另一个是人所处的环境。人的行为就是人格和环境的函数。所谓人格简单地说就是个人的心理特点系统。在我们研究旅游行为的规律时,对旅游者个人心理因素的探讨就是成为最有价值的切入点,旅游心理是旅游者根据自身需要与偏好,选择和评价消费对象的心理活动。每个人的心理都具有与他人不同的特点,因而形成相互之间在心理因素上的差别。这种差别的影响,使得人们在面对相同的旅游条件时产生不同的反应,有的产生旅游行为,有的不产生旅游行为,有的产生这种旅游行为,有的产生那种旅游行为。另外,环境是影响人的行为的另一个重要因素。人的行为取决于人格和环境二者之间力量的对比,以及它们之间的相互作用。所以我们一方面要探讨旅游者的心理因素对旅游行为的影响,另一方面要探讨旅游者所处的外部环境对旅游行为的

影响。

探讨旅游者消费心理就是要探讨旅游行为产生的规律,探讨旅游者的旅游知觉、旅游动机、旅游态度、旅游个性心理以及旅游者的情绪情感等方面,了解心理因素对旅游行为的产生、旅游选择和旅游心理效果的影响。

对于旅游行业从业者来说,从理论和实践上加以剖析,充分了解旅游者的心理规律,对他们正确理解并预测客人的行为有很大帮助,从而为影响和引导旅游者的行为打下基础。在今天旅游业竞争极端激烈的情况下,科学、正确地了解旅游业的工作对象,是非常重要的。

(二) 旅游服务心理

从心理学角度可以把旅游产品解释为旅游者花费一定的时间、金钱和精力所获得的个人经历。旅游服务实质上是旅游服务人员通过与旅游者打交道,以帮助旅游者构造其美好经历的过程。要想使旅游者有好的经历、好的体验、好的感受,就需要迎合旅游者的心理,满足旅游者的需要。如果不了解旅游者的心理,那么进行的旅游服务则是无理性的,它无异于"盲人骑瞎马",撞到哪儿是哪儿,这样是无法得到结果的。

旅游服务心理研究是以旅游者为研究对象,其目的是在旅游业的主要工作范围内,根据旅游者的心理和行为特点,提供符合旅游者心愿的最佳服务。研究旅游工作或服务对象是做好工作或服务的前提,旅游业的宗旨是"顾客至上,宾至如归"。旅游工作者首先要对服务对象有深刻的认识,并在工作实践中不断去了解旅游者的心理需要,去迎合和满足旅游者的心理,才能保证应有的服务质量。旅游服务心理通过分析存在于旅游业服务过程中旅游者的心理因素,旨在揭示并遵循旅游者的心理和行为规律,采取相应的积极的服务措施,从而不断改进和提高质量。旅游心理学为有针对性的旅游服务提供了理论基础。

(三) 旅游企业管理心理

旅游业服务质量的提高和工作成功的关键在于科学的管理,旅游心理学应在管理工作方面研究如何遵循人的心理和行为方面的特点采取有效的措施。管理最重要的职能是调动员工工作的积极性、创造性,从而实现组织的目标。旅游心理学要研究组织内成员在心理和行为方面的特点,在个体行为、团体行为、领导行为方面应该怎样调节和控制,发挥管理的最佳效能。

旅游心理学的研究对象也包括员工心理,它不是简单地把管理心理学搬过来,而是根据旅游心理学的需要和特殊性,把管理心理学和行为心理学以及其他心理学科相关内容有选择地运用到旅游企业中来,为旅游企业的管理提供理论指导。旅游企业经营的成败取决于它的管理和服务。由于旅游业的特殊性,旅游产品包括两大类:有形产品和无形产品。其无形产品靠员工通过与客人交往和打交道来完成其生产过程,这类产品的质量有很大的不确定性,对其生产过程进行监控非常困难,它的高质量生产只能依赖高素质的员工自觉完成。在旅游服务业内人们常说一句话"顾客是上帝",其含义无非是服务人员要尊重客人,永远把客人放在第一位。而想要使员工做到这一点并不是一件简单的事。作为管理者,为了达到使顾客变成"上帝"这一目的,首先要充分考虑员工的利益。只有对员工的思想、感受和需要深入了解,才能使员工获得提供优质服务所不可缺少的精神力量。旅游心理学正是从旅游管理者的心理、员工的心理的角度,研究如何调动员工工作的积极性,研究员工如何培养良好的心态、克服挫折感、与旅游者建立良好的关系等。正确的认识这些问题，可以使旅游管理工作更加科学化、人性化。所以了解旅游企业员工心理，在实施管理行为时做到知己知彼、有的放矢，就成为管理成功的关键。

总而言之，旅游心理学是一门新兴的应用学科，是心理学的一个分支。它是应社会发展和旅游学科发展的需要而产生的，是旅游学科丛中的一门重要学科。旅游心理学的研究对象是旅游活动中人的心理活动和行为规律，这其中包括旅游者消费心理、旅游服务心理以及旅游企业管理心理，并研究如何遵循这些规律以便搞好旅游服务和旅游管理工作。

二、旅游心理学研究的内容

旅游活动是一种综合性的活动，它是一种地理现象、一种商业活动，也是一种社会行为、一种人类经历。旅游心理学是解剖这一复杂现象的一个重要角度。根据旅游心理学的研究对象，我们认为旅游心理学的具体研究内容应包括以下几个方面。

（一）旅游者心理

旅游者心理具体包括旅游知觉、旅游动机、旅游者的人格、旅游者的态度、旅游者的情绪和情感、旅游审美心理。它包括对旅游者一般心理活动的研究、对旅游者个性心理特征的研究，是旅游心理学的研究重点。

（二）旅游服务心理

这是在研究旅游者心理的基础上，探求相应的服务心理对策，包括旅游服务人员应有的基本心理素质和职业意识、导游与景区服务心理、饭店服务心理、旅游交通服务心理、旅游商品的销售服务心理等。它是旅游业赖以生存和发展的基础，是旅游心理学的重要组成部分。

（三）旅游企业管理心理

旅游企业管理心理具体包括旅游企业员工心理、旅游企业群体动力和群体沟通、旅游企业领导心理。这些内容的实施，有利于创造一个良好的消费环境。因此，它是旅游心理学不可或缺的组成部分。

三、旅游心理学的研究方法

（一）基本原则

基本原则即基本指导思想。旅游心理学研究要遵循以下原则：

1. 辩证原则

辩证原则即联系、发展的原则。万事万物是互相联系的，旅游心理是一种意识现象，除了受自身生理的因素影响外，还必然受外部客观环境因素影响和制约。因此，旅游心理学对旅游心理现象的研究，必须按照辩证唯物主义的原则，坚持物质决定意识的观点，从客观现实的存在和人脑的物质运动过程来把握旅游心理现象的实质。还必须考虑各种内外因素的影响及制约。

同时，万事万物是发展变化的，就旅游者个体而言，随着年龄、文化、职业的变化，对旅游客体的认识和态度也会随之发生变化。在旅游活动过程中，活动内容、方式及旅游景观、设

施也会使旅游者的心理发生微妙的变化和波动。旅游从业者为了适应工作的要求,其心理过程和某些个性特点也会发生改变。所以,旅游心理学研究还必须坚持辩证唯物主义的发展观,探寻旅游心理的变化规律,推断各种条件改变后心理变化的可能性,并针对变化采取相应的措施。

2. 客观原则

客观原则就是我们通常所说的实事求是的科学态度,按照心理现象的本来面貌去反映、去分析,而不附加任何主观的外来成分。按照这一原则的要求,研究者要保证获得真实的客观资料,要保证结论的内容确实反映对象自身的客观的真实联系,绝不能在调查之前带着主观偏见去收集证据或在研究中主观臆测。

旅游心理学所研究的对象是特殊社会环境中个体或群体的心理现象,是客观存在的;但它却像日常生活中的人的心理现象一样,是看不见、摸不到的。这就使得旅游心理学的研究容易受主观臆断的影响。因此,研究旅游者的心理活动,一方面必须以旅游者在旅游活动中可以被观察到的表现作为研究资料,客观地分析在一定的经济条件制约下的心理现象,揭示其发生、发展、变化的规律;另一方面研究者必须运用正确的研究方法,坚持实事求是的科学态度,舍得花时间和精力收集尽可能多的资料和数据,进行科学的分析和推断,从而获得真实的客观材料,保证结论确实反映对象的真实情况。

3. 实践原则

实践原则即理论联系实际的原则。理论来源于实践,反过来指导实践。凭空产生的理论是虚构的理论,没有理论指导的实践是要走弯路的。旅游心理学是一门应用性学科,它要求旅游心理学研究密切联系旅游实践活动,为旅游实践活动提供指导;旅游心理学也是一门理论性学科,要求在旅游实践中研究旅游心理,升华旅游心理学理论,使旅游心理学由技术层面上升至理论层面,更好地指导旅游实践。只有这样,旅游心理学研究才会有强大的生命力。

4. 系统原则

系统原则即动态、整体的原则。就是要求我们在研究时把研究对象看做一个动态的过程、整体的系统。鉴于旅游者的心理和行为因素是运动着的,影响旅游者心理和行为的因素是多方面的,因而一方面,必须要把每个因素都置于整个大系统中研究分析,绝不可只从个别因素和个别方面孤立地分析研究;另一方面,又必须在动态的过程中把握旅游者心理,绝不可把它看成一个静止的对象。也只有在纵横两个系统中研究,才是科学的研究方法,才能得出正确的结论。

(二) 常用方法

旅游心理学的研究方法有很多,其中比较常用的有以下三种方法:

1. 观察法

观察法是观察者深入现场或进入一定环境,在自然条件下,有目的、有计划地通过感官或仪器观察旅游者的语言、行为、表情等外在表现,分析其内在原因,进而发现其心理活动的特点和规律的一种方法。观察法是心理学研究中最常用也是最基本的一种研究方法。

从观察时间的长短来看,观察法是有长期观察和定期观察两种。长期观察指在较长的时间内,对被观察的对象进行跟踪调查。定期观察指按照一个相对固定的时间,进行反复调查,然后进行分析和研究。

从观察的对象来看,观察法分为对特定的个人和对特定的群体进行的观察。从观察的内容来看,观察法又可分为全面观察和重点观察等。

观察法的优点简便易行,花费比较少,而且直接、自然,可以同时获得大量的信息。例如,观察旅游者购买旅游商品,能够发现不同旅游者以及不同年龄段的旅游者对于旅游商品的不同选择和需求。

观察法的缺点也比较明显:首先,观察者在进行观察时只能消极被动地等待观察的发生;其次,观察者所观察到的往往只是表面现象,很难揭示现象背后的本质或因果规律;最后,为了使观察得来的资料真实、可靠,要求观察的对象数量大、涉及面广,这就意味着需要投入大量的人力和时间。因此,观察法最好与其他方法结合使用。

在现实中,观察人可以从以下几个方面着手。

第一,观察衣冠服饰。衣冠服饰能显示人的社会等级、工作职业、性情爱好、文化修养、信仰观念、生活习惯及民族地域等信息。如文化修养较高的学者、教授,因长期从事脑力劳动,戴眼镜的较多,有书卷气,衣着款式不随波逐流,喜欢深色的衣服;政府公务人员、公司职员或企业家、商人讲究效率,给人以精明能干、守信、处事严谨的印象,衣着多为挺括的西服或者夹克;演艺界人士大多衣着高雅华丽,显得光彩照人。英国人、日本人一般衣着讲究,显得彬彬有礼;美国人衣着较为随意,不拘一格。顾客所佩戴的饰品也是其身份的象征,如胸前佩戴十字架,是宗教信仰的表示;戒指的戴法更是一种信号和标志:戴在中指是"在恋爱中",戴在无名指上是"已婚",戴在小指上则表示"独身"。

第二,观察面部表情。人的面部表情是反映内心情感状态的"寒暑表",喜怒哀乐等情绪变化,均可在面部有所反映。细心观察顾客的眼神变化,就可以窥见其基本的心理状态。例如,顾客较长时间炯炯有神地注视某人或某事物,说明对其产生了深厚的兴趣;如果闭目养神,沉默不语,说明已感疲劳,需要休息;目光不怎么接触或有意避开,说明害羞或害怕;正在传达坏消息、诉说痛苦的事情也可能避免目光的接触;眼睛直直地盯着人,表示威胁、恐吓。微笑作为最基本的表情语言,在人类各种文化中是基本相同的,它是能超越语言的传播媒体之一。

第三,观察言语特点。俗话说"听话听声,锣鼓听音",根据口音和语种可以基本判断出客人的地区、职业和性格。"三句话不离本行"的人,表明他对自己所从事的工作特别专注和熟悉;讲话准确洗练,注意词语修饰的是文化修养较高的人;讲话快速往往性格外向;说话慢条斯理、阴声怪气的人,常常性格内向;豪放的人,语多激扬而不粗俗;潇洒的人,言谈举止生动而不随便;谦虚的人,语言谦虚而不装腔作势;宽厚的人,言必真诚直爽而多赞扬;善交的人,言谈开朗而好说话;博学的人,旁征博引、话有重点而简要;图虚名的人,言好浮夸;刻薄妒恨的人,言好中伤;言语啰唆者,多为逻辑思维紊乱;言语晦涩者,多为识薄心乖。

第四,观察体态动作。谦虚的人,躬身俯首,微缩双肩,力求不引人注目;高傲的人,挺胸腆肚,摇头晃脑;矫揉造作的人,娇滴滴地装模作样;好媚的人,卑躬屈膝,微露奸笑。人的手势也能反映丰富的含义,人激动时手舞足蹈,不安时手足无措,平静时动作很小。手脚麻利、步态轻盈的人,多为性格外向、豪爽明快的人;步态正规而精神,则可能是政府公务员或军人

出身;步履轻盈、挺胸收腹者,则可能是演艺人员;步态缓慢而无力,表明此人此时生理或心理上有疲惫感;步态轻松自如,则表明其心情愉快。

第五,观察生活、风俗习惯。中国人最喜欢数字"8",欧美人特别忌讳"13"。办公用品、生活用品摆放整整齐齐、井然有序,体现此人有条理性、效率高、组织能力强、办事细心认真,但也可能是刻板固执的人;用品凌乱,说明此人个性随便、要求不高或自由散漫、工作欠调理、有头无尾;有客人来时整理有序,过后则不然,说明此人个性聪明,但懒惰或较随意。

第六,观察其他行为方式,如观察笔迹、观察行李用具等。

2. 实验法

实验法是指在一定的人工设计条件下,按照一定的程序,改变某些因素和控制条件,对研究对象的活动进行观察、记载,并分析两个以上因素(又称变量)的变化,借以发现现象之间的因果关系、揭示事物运动规律的方法。依据实验条件的不同,实验法可分为标准实验法和自然实验法两种。

标准实验法在实验室内利用一定的设施进行实验研究的方法。进行标准试验时,要求对实验组和控制组进行全面的控制,防止其他因素干扰,以便观察实验因素对不同组别的作用。由于实验标准是在控制了其他因素的状态下进行的,又观察了现象变化的全过程,所以能够确定不同影响因素之间的关系。但这种实验也有不足,主要是实验情境太人工化,往往会影响被实验者的行为,被实验者总想揣摩实验者的意图,不能如实做出反应。由于旅游活动的特点,一般很难采取标准实验法。

自然实验法即在日常生活的自然条件下,有目的有计划地创设和控制一定的条件,在被实验者未察觉的情况下进行实验研究的方法。进行自然实验室时,研究人员既不严格控制实验条件,也不太多施加人为影响,而是在自然状态下观察某因素对不同组别的作用,然后加以比较得出结论。这种实验能够观察到被观察者的真实状态,但由于无法全面控制环境而不能确定不同因素之间的关系。旅游心理学不同于一般的心理学,在实际研究中大都采用自然实验法。例如,我们为了了解旅游者不同的旅游服务需要,可以通过运用不同的服务态度和选择不同性别、不同年龄的服务人员进行旅游服务,从中观察旅游者的情绪反应、满意程度。自然实验法贴近实际、简便易行,兼具实验法和观察法的优点,所以被广泛应用。

3. 调查法

调查法是采取客观态度、运用科学方法、有步骤地收集资料并分析各种因素之间的联系,以掌握实际情况的方法。由于旅游者有流动性大、逗留时间短等特点,所以在短暂接触中深入了解旅游者的心理及行为规律是不可能的。调查法就是针对那些不可能深入了解的心理现象,通过调查、访谈、问卷、测试等方法收集有关资料,间接了解被调查者心理和行为的一种方法。调查法包括访谈法、问卷法等。

访谈法是调查人员面对面地与受访者进行交谈,以口头信息传递和沟通的方式来了解旅游者的动机、态度、个性和价值观念的一种研究方法。此种方法具有直接性、灵活性、适应性、回答率高等特点。当然,访谈人员的谈话技巧、人格气质、性格等特征会直接影响调查的结果。运用访谈法要了解被调查者各方面的情况,要确定谈话目的、拟定谈话的内容纲要。访谈法的缺点在于关于被调查者的心理特点的结论是凭被调查者口头回答做出的,往往不可靠,因而此法常不单独使用,而是与其他方法结合使用。

在实际访谈过程中,按交谈过程中结构模式的差异,访谈法可分结构式访谈和无结构式访谈两种形式;按调查者与访谈对象的接触方式,访谈法可分为个人访问和小组访谈两种形式。

1) 结构式访谈

它是调查者根据预定目标实现拟定谈话提纲,就谈话提纲向受访者提问,受访者逐一进行回答的一种方法。其优点是访谈条理清楚,调查者能控制整个访谈过程,因此所得资料比较系统且节省时间。但结构方式具有一定的局限性:容易使受访者感到被动、约束,进而缺乏主动思考,也容易使访谈双方缺乏沟通和交流,因而影响所得资料的深刻程度。

2) 无结构式访谈

它是调查者与受访者双方以自由交谈的形式进行的调查活动。调查者虽然有一定的访谈目标,但谈话过程没有固定程序,不限范围不限时间。由于气氛轻松,便于交流,受访者在不知不觉中会吐露心中的真情实感。但是这种访谈要求调查者有较高的访谈技巧和经验,否则难以控制谈话过程,从而影响访谈目标的实现。

3) 个人访问

它是调查者向单个受访者进行的访问,可采取结构式访谈和无结构式访谈两种方式。其优点是调查者可以在面对面访问的同时对受访者进行观察,以便随机应变,如对合适的对象可以增加询问问题,对不符合要求的对象可提前结束访问;通过情感交流,鼓励对方发表意见,以增加信息量。其缺点是费用高,访问数量有限,调查者个人素质对访谈效果有较大的影响作用。

4) 小组访谈

它是由调查员以召开座谈会的方式向一组旅游者进行的访谈,访谈的人员构成及数量视具体情况而定,一般3~8人较为合适。其优点是节约时间,减少耗费,气氛活跃,互相启发。其缺点是如果调查者缺乏控制座谈会进程的能力,容易偏离主题;参加座谈会的人互相影响,会妨碍持不同意见者发表个人意见,整理座谈资料的难度较大。

无论采用哪种访谈法,都应注意以下几个问题。

第一,明确访谈目标。调查组应根据一定的调查目的、调查要求和受访者的特点,事先明确访谈的内容和范围,并在访谈过程中紧紧围绕目标进行。

第二,讲究访谈方式。不同的受访者具有不同的社会背景和心理特征,因此调查者切忌采取千篇一律的访谈方式,而采取漫谈、提问、商讨等不同方式,以使受访者在轻松愉快的环境中说出自己的真实想法。

第三,争取受访者的信任。其关键是要以恰当的方式接近受访者,并且要有诚恳的态度。一般来说,调查者要首先介绍自己的身份,并出示证明,直接说明访问的真实目的和对方意见的重要性;要保证为受访者保密;访谈中不应涉及与访谈无关的关涉个人隐私的问题;访谈结束后,应对受访者表示感谢,也可赠送小礼品。

第四,直截了当,言简意赅。提问要直接明了,语言要简洁,尽量争取在短时间内获取有效信息。

问卷是指研究者将其所要研究的事项做成问题或表格形式,请被调查人员按照要求作答的一种形式。通过问卷收集资料的研究方法,便是问卷法。这种方法要求被调查者回答问题要明确,表达要准确,实事求是。问卷的质量高低对调查成功与否起着决定作用,设计出高水平、高质量的问卷,是调查得以顺利完成并获得令人满意的数据的前提。问卷法的优点是可以进行大规模的调查,对得到的材料做仔细的数量上的和质量上的分析,可以得出某年龄段和某阶层的人们的旅游心理倾向。缺点是问卷回收率低,对所回收的问卷答案的真伪判断较难。因为有时问卷的回答者可能并没有认真作答。但在旅游从业者的心理活动方面,很多问题无法直接测量,只能通过问卷的方法进行间接测量。

问卷的问题形式有:

(1) 选择式。将问题有可能性的答案统统列出,让答卷者选择一个或几个符合自己情况的答案。选择式的形式有单项选择与多项选择两种。

选择式问题如:

你来北京旅游的主要的目的是什么?

A. 观光　　B. 度假　　C. 探亲访友　　D. 购物　　E. 商务活动

(2) 排列式。答卷者对问题有多种答案,依其喜好、满意程度排序。

排列序问题如:

请把以下城市按你的喜欢程度排序。

A. 青岛　　B. 大连　　C. 深圳　　D. 三亚　　E. 厦门　　F. 北戴河

(3) 是非判断式。由调查者预先提供两种相互矛盾的答案,让答卷者做出取舍。

是非判断式问题如:

你是否到过西安旅游?

A. 是　　B. 否

心理学的研究方法还有很多,比如个案法、经验总结法、模拟法等,这些方法各有其优缺点。由于旅游心理现象的特殊性和复杂性,进行研究时可根据研究对象的特点和具体任务的差别选择某种或某几种方法。

同步案例　海伦·凯勒的故事

背景与情境:海伦·凯勒(1880—1962),美国女学者,生于亚拉巴马州的小镇塔斯康比亚,1岁半时突患急病,致其既盲又聋且哑。在如此难以想象的生命逆境中,她踏上了漫漫的人生旅途……人们说海伦是带着好学和自信的气质来到人间的,尽管命运对幼小的海伦是如此的不公,但在她的启蒙教师安妮·莎利文的帮助下,顽强的海伦学会了写,学会了说。小海伦曾自信地声明:"有朝一日,我要上大学读书!我要去哈佛大学!"这一天终于来了,哈佛大学拉德克利夫女子学院以特殊方式安排她入学考试,只见她用手在凸起的盲文上熟练地摸来摸去,然后用打字机回答问题。前后9个小时,各科全部通过,英文和德文得了优等成绩。4年后,海伦手捧羊皮纸证书,以优异的成绩从拉德克利夫学院毕业。海伦热爱生活,她一生致力于盲聋人的福利事业和教育事业,赢得了世界舆论的赞扬。她先后完成了《我生活的故事》等14部著作,产生了世界范围的影响,她那自尊自信的品德,她那不屈不挠的奋斗精神被誉为人类永恒的骄傲。

(资料来源　http://www.douban.com/group/topic/5089174/)

问题:根据本章所学的理论分析本案例。

分析提示:1岁半就又盲又聋且哑的海伦,若没有强烈的向命运挑战的勇气和信心,是不可能成长为受世人赞誉的学者的。人生会面对一个接一个的挑战,我们如何面对挑战?倘若毫不畏缩,知难而上,并且最终战而胜之,将会更加完善和成熟。在挑战面前,首先要肯定自己,肯定就是力量,就是对自己充满信心;自信可以促使人自强不息,迎难而上,可以发掘深藏于内心的自我潜能。海伦就是一个强有力的实证。海伦曾说,"信心是命运的主宰"。培养自信品质十分重要,但自信并非天生的,它是在个人生活、实践中逐渐形成、发展的,认真地总结我们的长处和成功经历吧,让自信给我们力量去迎接人生的挑战,向海伦学习。

四、研究旅游心理学的意义

当前,旅游已成为全世界发展势头最迅猛的社会活动。它作为物质与精神的全面感受,作为中高层次的消费行为和生活方式,已经开始成为人们生活中自然需要和不可缺少的追求的内容,越来越多的人积极投入旅游活动之中。在我国,旅游业是朝阳产业,正受到各级政府、部门和企业的高度重视。这种重视是前所未有的,旅游业已成为国民经济中的一个重要的支柱产业。估计到2020年,我国的入境旅客量将列世界第一位,出境旅客量将列世界第四位。旅游业的飞速发展,对旅游心理学的研究提出了越来越高的要求,研究旅游心理学对于旅游学科的建设、发展旅游业和提高旅游质量、推动良好社会观念形成以及建设有中国特色的旅游心理学体系具有重大意义。

(一)有助于提示旅游心理的变化规律,提高旅游活动的质量

从旅游研究的角度看,旅游心理学有助于揭示旅游心理的变化规律。旅游心理学是关于旅游心理系统及旅游心理研究的科学,它对旅游心理的把握是系统的而非零散的,是深入的而非肤浅的,是理性的而非感性的,是具体的更非抽象的。旅游心理规律往往隐藏于心理现象深处,非感性经验所能把握的,只有旅游心理学才能当此大任。

从旅游活动的角度看,旅游心理学也有助于提高旅游活动的质量。旅游质量的高低,不但取决于旅游服务的优劣,也取决于旅游者的心理素质的好坏。旅游活动风险四伏,时间风险、价格风险、身心风险、财物风险、社会风险,不一而足;旅游者心理素质多种多样,有的成熟度高,有的成熟度低,有的适应性强,有的适应性差,差异很大。只有良好的心理素质,才能应对各种旅游风险,达到理想的旅游效果。旅游心理学研究旅游者心理,它将告诉旅游者如何培养自己识别风险、驾驭风险、抵制风险和化解风险的能力,告诉旅游者旅游需要什么样的心理素质,如何培养良好的旅游心理素质。所以,学习旅游心理学,将有助于改善旅游者的心理素质,提高旅游质量。

(二)有助于提高旅游服务质量,进而提高人们的生活质量

旅游业本质上就是一个服务性质的行业。旅游业的服务工作主要是面对具有丰富心理活动、各种类型的旅游者进行的。其所提供的服务,包含极为生动的精神因素即心理因素。如何提高旅游服务质量,使服务满足旅游者心理需要,往往是旅游工作的重要方面,甚至是旅游业赖以生存和发展的生命线。想要提高服务质量就必须研究旅游者的心理,掌握旅游

者的心理活动和行为规律，为其提供有针对性的服务。

旅游者一般都不只是为了满足于低层次的需要，出门旅游是为了获得尊重、友谊等高层次需要，而这些就不只是优美景点、豪华设备、美味佳肴所能满足了的。旅游者更看重的是服务质量，是富有人情味的接待，是友谊、尊重、理解和美感交织在一起的一种人生享受。通过对旅游者心理活动的分析研究，总结出一些带有普遍性的东西，为透过现象深入地了解旅游者，更好地满足其需要提供了理论依据，这样可以减少工作的盲目性，增强针对性。

（三）有助于提高旅游企业的经营和管理水平，进而促进旅游事业的发展

近年来我国旅游事业飞速发展，尤其在硬件方面进步明显，已经接近甚至赶上了世界发达国家水准，但在软件方面我们依旧与旅游先进国家存在一定差距，究其原因就是我们的旅游服务落后，经营管理水平低，这已成为制约我国旅游事业发展的瓶颈。

旅游业是在竞争中发展的，现代旅游业面临着更加激烈的市场竞争，这种竞争是全面的，不仅有技术上的、环境上的竞争，更重要的是在经营方针和策略上的竞争。现在旅游业的发展依赖于科学的预测和决策。旅游心理学的研究可以帮助我们运用心理学等行为科学原理分析旅游者的心理趋势，了解其需要和变化，有针对性地开展旅游宣传，吸引旅客，不断调整经营方针和策略，在了解旅游者心理趋势的基础上进行科学的预测和决策。旅游业的竞争其实就是客源的竞争，旅游心理学的理论可以为经营方针和策略提供心理学的理论依据。

现代旅游业要求从业人员具有现代化的素质。提高员工的素质，最根本的就是要提高心理素质，包括对他人对自己的心理活动的认识、理解和把握。旅游心理学对解决旅游服务人员的服务意识等方面的问题具有重要作用，能有效地帮助旅游服务人员正确认识服务的对象，正确处理客我关系，提高文化和业务水平；能使旅游业从业人员增强对生活和事业的信心，促进沟通，提高工作效率；能全面提高职工的素质，使他们积极主动、富有创造性地完成旅游服务工作，以强健、完善的心理素质迎接四海宾朋。旅游心理学通过对旅游企业的管理心理进行详尽的分析，为人力资源的开发、团队精神的培养、凝聚力工程和领导科学提供了有益的启示。

（四）有利于科学、合理地开发旅游资源和安排旅游设施

旅游设施和旅游资源是支持旅游业生存和发展的"硬件"系统，是旅游业存在的前提条件。但是，旅游资源要变成现实的旅游产品，其前提是要为广大旅游者所接受，要做到这点就需要遵循和利用旅游心理学的知识。成功的旅游产品在其"硬件"建设上都十分注重旅游者的心理因素，使旅游者在心理上得到极大满足。现代旅馆为旅游者创造方便、恬静、舒适的生活环境，在设施安排上充分考虑旅游者的生理、心理特点以吸引旅游者。现代化的旅游交通设施完全是在认识到旅游者需要安全、快速和舒适的心理特点时得到改进和发展的；旅游景点的开发首先要考虑它能否对旅游者有吸引力。

现代科技为旅游业提供了技术保证，使旅游业的现代化程度日益提高，但这并不能保证其一切都是合理的、科学的。旅游设施的安排和旅游资源的开发一定要考虑旅游者的心理活动规律，否则就会事倍功半，浪费人力、物力，甚至会破坏旅游资源，使设施、资源发挥不出应有的效益。旅游心理学为此提供了理论基础。

此外，研究旅游心理学还有利于建设与完善旅游科学体系，以解答在旅游理论构建过程

中必须给予解答的问题。如人们为什么外出旅游？这一旅游学科中的根本性理论问题到目前为止并没有一个满意的解答。心理学和社会学应该提供一个更令人满意的答案。

第三节　旅游心理学与相关学科

一、旅游心理学与普通心理学

普通心理学是心理学的主干分支学科，它的研究对象是一般正常人的心理现象及其基本规律。普通心理学把个人身上所发生的心理现象分成心理动力、心理过程、心理状态和心理特征四个方面。

1. 心理动力

心理动力是指决定个体对现实世界的认知态度和对活动对象的选择与偏向的心理现象系统。它主要包括动机、需要、兴趣和世界观等心理成分。

人的一切活动，无论简单的还是复杂的，都是在某种内部驱动力的推动下完成的。这种引起并维持个体活动，并使之朝向一定目标和方向进行的内在驱动力就是动机。个体在动机的作用下，产生行为并使其指向一定目标，在行为进行过程中不断调节行为的强度、持续时间和方向，使个体最终达到预定目标。

动机的内在心理基础是需要，需要是个体缺乏某种东西的一种主观状态，它是客观需求的反映，这种客观需要既包括人体内的生理需求，也包括外部的社会需求。兴趣是一种对事物进行深入认知的需要，是需要的体现。世界观则对人的需要进行调节和控制，并由此确定个体对客观世界的总体看法与基本态度。

2. 心理过程

心理过程是人的心理，是一种动态的活动过程，即人脑对客观现实的反映过程，它包括认知过程、情感过程和意志过程。

认知过程是个体获取知识和运用知识的过程，包括感觉、知觉、记忆、思维和语言等。人在处理事物的时候，用眼睛看，用耳朵听，用鼻子闻，用手摸，这样就产生感觉和知觉。感觉是对直接作用于感觉器官的客观事物的个别属性的反映，知觉是对直接作用于感觉器官的客观事物的整体属性的反映。人在活动中不仅感知当前的事物，并且要记住它，有时还要回忆过去经历过的有关事物，这是记忆。若要认识事物的本质，掌握事物的规律，这就是思维。感觉、知觉、记忆、思维等都是为了认清客观事物，都是对客观事物的认知活动。

人在认识客观世界的时候，不仅反映事物的属性、特征及其联系，还会对事物产生一定的态度，引起满意、喜爱、厌恶、恐惧等，这些现象叫情绪。它是针对客观事物是否符合自己的需要而产生的态度体验，凡是符合个体需要的客观事物，人就会产生积极情绪；反之就产生消极情绪。

人对客观事物不仅要感受、认识,还要处理、改造。为处理、改造客观事物而提出目标、制订计划,然后执行计划、克服困难、完成任务,这类活动叫意志活动。心理学上把这种自觉地确定目的并为实现目的而有意识地支配和调节行为的心理过程,叫意志过程。

以上介绍的认知活动,情感、意志等心理活动都被称为心理过程。在现实生活中,个体的认知、情感和意志活动并非彼此孤立活动的,它们是紧密联系、相互作用的。探讨心理过程产生和活动的规律以及它们之间的联系,是普通心理学研究内容的一部分。

3. 心理状态

心理状态是指心理活动在一段时间里出现的相对稳定的持续状态。它既不像心理过程那样变动不羁,也不像心理特征那样稳定持久。例如,在感知活动中可能会出现聚精会神或漫不经心的状态;在思维活动中可能会出现灵感跳跃或反应迟钝;在情绪活动中可能会产生某种心境、激情或应激的反应;在意志活动中可能会出现犹豫不决或果敢的状态等。事实上,人的心理活动总是在睡眠状态、觉醒状态或注意状态下展开的,这些不同的心理状态体现着主体的心理激活程度和脑功能的活动水平。

在睡眠状态下,脑功能处于抑制状态,心理激活程度极低,人对自己的心理活动是意识不到的。例如,做梦时人并不能意识到自己是在梦境中,而醒来后如果记住梦的内容只能算无意记忆。在睡眠状态下的心理活动都是无意识活动,人无法进行监控。从睡眠进入觉醒以后,人开始能意识到自己的活动,并能有意识地调节自己的行为。觉醒状态存在不同的性质和水平,如振奋状态使人的心理活动积极有效,疲惫状态则相反。注意状态是一种比较紧张积极的心理状态,是意识活动的基本状态,它使人的心理活动指向和集中在一定的对象上,并使人对注意的事物进行清晰的反映。

4. 心理特征

心理特征就是人在认知、情感和意志活动中形成的那些稳固而经常出现的意识特性,主要包括能力、气质和性格。

能力是人顺利完成某种活动所必须具备的心理特征,体现着个体活动效率的潜在可能性与现实性。例如,从事某些工作时,有的人善于概括,有的人善于分析;有的人记忆力强,有的人记忆力差;有的人抽象思维能力强,有的人形象思维能力强;有的人思维灵活,有的人呆板迟钝。

气质是指表现在人的心理活动和行为的动力方面的特征,如速度与强度的特点、稳定性的特点、指向性的特点等。例如,在人的日常活动和交往中,有的人精力充沛、动作敏捷,有的人无精打采、动作迟缓;有的人活泼急躁,有的人沉静稳重;有的人情绪稳定而内向,有的人情绪容易波动而外向。这些差异就属于气质方面的特征。

性格是人对现实的稳固的态度和习惯化的行为方式。在现实生活中,有的人勤奋,有的人懒惰;有的人自私自利,有的人大公无私;有的人积极进取,有的人被动退缩;有的人坚毅果敢,有的人优柔寡断。这些是性格上的差异。正是这些心理特征,使人与人彼此区别开来,这就是所谓的千人千面。

把个性心理分为心理动力、心理过程、心理状态和心理特征四个方面是为了研究方便,当然,它们各自具有一定的独立性,但更重要的是它们彼此密切相联系、相互作用。

> **同步思考**
>
> 在美国,人们为了保护鹿,就杀掉了鹿的天敌——狼。于是鹿的数量剧增。鹿由于终日无忧无虑地饱食于林中,体态变得蠢笨,植物因为鹿群的践踏和迅速繁殖的大量取食而调零和减少,继而鹿由于缺少充分的食物及因安逸少动所带来的捕杀而大批死亡。无奈,人们又只有把狼再"请"进来,鹿又恢复了蓬勃生机。
>
> 试分析引狼捉鹿与"磨难教育"的关系,如何培养学生坚强的意志力。
>
> 理解要点:根据目前青少年教育现状,应进一步加强对青少年的"磨难教育",培养学生坚强的意志力,应从如下几个方面做起:①树立崇高的理想和信念。②引导学生积极参加各种社会实践活动。③培养学生自觉遵守纪律的习惯。④发挥榜样的教育作用。⑤教育学生加强意志的自我锻炼。
>
> (资料来源 http://jingyan.baidu.com/article/9f7e7ec04d40c06f281554b1.html)

二、旅游心理学与社会心理学

旅游心理学作为心理学的一个分支学科,它与社会心理学有着密切的联系,社会心理学知识成为旅游心理学的一个重要知识来源。旅游心理学的主要研究对象是旅游者和旅游工作者,这二者都是社会中的人,其行为的发生和变化都离不开社会因素的影响。所以研究旅游心理学就需要了解它的母学科之一——社会心理学。

(一) 什么是社会心理学

社会心理学应该研究生活在特定的社会生活条件下,具有独特的文化和完整的人格结构的人对各种简单与复杂的社会刺激所做出的反应。简而言之,它研究人的社会或文化行为发生、发展、变化的过程及规律。

(二) 社会心理学的研究内容

社会心理学研究的内容主要包括以下几方面:

1. 社会化

从社会心理学角度看社会化问题,它关心的是自然的人如何变成了社会的人,以及在这个过程中为什么个体形成了独特的人格特征。

社会化的基本途径是社会教化和个体内化。社会教化即广义的教育,完成广义教育的组织包括家庭、学校、社会团体、大众传播媒介以及法庭、监狱和劳动教养所等;社会化的执行者,则是这些组织的成员。社会教化分两类:一是系统的、正规的教育,如学校等;二是非系统、非正规的教育,如社会风俗、群体亚文化、传媒等的潜移默化的作用。个体内化是指个体通过学习,接受社会教化,将社会目标、价值观、规范和行为方式等转化为自身稳定的人格特质和行为反应模式的过程。社会化的内容主要有政治社会化、道德社会化以及性别角色的社会化等。

2. 社会认知

社会认知是指对人及其行为的认知,而不是对物对事的认知。社会认知的结果影响着人的社会行为。社会认知包括感知、判断、推测和评价等社会心理活动。对人的知觉、印象、判断以及对人的外显行为原因的推测和判断,是社会认知活动发生和进行所经历的几个主要过程。

社会认知的途径,主要是对他人的言行举止、神情仪表以及行为习惯等方面的观察和了解,通过这些方面完成社会认知。社会认知的内容主要包括社会知觉、社会行为的归因等。社会知觉又称为对人的知觉或人际知觉,它是整个社会认知的第一步。它是关于他人和自己所具有的各种属性和特征的一种整体性的知觉,在此基础上人们形成社会印象和社会判断,并进一步对他人的行为做出归因。在社会认知形成的过程中,由于主客观及环境等因素的相互作用,社会认知往往会出现偏差,这类偏差是有规律可循的。我们把这类偏差称为社会知觉误区,它们大致包括第一印象、晕轮效应、心理定势和刻板印象。

社会归因指的是根据所获得的资料对他人的行为进行分析,从而推断其原因的过程。社会归因的结果直接影响认知主体的社会行为,所以了解社会归因的规律有助于认识和预测他人的社会行为。

3. 社会动机

社会动机是人的社会行为的驱动力,它的研究范围包括需要、动机、本能等方面。

4. 社会沟通

社会沟通广义的理解是指人类的整个社会互动过程,在这里,人们不仅交换观念、思想、知识、兴趣、情感等信息,而且交换相互作用的个体的全部社会行动。社会沟通是社会赖以发展的基础。

社会沟通的方式主要有两种:语言沟通和非语言沟通。语言是社会上约定俗成的符号系统,它具有两种基本功能:一是思维功能,二是沟通思想和感情的功能。语言沟通是社会沟通的主要方式。非语言沟通是社会沟通的另一种重要形式。

5. 社会态度

社会态度是社会心理学的基本内容之一,业界在这方面的探讨比较多,甚至于早期有的社会心理学家把社会心理学定义为研究社会态度的科学。社会态度的重要性在于人的社会化过程的最终结果就包含在个体的态度之中。

态度是指个人对某一对象所持有的评价与行为倾向。态度的对象是多方面的,其中有人、事件、物、团体、制度以及代表具体事物的观念等。

人们对一个对象会做出赞成或反对、肯定或否定的评价,还会表现出一种反应的倾向性,这种倾向性就是心理活动的准备状态。所以,一个人的态度会影响他的行为取向。旅游心理学需要研究态度问题,在于旅游者的心理倾向性在很大程度上影响着旅游者的旅游行为,如旅游目的地的选择、入住饭店的选择都受到旅游者态度的影响。

6. 人际关系

社会心理学以社会中的人为其研究对象,自然就要研究人际关系问题。人际关系是人与人之间心理上的关系、心理上的距离。这种关系,是在人与人之间发生社会性交往和协同活动的条件下产生的,是具有普遍意义的现象,在小群体中体现得尤其明显。人际关系的形成包含认知、情感和行为三方面的心理因素,其中情感因素起主导作用,影响着人际关系的亲疏、深浅和稳定作用。

人际关系一般可分为积极关系、消极关系和中性关系。不同类型的关系伴随着不同的情感体验。如积极的关系使当事人双方在发生交往时会产生愉快的体验,而消极关系会给双方都带来痛苦。此外,社会心理学还研究个人行为、自我意识、团体心理以及群体性社会心理现象等。

总之,通过对社会心理学的简单介绍,我们可以了解社会心理学与旅游心理学的密切关系,社会心理学作为旅游心理学的母体学科,对旅游心理学的产生和发展有着重要作用。

三、旅游心理学与管理心理学

管理心理学产生于20世纪20年代,诞生的标志是1924年至1932年在美国芝加哥西方电器公司的霍桑工厂进行的霍桑实验。管理心理学以企业中人的心理规律为研究对象,探索企业中具体的社会与心理现象,目的在于调动人的积极性,以达到最大的工作绩效。其研究内容主要包括个体心理、群体心理、领导心理和组织心理四个方面,以下主要就前两个方面展开讲述。

(一)个体心理

个体心理研究是指管理心理学中以个体心理为研究对象,以调动个体积极性为目的的研究。当一个人把自己现在付出的劳动和所得到的奖酬与他人所付出的劳动和所得到的奖酬或与自己过去所付出的劳动和所得到的奖酬相比较,如果比值相等就会感到公平。如果不相等,尤其自己的产出和投入之比小于他人的产生和投入之比时,就会感到不公平。感到公平就会心情舒畅,产生积极性并继续努力工作;感到不公平就会苦恼、不安,并带来各种消极作用,甚至失去努力工作的积极性。

(二)群体心理

管理心理学在界定群体概念时,使用了三个标准:各成员相互依赖,在心理上彼此用意识引导对方;各成员间在行为上相互作用,彼此影响;各成员有"我们同属一群"的感受。组成群体的要素有三个:活动、相互作用和感情。群体的作用大致有四个方面:完成任务、进行有效的信息沟通、融洽人际关系和满足成员的心理需要。

四、旅游心理学与消费者行为学

消费者行为学主要研究消费者的购买行为及其影响因素,影响消费者行为的内部因素包括消费者心理活动过程、个性心理倾向、心理特征与生理因素;影响消费者行为的外部因

素包括社会因素、商品因素、市场因素、自然因素对消费者行为的影响。

教学互动

互动问题:在导游服务、旅游饭店服务和旅游商品服务等方面,要想提高服务质量,除了研究旅游者心理外,还要研究旅游服务人员心理及与旅游者二者关系的心理,从而为旅游者提供情感化、个性化、有针对性的服务。试从正反两面举例加以说明。

要求:

(1)教师不直接提供上述问题的答案,而引导学生结合本节教学内容就这些问题进行独立思考、自由发表见解,组织课堂讨论。

(2)教师把握好讨论节奏,对学生提出的典型见解进行点评。

本章小结

内容提要

本章讲述了心理学的基本知识、旅游服务心理学的基本知识和旅游服务心理学与相关学科之间的关系三部分内容。

本章介绍了心理学的基本知识,包括心理学的历史和发展、人的心理实质、心理学的基本内容。

旅游心理学的研究对象、研究内容、研究方法和研究意义。

旅游服务心理学与相关学科之间的关系,包括旅游心理学与普通心理学、旅游心理学与社会心理学、旅游心理学与管理心理学、旅游心理学与行为心理学。

核心概念

心理学;普通心理学;社会心理学;认知过程;个性心理;气质;旅游者心理;旅游服务心理;旅游企业管理心理;心理动力;心理过程;心理状态;心理特征

重点实务

旅游心理学知识在旅游服务中的运用。

本章训练

知识训练

一、简答题

1. 简述心理学的基本内容。

2. 简述旅游心理学研究的内容和方法。

3. 简述学习和研究旅游心理学的意义,结合生活实际谈谈学习的必要性。
4. 简述社会心理学和其他心理学研究的内容。

二、讨论题

1. 普通心理学可以分成哪几部分?在日常生活中有哪些与心理学知识应用有关的实例。
2. 观察人可以从哪些方面入手,试举例说明。

能力训练

一、理解与评价

从前,有人没有见过骆驼,也根本不知道有骆驼这种动物,偶然机会看到这个背上长着两个很大肉疙瘩的牲口,觉得非常奇怪,于是不禁大声叫道:大家快来看呀,这匹马的背肿得多高呀……其实只是可能这个人没有见过而已。这个故事出自东汉牟融所著《牟子》一书,因少见,所以多怪。成语"少见多怪"便由此而来。

试分析造成"少见多怪"现象的原因。

二、案例分析

旅游市场的开拓

背景与情境:美国人曾经为了开拓英国的旅游市场,对英国人进行了调查,问他们在决定访问美国时,考虑的最重要的因素是什么,英国人毫不犹豫地回答:"费用。"根据这些调查,美国人在英国开展了一场昂贵的广告宣传。广告中说:"去美国旅游的费用,要比你们想象得更便宜,一天花15美元,就能观赏美国。"按照这个推广计划,理应有成千上万的游客去美国旅游,可是事与愿违,只去了数百名游客。其中症结何在? 美国旅游部决定对英国人的心理状态进行深层次的调查。最后发现,从表面上看,英国人认为费用是一个障碍,而他们真正害怕的是在美国可能看到的那些东西——耸入云霄的摩天大楼、复杂的公路系统、令人毛骨悚然和没有个人感情的消费经济。而更令人担忧的是,英国正步美国的后尘,休闲宁静正遭到破坏,几年或几十年后英国将变成美国。在彻底了解了英国人的旅游心理后,美国改变了宣传的内容,大力宣传科罗拉多大峡谷、尼日利亚瀑布、黄石公园等自然风光,这种着眼于旅游心理的宣传吸引了更多的英国游客。

(资料来源 邓军华、任宣羽:《旅游心理学》,中国旅游出版社,2013年版)

问题:本案例涉及本章的哪些知识点? 讨论旅游心理学的研究特点以及如何根据研究对象的特点来选取研究方法。

第二章
旅 游 知 觉

学习目标

通过本章学习,应当达到以下目标:

职业知识目标:学习和把握感觉和旅游知觉的概念与特性,影响旅游知觉的因素,旅游知觉的种类,旅游中社会知觉的概念和主要内涵,旅游者对旅游条件知觉的类型、影响因素及其对旅游行为的作用等"旅游知觉"知识及其在旅游服务中的应用;能用其指导"旅游知觉"的相关认知活动,规范其相关技能活动。

职业能力目标:运用本章专业知识研究相关案例,培养在与"旅游知觉"相关的旅游服务情境中分析问题与决策设计的能力;通过"旅游知觉知识在旅游服务中应用"的实训操练,培养相关专业技能。

职业道德目标:结合"旅游知觉"教学内容,依照行业道德规范或标准,分析企业或从业人员服务行为的善恶,强化职业道德素质。

引例:石梅湾之旅

随着冯小刚导演的《非诚勿扰2》热映,影片拍摄地石梅湾也开始备受观众注意,一时间,跟随葛优、舒淇去爱情圣地享受人生成了很多观众的口头禅。冯小刚的超级家庭粉丝小璐一家人在看过电影后,决定趁小璐寒假放假,一家人报旅游团去石梅湾度假。绕了十几个弯后,巴士终于停在了小璐一家下榻的酒店——石梅湾艾美度假酒店大堂门口。当一尘不染、宏伟壮观而又不失温馨的酒店大堂映入眼帘,当万亩青皮林进入小璐的视线,当中国南海温暖湿润的海风扑面而来的时候,小璐一家激动万分,感慨着艾美酒店是个度假天堂。前台优雅端庄的服务人员彬彬有礼,她们热情地为小璐一家解答了他们提出的关于酒店和石梅湾的问题。行李员放下行李离开后,站在海景房阳台上的小璐妈妈脸上笑开了花:"这里的服务人员个个都很热情,素质也不错,看来艾美酒店跟我们以前住过的酒店真是不一样啊!这才是一个真正的五星级酒店!"小璐的爸爸热衷运动,此时早已顾不上旅途的疲劳,换好了浴袍就去酒店的游泳区游泳了。小璐的妈妈,平日里在家自己种种花草,修身养性,还在车上的时候,她就已经被石梅湾的植物所吸引,于是她带上相机,在酒店周边随处走走,拍下了那些花花草草。小璐呢,早就在网上看到了网友对石梅湾的评价,而她又是一个追星族,对《非常勿扰2》中男女主角拍戏时取景的地点充满了幻想,向往着在石梅湾洁白的沙滩上悠闲地散步,于是换上沙滩拖,自己一个人到石梅湾沙滩上去寻找葛优、舒淇的拍戏点了。晚上,小璐一家选择了在中餐厅吃晚饭,餐厅服务员在给他们上菜时,认真地介绍了每道菜的名称、制作过程、味道、营养等,精通厨艺的小璐爸爸对服务员此举大加赞赏,并表示度假的这几天都会在该餐厅用晚饭。晚饭过后,小璐一家人,拿着艾美酒店赠给顾客的《非常勿扰2》拍摄时的宣传册,漫步在石梅湾的沙滩上,湿润的海风轻拂着面庞,细腻绵软的沙滩让他们忘记了一切的烦恼。那个夜晚,舒淇和葛优也是在这个沙滩上诉说了对彼此的爱吧!小璐爸爸妈妈牵着手,感受着那样浪漫的爱。一家人,就那么幸福地走在这个度假天堂的沙滩上……

提问:案例中,小璐的爸爸选择去游泳,妈妈选择欣赏植物,小璐选择去沙滩寻找电影中的取景点,同一个度假酒店一家三口选择的、关注的不同,原因是什么?

分析提示:这就是旅游知觉不同决定了他们在旅游行为上不同。

第一节 知觉概述

感知觉是人心理过程的初始阶段,是研究旅游者复杂的旅游心理的基础。游客从旅游过程中的食、住、行、游、购、娱等活动中获得的满足感,无一例外地都要通过感知觉。人类的心理过程始于感觉和知觉,根据人们心理过程由浅到深的规律,我们先来认识一下知觉的基础——感觉,为大家更好地理解知觉开辟道路。

一、感觉概述

(一)感觉的概念

所谓感觉是指人脑对当前直接作用于感觉器官的客观事物的个别属性的反映。人们通常把感觉分为两大类:外部感觉和内部感觉。外部感觉主要有视觉、听觉、嗅觉、味觉等。内部感觉的感受位于肌体内部,主要接受肌体内部的适宜刺激,反映自身的位置、运动和内脏器官的不同状态,包括运动觉(动觉)、平衡觉(静觉)和肌体觉,如表2-1所示。

表 2-1 感觉分类一览表

	感觉类型	感觉器官	感觉刺激	功能
外部感觉	视觉	眼睛	光波	看东西
	听觉	耳朵	声波	听声音
	嗅觉	鼻子	气味	识别气味
	味觉	舌头	味道	感觉物质味道
	触觉	皮肤	物理压力	感觉硬度、形状等
	痛觉	神经	疼痛	生命安全
	温度觉	皮肤	温度	生命安全
内部感觉	饥渴觉	内脏器官与大脑	食物、水及体内失衡	吃、喝
	运动觉	所有感官与大脑	身体运动	日常行动
	平衡觉	内耳中的前庭	身体重心	身体平衡

在这些感觉中,视觉对人认识的作用最大,在人接受的外部信息中,80%~90%都是通过视觉获得的,听觉次之。人们用视觉看尽天下美景,旅游者乐于到异国他乡看文化习俗、风景名胜。乡村的人因看到大都市的高楼大厦、购物中心、流行时尚而兴奋不已;而城里人却因看见田园风光而激动愉悦。到处都有山和水,为什么桂林、九寨沟的景色会让人感觉特别美呢?就是因为那儿的山水变化多端,而且搭配组合令人悦目,四周景色皆奇特。然而平淡辽阔的大草原和单调的大海却能增加人的视野,给游客一种心胸开阔之感,同样具有吸引人的魅力。

知识活页

感觉剥夺实验

感觉对其他复杂的心理的产生和发展具有重要的作用。如果没有感觉提供的各种信息,不仅不能使人进行正常的心理活动,而且还会导致心理活动的紊乱,甚至可能产生幻觉。1954年加拿大麦克吉尔大学的心理学家首先进行了"感觉剥夺"实验:在实验中,给被试者戴上半透明的护目镜,屏蔽视觉;用空气调节器发出的单调声音限制其听觉;手臂戴上纸筒套袖和手套,腿脚用夹板固定,限制其触觉。被试单独待在实验室里,几个小时后开始感到恐慌,进而产生幻觉……在实验室连续待了三四天后,被试会产生许多病理心理现象:对外界刺激敏感、出现错觉幻觉;注意力涣散,思维迟钝;产生紧张、焦虑、恐惧等负面情绪,精神上感到难以忍受的痛苦,急切要求停止实验,实验后需数日才恢复正常。

上述实验表明,丰富多彩的外界环境是智力和情绪等心理因素发展的必要条件,大脑的发育、人的成长成熟是建立在与外界环境广泛接触基础之上的。因此我们应当积极感受丰富多彩的外界环境、从环境中获得更多的知识和信息,才能发展自己的聪明才智;封闭的环境则会限制人的智力和个性的发展。感觉和知觉对于维护人的正常心理、保证人与外界环境的平衡起着极为重要的作用。

(资料来源 陈录生、马剑侠:《新编心理学》,北京师范大学出版社,2000年版)

(二)感觉的特性

感觉的特性或者感觉的规律,主要体现在以下几个方面。

1. 感受性

对刺激强度及其变化的感觉能力叫感受性,它说明引起感觉需要一定的刺激强度。衡量感受性的强弱用"阈限"表示。所谓"阈限",就是门槛的意思。在日常生活中,并非所有来自外界的适宜刺激都能引起人的感觉,如落在皮肤上的灰尘、遥远处微弱的灯光、来自手腕上手表的滴答声,这些都是感觉器官的适合刺激,但人通常情况下却无法感觉到。原因在于刺激量太小。要产生感觉,刺激物必须达到一定的强度并且要持续一定的时间。那种刚刚能引起感觉的最小刺激量,叫绝对感觉阈限。例如人的眼睛在可见光谱(400~760纳米)范围内,有7~8个光量子,且持续时间在3秒以上,就可以产生光的感觉。声音的感受频率大致在20~200000赫兹,超过这一范围,无论响度如何变化人都听不到。这些情况说明,在一定适宜刺激强度和范围内,才能产生感觉;达不到一定的强度,或者强度超过感觉器官所能承受的强度,都不能产生感觉。

能识别两个刺激之间的最小差别量,称为差别感觉阈限。差别感觉阈限是人们辨别两种刺激强度不同时所需要的最小差异值,也叫最小可觉差。其数值是一个常数。如在原来声音响度的基础上增加十分之一,人才能听到声音的变化;感受到亮度的变化需要增加一百分之一;而感受到音高的变化则只需提高三百三十三分之一。

感觉阈限的研究对市场营销工作有一定意义。根据绝对感觉阈限原理,商店的软硬件建设首先要立足于对消费者构成刺激,使消费者能感觉到。如果消费者感受不到,则无异于"穿新衣,走夜路",劳而无功。差别感觉阈限原理则给我们以更多的启示。比如商店重新改造装修后如何让消费者感到焕然一新,商品的搭配、摆放如何错落有致,不同档次的同类商品之间的价格怎样有利于消费者感知等。

2. 适应性

刺激物对感受器持续作用,使感觉器官的敏感性发生变化的现象,叫做感觉的适应。比如我们都经历过视觉适应的两种情况——明适应和暗适应。从暗处来到明亮的地方叫明适应,比如,我们从一个黑屋子里来到外边阳光下的时候,起初觉得光线很刺眼,什么也看不见,过几分钟就好了;从明亮的地方来到暗处叫暗适应,比如我们从外边的阳光下来到一个暗室里的时候,起初更是什么都看不见,差不多像盲人一样,经过较长的一段时间后,才能渐渐恢复正常。此外,嗅觉、听觉等也有适应性,正所谓"居鲍鱼之肆久而不闻其臭,入芝兰之室久而不闻其香"。因此,长期工作在舞厅的人,并不觉得音乐刺激性非常强烈,而刚刚走进舞厅的人则会感到音乐的强烈刺激,声音震耳欲聋;厨师对菜的各种气味和油烟味习以为常,见尤未见,但如果有少许气味飘进客房或大厅,却会引起客人的强烈反应。这都是感觉的适应问题。

3. 对比性

同一感觉器官在接受不同刺激时会产生感觉的对比现象。比如,白色对象在黑色背景中要比在白色背景中容易分出,红色对象置于绿色背景中则显得更红。因此,在广告设计或商品陈列中,亮中取暗、淡中有浓、静中有动等手法有助于增强消费者的注意力。

同步案例　味道刺鼻的客房

分析提示：本案例中，酒店的服务工作确实存在很大问题。首先，房间没有及时打扫，昨日9点多，54名海口游客在旅行社的安排下，入住某海景酒店，却发觉房里有股刺鼻味道。他们拒绝入住。

"有的房间床上有毛发，地上有方便面的痕迹。"游客吴小姐说，他们中有几名六旬老人和四五个孩子，最小的孩子只有5岁，受不了。旅行社的导游答应重新找酒店，但两三个小时后还没找到。

晚上十一点多，十几名游客待在酒店门口，拒绝入住。酒店负责人王先生说，酒店刚开业不久，还残留装修的味道，而且酒店靠海边，房间平时封闭，有点味道在所难免。

次日凌晨一点半左右，大家还是进入房间休息了。游客吴先生说："明天早上赶飞机回海南，不想再折腾了。"

（资料来源　刘以结：《酒店客房没收拾味道刺鼻　游客不满拒绝入住》，引文有删减）

问题：从职业道德的角度如何评析本案例？

分析提示：这不符合饭店管理的相关规定，也是对客人的不尊重；尤其是新装修的房间平时不开窗通气，里边可能残存有毒的气体，会对客人的健康造成危害。上述做法有违服务行业的服务理念与良好的职业操守。

二、知觉概述

（一）知觉的概念

人们通过感觉可以认识事物的各种不同的个别属性。如我们用视觉看到花的颜色和形状，用味觉闻到花的香气，用肤觉感觉到花的凝润，这些是感觉到花的个别属性。最后，各种感觉在头脑里进行有机组合，得出这就是花中之魁——洛阳牡丹花，这就是知觉了。

由此可见，知觉是指人脑对直接作用于感觉器官的客观事物整体的反映。知觉是在感觉的基础上把所有的感觉到的信息加以综合整理，从而形成对事物的完整印象。

（二）知觉的特征

1. 选择性

人在知觉事物时，首先要从复杂的刺激环境中将一些有关内容抽出来组织成知觉对象，而其他部分则留为背景。根据当前需要，对外来刺激物有选择地作为知觉对象进行组织加工的特征就是知觉的选择性。

2. 理解性

在对现时事物的知觉中，需有以过去经验、知识为基础的理解，以便对知觉的对象做出最佳解释、说明，知觉的这一特性叫理解性。

3. 整体性

当我们看到旅游知觉的整体性是指个人在过去知识经验的基础上，能够把由多个部分和多种属性构成的客观事物知觉为一个统一的整体方面的特征。

知觉的整体性依赖于客观刺激物本身的一些特征。格式塔学派的心理学家指出,对整体的知觉不等于并且大于个别感觉的总和。格式塔学派提出的知觉组织原则被普遍接受,也称格式塔原则,主要包括以下几条规律。

（1）接近性(proximity)。

距离上相近的物体容易被知觉组织在一起,如图2-1所示。

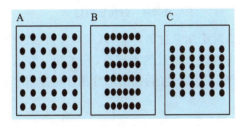

图2-1　接近性描述

（2）相似性(similarity)。

凡物理属性相近的物体容易被组织在一起,如图2-2所示。

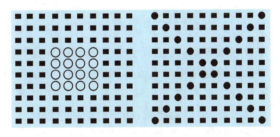

图2-2　相似性描述

（3）连续性(continuity)。

凡具有连续性或共同运动方向的刺激容易被看成一个整体,如图2-3所示。

图2-3　连续性描述

（4）封闭性(closure)。

人们倾向于将缺损的轮廓加以补充使知觉成为一个完整的封闭图形,如图2-4所示。

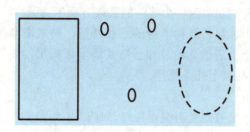

图 2-4　封闭性描述

知觉的整体性还表现为对于知觉过的对象,以后只有对象的个别属性发生作用时,也能产生完整的映像。如对一块曾经知觉过的大理石,只要看一眼就知道它是光亮的、坚硬的、冰凉的。知觉对象关键的、最有代表性的、强的部分往往决定对整体的知觉。其弱小部分则常被忽视。

4. 恒常性

人们在刺激变化的情况下把事物知觉成稳定不变的整体的现象称为知觉的恒常性。知觉恒常性包括大小恒常性、形状恒常性与颜色恒常性。

三、知觉的种类

(一)根据知觉内容是否符合客观现实分类

根据知觉内容是否符合客观现实,可把知觉分成正确的知觉和错觉。正确的知觉是指对人或客观事物正确的知觉。错觉是指对人或客观事物不正确的知觉。错觉包括对物的错觉和对人的错觉。对物的错觉主要有以下几种:当人心情急切时就有"一日三秋"的时间错觉;夜晚赏月时产生的"月动云静"的运动错觉;同样重的黑色物体比白色物体感觉重的形重错觉以及视觉错觉等。在这些错觉中,最常见的是视错觉,视错觉又以图形错觉为多见。

1. 几何图形错觉

几何图形错觉是视错觉的一种。这种错觉的种类很多,下面举几个例子。

(1)垂直水平错觉。

垂直线与水平线长度相等,但多数人把垂直线看得比等长的水平线要长,如图 2-5(a)所示。

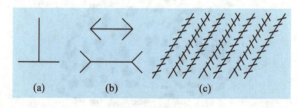

图 2-5　图形错觉

(2)缪勒-莱依尔错觉。

两条线是等长的,由于附加在两端的箭头向外或向内的不同,箭头向外的线段似乎比箭头向内的线段短些,如图 2-5(b)所示。

(3) 线条的影响。

平行线受到交叉线条的影响,仿佛改变了方向,显得不平行了,如图 2-5(c)所示。

2. 形重错觉

一斤铁和一斤棉花的物理重量是相等的,但是,人们用手加以比较时,就会觉得铁比棉花重。

3. 大小错觉

初升或将落时的太阳和月亮,看起来好像总比它们在我们头顶上时要大些。这种错觉的产生是因为初升或将落时的太阳和月亮是同树木、房屋相比较的,而头顶上的太阳是同辽阔的天空来比较的。

4. 方位错觉

在海上飞行时,由于水天连成一片,失去了自然环境的视觉参考标志,飞行员很容易产生"倒飞视觉",虽然飞机实际上是倒飞的,而感觉上却是正飞的。这时飞行员要靠仪表来判定飞机的状态,否则,会造成倒飞入海的事故。

5. 运动错觉

第一次乘火车长途旅行,下车后一段时间内,如果躺在床上,还觉得房间似火车车厢一样地在运动。再如,我们在桥上俯视桥下的流水,久而久之就好像身体和桥在摇动。

在旅游资源开发和建设中也常常利用错觉,以增加旅游审美效果。特别是中国的园林艺术,常常利用人的错觉,起着渲染风光、突出景致的作用。比如园林中的高山、流水,都是通过缩短视觉距离的办法,将旅游者的视线限制在很近的距离之内,使其没有后退的余地,而眼前只有假山、流水,没有其他参照物,这样,山就显得高了,水就显得长了。现在的许多现代化游乐设施也常常利用人的错觉组织丰富有趣的娱乐项目,给游客带来惊心动魄的乐趣。

(二) 根据知觉对象的不同分类

根据知觉对象的不同,把知觉分为空间知觉、时间知觉和运动知觉三大类。

1. 空间知觉

空间知觉是人脑对物体的形状、大小、远近、方位等空间特性的知觉。

(1) 形状知觉。

形状知觉是靠视觉、触觉和动觉获得的。对物体形状知觉时,物体在视网膜上成像起着巨大的作用。同时,在观察物体时,眼球随着物体轮廓运动所产生的动觉刺激,为物体形状提供了信号,用手触摸物体时,肌肉活动产生连续的动觉刺激也传到大脑,大脑皮层对这些信号进行分析综合,人们才能形成对物体的形状知觉。

(2) 大小知觉。

对象的大小知觉也是靠视觉、触觉和动觉获得的。物体大小的视知觉,由下面两个因素决定:一个因素是物体的大小。大的物体在视网膜上的视像大,物体就被知觉得较大;小的物体在视网膜上的视像小,物体就被知觉得较小。另一个因素是物体的距离。视像是按光学的几何投影原理形成的,与物体的距离成反比。同一物体,处于远处,视像就小;处于近处,视像就大。大小不同的物体,由于远近不同,视像的大小可能相同,甚至视像的大小相

反。因此,距离知觉总是与大小知觉紧密联系的,只有两者相互配合,才能保证物体大小知觉的正确性。

(3) 距离知觉。

距离知觉是对物体离我们远近的知觉。人是依据很多条件来估计物体的远近的。这些条件既有外部的,也有内部的。对判断物体远近距离起作用的条件有以下几个主要方面:

①对象的重叠。如果观察的对象之间有重叠,那么就容易辨别出远近,未被掩盖的物体近些,部分被掩盖的物体远些。当我们眺望远处时,就是通过重叠来判断远近的,被遮挡的物体比未被遮挡的物体距离我们较远。

②空气透视。由于空气中尘埃、烟气等的影响,远处的物体看起来不容易分辨细节,模糊不清;而近处物体则很清晰,细节分明,因此,空气透视可作为判断距离的标志。

③明暗和阴影。由于光线的照射会产生明暗的差别或造成阴影。光亮的物体看起来近些,阴暗的物体显得远些。

④线条透视。近处的物体形成的视角大,在视网膜上的投影也大,因而被知觉为较大的物体。远处的物体所占的视角小,因而被知觉为较小的物体。

⑤运动视差。运动着的物体,由于距离我们的远近不同,引起的视角变化也不同,从而表现为运动速度的差异。距离近的物体视角变化大,显得速度快;距离远的物体视角变化小,显得运动速度慢。

(4) 方位知觉。

方位知觉是对物体在空间所处的方向、位置的知觉,如对东西南北、前后左右、上下等的知觉。方位总是相比较而言的,必须有其他条件作为参考标志。东西南北是以太阳升落的位置和地球磁场为参考的,上下是以天地为参考的,而左右前后是以人的身体为依据的,离开了客观标志是无法辨认方位的。

方位知觉是靠视觉、动觉、平衡觉、触觉等来实现的。用眼睛观察客观的事物,用耳朵辨别声音的方向,用触觉、动觉、前庭觉去感知自己身体与客体之间的空间关系,甚至嗅觉在方位的确定上也起着辅助的作用。许多分析器的协同配合,相互补充,提高了空间定向的能力。

2. 时间知觉

时间知觉是对客观现象的延续性和顺序性的反映,即对事物运动过程的先后和长短的知觉。

人总是通过某种衡量时间的媒介来反映时间的。这些媒介可能是自然界的周期性现象和其他客观标志,也可能是机体内部的一些生理状态。自古以来,人们经常利用自然界的周期现象衡量时间。一天的时间是以太阳的升落为标准的,日出是早晨,日落是晚上。月亮的盈亏代表了一个月的时间,经历了四季变化就是一年。后来人们发明了计时工具,制定了日历,使人们对时间的知觉更为准确。另外,生理过程的节律性活动也是估计时间的重要依据。人的许多生理活动是节律性的运动,如呼吸、心跳、消化等。当活动的节律性与客观事物之间形成一定的联系之后,它就可以用来感知时间的长短。

时间知觉也是人对客观世界的主观印象,它也必然受到主客观因素的影响。影响人对时间估计的因素主要有以下几个:

(1) 活动的内容。

在一段时间里,做紧要有趣、内容充实的事情时,觉得时间过得快,人们倾向于把这段时间估计得短些;如果对事情不感兴趣,事情又无关紧要,活动内容贫乏,就觉得时间过得慢,对这段时间估计得就要长些。在人们事后回忆时,情形则恰好相反,对前者感到时间长,对后者感到时间短。

(2) 情绪和态度。

在欢乐的时候,觉得时间过得快,时间被估计得短些;在烦恼和厌倦的时候,觉得时间过得慢,时间被估计得长些。正所谓"欢娱嫌夜短,寂寞恨更长"。期待着愉快的事情到来时,觉得来得慢,感到时间长;而不愉快的事情,却觉得来得快,感到时间短。

(3) 时间标尺的利用。

会不会利用时间标尺直接影响着时间估计的准确度,例如,用数数、数脉搏作为时间标尺,时间估计的准确性就提高,特别是在长时距估计中,准确性的提高更为明显;反之,不会利用时间标尺,时间估计的误差就大。

旅游工作者了解旅游者在旅行游览过程中的时间知觉的特点是非常重要的,为此应该注意以下几个问题:

第一,旅宜速,即旅行要求快速。旅游者一般都希望以最快的速度到达目的地,能尽量缩短时空距离,因为旅途这段时间常常被认为是没有意义的,感觉枯燥、乏味而且容易引起疲劳。为了降低旅游者的这种不良感觉,旅游组织者最好能在旅途中安排一些有趣的活动,导游员做一些游客感兴趣的讲解。

第二,游宜慢,即游览活动要求放慢速度。人们外出旅游的真正目的就是为了游览风景名胜、历史古迹等,即所谓的"饱眼福"。游览的内容越丰富,越具有魅力,就越能使人暂时忘却时间的流逝,达到"乐而忘返"的境界。

第三,提供各种交通工具要准时。旅游者在搭乘交通工具过程中最担心的问题就是安全和准时这两个问题。在保证安全的情况下,交通工具能否准时就显得非常重要。因为准时能保证旅游者按照计划去安排时间和活动,否则就会感到一切都被打乱了,就会产生烦躁感甚至发展到强烈的不安和不满。由于飞机不能准时起飞或临时取消航班,或者车船误点等,都容易造成乘客的不满,引起纠纷、投诉,直接影响相关部门的信誉。

知识活页

时间知觉的相对主观性

时间知觉最大的特点即是相对主观性。有这样一个例子:甲、乙两人约定时间于河南省博物馆入口处相见,一同参观。甲按时到达,乙在路上遇到一位故友,寒暄了一阵,赶到约定地点时,迟到了半小时。

乙说:"迟到了一会。"甲说:"我等了老半天,腿都站酸了。'一会',一会有多久?"乙说:"最多不到10分钟。"甲说:"起码1小时。"

客观时间是半小时,乙估计"最多不到10分钟",甲估计"起码1小时"。是甲有意夸大、乙有意缩小吗?不,他们说的都是自己内心体验的实话。那么,为什么会有这个现象?这就是时间知觉的特点——相对主观性。

年龄变化的时感变化:一个人在童年时代对时间流逝感觉迟钝,时间显得分外长,年轻人容易在时间上骄傲:"来日方长,时间有的是!"往往不珍惜时间或办事拖拉,蹉跎了自己的青春岁月。到了中年,当你回首往事时,对于年轻时虚度年华会追悔莫及。随着年龄的增长,人们越来越感到时光的迅速流逝,惊叹光阴如白驹过隙,"红日西斜,疾似下坡车"。因而更加珍惜时间,抓紧分分秒秒,争取做出更多的成绩。

此外,在一个时间周期里,时间知觉往往表现出前慢后快的心理现象。如"过了星期三,一天快一天,奔星期天","年怕中秋日怕午"等等。在等待的时候,人们常有一种"度日如年"的感觉,而特别想见某个人时,则会有"一日不见如隔三秋"的体会。可见时间知觉有着很大的主观性。

(资料来源 陈录生、马剑侠:《新编心理学》,北京师范大学出版社,2000年版)

3. 运动知觉

运动知觉是对物体的空间位移和移动速度的知觉。通过运动知觉,我们可以分辨物体的静止和运动及运动速度的快慢。运动知觉依赖于许多主客观条件。

(1)物体运动的速度。

非常缓慢的运动和非常快速的运动,都不能直接觉察出来。例如,钟表上时针的移动速度太慢,我们看不出它在移动;而光的速度太快,我们也觉察不到。

(2)运动物体与观察者的距离。

以同样速度移动着的物体,如果离我们近,看起来速度快;如果离我们远,看起来移动很慢,有时甚至看不出运动。

(3)运动知觉的参照标志。

运动是相对的,在没有更多的参照标志的条件下,两个物体中的一个在运动,人们可能把它们任何一个看成是运动的,如可以把月亮看成在云后移动,也可以把云看成在月亮前移动。在日常生活中,这种相对运动现象不断发生,因为对象一般都是在更大范围的静止环境中运动的,周围环境的所有静止物体都是参照标志。

(4)观察者自身的静止或运动状态。

观察者自身也往往是运动知觉的参照系,因此,其运动或静止状态以及对这种状态的自我意识,是运动知觉的重要条件。例如,在火车上观看邻近火车的开动,往往分不清是自己乘坐的火车在开动还是邻近火车在开动。这时只有以月台等固定景物作参照,或通过机体平衡器官感觉到自身的颠簸或加速,判定了自身的运动与否之后,才能分辨出哪一辆列车在运动。

现实生活中,感觉和知觉很难截然分开。生活、工作、旅游、休闲、娱乐等活动中,感觉很少单独出现,常融合在知觉之中,二者的关系真可谓你中有我,我中有你,相互交错,融合为一体。通过感觉只能认识事物的个别属性,还不能把握事物的整体;通过知觉,人可以对事物的各个不同属性、各个不同部分及其相互关系进行反映,能使人认识事物的整体,揭示事物的意义。通常感觉越丰富、越细致,则知觉就越完整、越准确。当我们去吃天津的"狗不理包子"时,通过视觉看到它的形状,通过嗅觉闻到它的香味,通过味觉品出它的味道,最后这些感觉有机组合在我们的头脑中反映这是"狗不理包子"而不是开封的"灌汤包子"。旅游中,我们知道这是旅游饭店,那是购物商场,这些都是知觉。

第二节　旅游者的知觉

一、旅游知觉的概念

所谓旅游知觉是指旅游者为了赋予旅游环境以意义而解释感觉印象的过程。例如,当我们到达某一旅游地,不仅看到各种颜色,听到各种声音,闻到各种气味,而且认识到这是游泳池,那是纪念馆。也就是说,在我们的头脑里产生了游泳池、纪念馆的整体形象,它们已经具有了明确的意义而不是仅仅以物理形存在了。

二、旅游知觉的特性

旅游知觉的特性主要有以下几方面:

（一）旅游知觉的选择性

在一望无际的大海上,人们的视觉容易被船只、海鸟和白云所吸引,在沙漠中人们容易看到绿洲。作用于旅游者的客观事物是丰富多彩、千变万化的。但旅游者不可能对客观事物全部清楚地感知到,也不可能对所有的事物都做出反映,而总是有选择地以少数事物作为知觉的对象,对它们感知得格外清晰,而对周围的事物则知觉得比较模糊,这些模糊的事物就成了背景。这就是知觉的选择性。选择的过程就是区分对象和背景的过程。对象和背景的分化是知觉最简单、最原始的形式。旅游者对对象和背景的知觉是不一样的,对象似乎在背景的前面,轮廓分明、结构完整;背景可能没有确定的结构,在对象的后面衬托着、弥散地扩展开来。

对象和背景的关系不是一成不变的,而是依据一定的主客观条件,经常可以相互转换的。比如,当游客在听导游员讲解时,导游员的讲话成为游客知觉的对象,而周围的其他声音,则成为这种对象的背景。如果这时候某一游客听到周围其他人正在讨论他很感兴趣的一个话题,他就会把注意力转到别人谈话的内容上。那么,别人的谈话就成了这一游客知觉的对象,而导游员的讲解便成了背景的一部分。

知觉对象和背景的关系也可以用一些双关图来说明。在知觉这种图形时,对象和背景可以迅速地转换,对象能变成背景,背景能变成对象(见图2-6)。

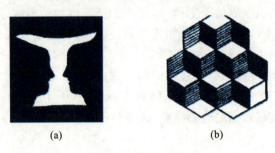

图 2-6 对象与背景

把知觉的对象从背景中分化出来,客观上受到许多条件的影响,这些条件主要有以下方面。

1. 对象和背景的差别

对象和背景的差别越大,对象越容易从背景中突出出来。在颜色、形状、亮度等强烈对比的情况下,对象更为醒目。反之,差别小,则难以区分。如白纸黑字、绿叶红花,由于对比强烈而使对象容易分化出来。

2. 对象的运动

在固定不变的背景上,运动的物体比不动的物体更容易成为知觉的对象。比如夜晚忽闪忽灭的霓虹灯容易引起人们的注意。

3. 对象的组合

对象各部分的组合也影响着对象各部分的辨认。组合包括两种:接近组合和相似组合。接近组合是指彼此接近的事物比相隔较远的事物容易组成对象。无论是空间的接近还是时间的接近,都倾向于组成一个对象。比如,苏州和无锡,山海关和北戴河,因为它们的距离接近,旅游者往往把它们知觉为一条旅游线。其次,性质相同或相似的事物也容易被人组合在一起,成为知觉对象,如青岛和大连都被认为是海滨避暑胜地,五台山、普陀山、峨眉山、九华山,地理上遥隔千里,但人们把它们知觉为相似的佛教圣地。

总之,在旅游活动中,人们总是按照某种需要、目的,主动地、有意识地选择部分旅游地或旅游景点作为知觉对象,或无意识地被某一旅游景点所吸引。古人云:"仁者乐山,智者乐水。"山水并存,乐山或乐水,取决于人的知觉选择。不同类型的旅游者,由于其旅游需要与旅游目的的不同,在旅游活动中所选择的知觉对象也就有所不同。有人注意奇山异水,有人注意人文古迹;有人喜欢安全系数大的旅游项目,有人喜欢冒险性强的旅游项目。历史考古型的旅游者与商务型的旅游者对同一个旅游区的印象就可能大不相同。

同步案例 老妇人还是少女?

背景与情境:图2-7为知觉模糊的一个例子。

问题:在这幅图中,你看见的是一个老妇人还是一个少女?她们都存在于图中,但你不可能同时看见老妇人和少女,这是怎么回事?

分析提示：大脑对同一静止图像赋予了不同的意义。你对每一种图像的知觉总是保持稳定,直到你的注意力转移到了别的区域或轮廓上去。当图中少女的脸部轮廓变成了老妇人的鼻梁的轮廓时,脸部的其他部分也就随之发生相应的改变。鼻梁之下的轮廓线就会被知觉为嘴巴,再之下的轮廓线就会被知觉为下巴。这些局部的轮廓线的知觉彼此联系,组成了一个稳定的知觉形象。对整体和局部的知觉将相应地发生联系,最后对图像产生具有一定意义的知觉形象。

图 2-7　知觉模糊

视觉系统总是趋向于将类似的或相关的图形区域知觉为一个整体。在这两种图形（少女和老妇人）之间不会存在任何中间图形。呈现在视网膜上的影像并没有变化,但大脑高级神经中枢赋予图像不同的意义,图形的暧昧程度越高,意义越不稳定。这再一次说明大脑对图像有一个加工过程。

（二）旅游知觉的理解性

旅游者的知觉并不是像照相机那样详细而精确地反映出旅游刺激物的全部细节,它并不是一个被动的过程。相反,旅游者的知觉是一个非常主动的过程,它要根据旅游者的知识经验,对感知的旅游刺激物进行加工处理,并用概念的形式把它们标示出来。旅游知觉的这种特性就叫旅游知觉的理解性。

理解在旅游知觉中起着重要作用。首先,理解使旅游者的知觉更为深刻。在知觉一个事物的时候,与这个事物有关的知识经验越丰富,对该事物的知觉就越富有内容,对它的认识也就越深刻。比如对于某名胜古迹的一砖一瓦,一个有经验的考古专家要比一般人有更深刻的认识。其次,理解使知觉更为精确。例如,不懂外语的人听初学者说外语,只能听到一些音节,根本听不出他的外语讲得正确与否;而外语熟练的人不仅能听出他讲得是否正确,甚至发音的细微差异等都能辨别出来。最后,理解能提高知觉的速度。例如,我们看报纸或杂志时,如果内容简单而又熟悉,我们常可"一目十行"。

旅游知觉的理解性受到很多因素的影响。一是言语的指导作用。当知觉对象不太明显时,言语指导有助于对知觉对象的理解。在旅游中,言语指导是导游工作的一项重要内容。如游览浙江的瑶林仙境时,面对那些千姿百态的钟乳石,旅游者可能会眼花缭乱,但通过导游的介绍,各种充满神话色彩的形象就会显得栩栩如生。二是实践活动的任务。人的活动任务不同,对同一对象的理解可能不同,产生的知觉效果也就不同。三是情绪状态。同样一种事物,情绪状态不同,人们对它的理解也就不同。例如,当我们心情愉快地开始一天的生活时,在这一天中好像总是看到事物好的一面;而抑郁的心情,总是使人看什么都不顺眼。

对事物的知觉需要已有经验的作用。

（三）旅游知觉的整体性

旅游知觉的对象是由旅游刺激物的部分特征或属性组成的,但旅游者不把它感知为个别的孤立的部分,而总是把它知觉为一个统一的旅游刺激情境。甚至当旅游刺激物的个别属性或个别部分直接作用于旅游者的时候,也会产生这一旅游刺激物的整体印象。

旅游知觉之所以具有整体性,一方面是因为旅游刺激物的各个部分和它的各种属性总是作为一个整体对旅游者发生作用;另一方面,在把刺激物的几个部分综合为一个整体知觉的过程中,过去的知识经验常常能提供补充信息。例如,客人来到饭店,不只是看到饭店的装饰布置、服务人员的举止着装等某个方面,而是饭店的整体形象。远处走来的熟人,虽然看不清他的面孔,但可以凭借身体外形、走路姿势和其他线索辨认出来。

在旅游过程中,旅游者的知觉具有非常典型的组织性特点,表现为:旅游者总是集食、住、行、游、购、娱等旅游活动所包含的各个方面综合起来进行认识,进而评价某次旅游活动的成败优劣;旅游者总是把景点的好坏和服务质量联系起来,对旅游商品进行认识和评价;旅游者总是把某个景区里的所有自然因素和人文因素综合起来,对景区进行认识和评价;旅游者总是把旅游中所接触到的来自交通、饭店、宾馆、旅行社等各个部门的服务综合起来,对旅游服务进行认识和评价;旅游者总是把饭店、宾馆的基本设施、卫生条件、服务水平、服务态度等综合起来,对宾馆饭店进行认识和评价。

正是由于旅游知觉具有整体性,所以无论是旅游景区的规划开始、旅游线路的设计选择,还是旅游服务的各个部门、各部门内部的各个环节,都要树立整体观念。

(四)旅游知觉的恒常性

当旅游知觉的条件在一定范围内改变了的时候,旅游知觉的映象仍然保持相对不变,这就是旅游知觉的恒常性。

在视知觉中,知觉的恒常性表现得特别明显。对象的大小、形状、亮度、颜色等映象与客观刺激的关系并不完全服从物理学的规律。在亮度和颜色知觉中,物体固有的亮度和颜色倾向于保持不变。比如,无论是在强光下还是在黑暗处,我们总是把煤看成是黑色,把雪看成是白色,把国旗看成是红色。实际上,强光下煤的反射亮度远远大于暗光下雪的反射亮度。

知觉的恒常性受到很多因素的影响,其中,主要的是过去经验的作用。知觉的恒常性不是生下来就有的,而是后天学来的。

同步思考

日本著名写生画家冈山应举画了一幅《马食草图》。一位农夫看了后,便对画家说:"这马是瞎马吧?"冈山应举感到很意外,忙说:"怎么会是瞎马呢?那眼睛不是睁着吗?"农夫说:"马在吃草时,必须把眼睛闭上,使眼睛不被草尖伤着,这马睁眼吃草,准是匹瞎马。"后来,冈山应举经过一番仔细观察,证实了农夫所讲的话。

问题:这个故事说明了知觉的哪个特性?
答:知觉的理解性。

三、影响旅游知觉的因素

旅游知觉是旅游者对旅游刺激物的感知过程,必然会受到刺激对象本身特点和知觉者本人特点的影响。因此,影响旅游知觉的因素主要包括客观因素和主观因素两个方面。

（一）客观因素

在旅游活动中,具有以下特性的对象,容易引起旅游者的知觉:

1. 具有较强特性的对象

如城市中奇特的建筑,山谷中飘忽的云海,群山中挺拔入云的峰峦,一望无际的蓝天碧水,等等。由于其特性对人有较强的作用,因而容易引起人们的知觉。

2. 反复出现的对象

重复次数越多就越容易被知觉。人们多次看到旅游广告、旅游宣传材料,或者经常听到某旅游地的情况,由于信息反复出现,多次作用,会使人们产生较为深刻的知觉印象。

3. 运动变化的对象

在相对静止的背景上,运动变化着的事物容易成为旅游知觉的对象。如倾泻的瀑布、奔驰的列车、闪烁的霓虹灯等,都容易成为知觉的对象。

4. 新奇独特的事物

在一群穿着普通服装的人中,有一个穿着奇装异服的人很容易被知觉。另外,世界称奇的万里长城、秦兵马俑等,都能引起人们的格外注意。

（二）主观因素

知觉不仅受客观因素的影响,也受知觉者自身的主观因素的影响。这些主观因素是指知觉者的心理因素。旅游者是具有不同心理特征的知觉者,感知相同的景观时,他们各自的知觉过程和知觉印象是不同的。影响知觉的主观因素主要有以下几个方面。

1. 兴趣

旅游者的兴趣不同常常决定着旅游知觉选择上的差异。一般的情况是旅游者最感兴趣的事物往往首先被感知到,而人们毫无兴趣的事物则往往被排除在知觉之外。比如,对文史知识感兴趣的旅游者,就会把帝王古都、历史文物选择为知觉对象;喜欢大自然的旅游者,往往对高山、大海、流泉、飞瀑等特别感兴趣;喜欢猎奇的旅游者则乐于探险活动和对奇风异俗感兴趣。

2. 需要与动机

人们的需要和动机不同也在很大程度上决定着人们的知觉选择。凡是能够满足旅游者的某些需要和符合其动机的事物,就能成为旅游者的知觉对象和注意中心;反之,凡是不能满足其需要和不符合其动机的事物,则不能被人所知觉。比如,如果有人外出旅游的目的是为了显示自己的社会地位,那么,他们对那些能象征社会地位的目的地、旅游方式和游览项目就会特别关注。

3. 个性

个性是影响知觉选择的因素之一。比如,不同气质类型的人,知觉的广度和深度就不一样。多血质的人知觉速度快、范围广,但不细致;黏液质的人知觉速度慢、范围较窄,但比较深入细致。此外,有调查表明,胆大自信的人对乘飞机旅游十分积极主动,而胆小谨慎的人对安全问题十分重视,旅游中乐于乘坐火车。

4. 情绪

情绪是人对那些与自己的需要有关的事物和情境的一种特殊的反映,对人的知觉有强

烈影响。比如,当旅游者处于愉悦的情绪状态时,每样东西看上去都是美好的,并兴高采烈地参与各项活动,主动去知觉周围的景物。当旅游者心情不佳时,就会对周围的事物不感兴趣。因此,旅游工作者应当努力使旅游者的情绪经常处于最佳状态,使他们乘兴而来,满意而归。

5. 已有的知识与经验

经验是从实践活动中得来的知识和技能,是客观现实的反映,它是人们行为的调节器。在旅游活动中,如果没有对旅游景点有相关知识和经验,观察就可能是表面的、笼统的、简单的,当导游员做了适当的讲解后,旅游者就可能观察得更全面、更深刻。这是由于吸收了别人的经验,增加了自己的知觉,使旅游者对旅游点有了更多理解的缘故。

同步案例 肯基的故事

背景与情境:肯基在非洲的赤道附近的一个叫俾格米的地方长大,自出生以来就只居住在茂密的热带森林中。有一天,他第一次和人类学家托恩布尔一同乘车穿越一个开阔的平原。后来,托恩布尔这样描述肯基的反应:

"肯基远眺平原上几英里外大概一百头左右正在吃草的一群牛,问我那是哪一种昆虫。我告诉他那是比他所认识的森林野牛大一倍的野牛。肯基大笑着要我别讲这样的蠢话,并再次问我它们是哪一种昆虫。然后他自言自语,为了找出更合理的比较,试图把那些野牛比作他熟悉的那些甲虫和蚂蚁。

当我们坐上汽车向这些野牛吃草的方向行进时,肯基还在做这样的比较。尽管肯基和其他俾格米人一样勇敢,当他看到那些野牛变得越来越大时,还是坐得离我越来越近,嘴里嘀咕着说一定有什么魔力……终于当他认识到它们的真的野牛时,他不再害怕了,但仍感到困惑,为什么刚才它们看起来那么小,是否刚才真是那么小而现在突然变大了,或者是不是有什么骗术?"

(资料来源 理查德·格里格等:《心理学与生活》,人民邮电出版社,2003年版)

问题:根据本章所学的理论,解释肯基为什么会有这样的困惑。

分析提示:知觉有理解性和恒常性,生活经历使人养成了这些反映模式。肯基的成长环境使他形成了固定的知觉恒常性和理解性,环境发生变化了,他依旧是旧的反映模式。所以才出现案例中的情况。

四、旅游中的社会知觉

社会知觉就是对人的知觉,它是影响人际关系的建立和活动效果的重要因素。旅游活动中的社会知觉主要包括对人的知觉、人际知觉和自我知觉。

(一) 对人的知觉

对人的知觉主要是指对别人的外表、言语、动机、性格等的知觉。对人的正确知觉,是建立正常的人际关系的依据,是有效地开展活动的首要条件。

1. 对人知觉的主要内容

人际交往中对人的知觉包括很多方面,其中主要的有以下几个方面。

(1) 对他人表情的知觉。

表情是个体情绪状态的外显行为,是个体身心状态的一种客观指标,也是向他人传达信息的一种工具。

面部表情包含着十分丰富的内容。比如,人生气时,会拉长了脸,肌肉下沉;人高兴时,会喜笑颜开,肌肉松弛。另外,在人们的交往中,要想达到最佳的交际效果,还要学会巧妙地运用目光。例如,要给对方一种亲切感,你就应让眼睛闪现热情而诚恳的光芒;要给对方一种稳重感,就应送出平静而诚挚的目光。自然得体的眼神是语言表达的得力助手。

(2) 对他人性格的知觉。

性格是一个人对待现实的稳定的态度和与之相应的习惯化了的行为方式,是人的心理差异的重要方面,是个性的核心。当我们对一个人的性格有了深切的了解之后,我们就可以预测这个人在一定的情境中会有什么样的反应。比如,我们知道某人热心、讲义气,那么我们就可以预测在紧急情况下他会挺身而出、见义勇为;相反,我们知道另一个人自私、冷漠,那么我们也可以预测在紧急情况下他会退避三舍甚至逃之夭夭。

(3) 角色知觉。

角色指人在社会上所处的地位、从事的职业、承担的责任以及与此有关的一套行为模式。如导游员、游客、商人、教师等。

角色知觉主要包括两个方面:一是根据某人的行为判定他的职业,如教师、学生、艺术家等;二是对有关角色行为的社会标准的认识,如对教师这一角色,认为他的行为标准应该是谈吐文雅、学识渊博、仪表端庄等等。

对角色的知觉一般从以下几个方面着眼:

①感情或情绪。如认为一个政府官员应该是情绪稳定,讲话慎重,喜怒不形于色。

②目的与动机。如导游员以热忱服务为宗旨,教师以教书育人为目的。

③对社会的贡献。如工人为国家多制造产品,农民为国家多打粮食。

④在社会上的地位。如教师是人类灵魂的工程师,导游员是游客之友。

每个人在社会上都扮演各种角色,如经理、父亲、丈夫等。每种角色都有一定的行为标准,每个人都应当正确地知觉这些标准,并根据自己扮演的不同角色实现角色行为的转变,以与环境相适应。

2. 社会知觉"误区"

对人的知觉依赖于多种因素,如认知主体、认知客体以及环境等。旅游者不是外部世界被动的、简单的知觉者,更重要的是,旅游者在知觉世界的同时,选择"材料"并使用这些"材料"建构自己的主观世界,在选择和建构过程中,无疑就产生了偏差和意愿性。到这里,我们就得出了一个结论,知觉者不是照相机一样的反映者,他还是选择者、参与者、建造者。那么,人的知觉世界是什么样就有了许多不确定性,寻找人在知觉时的规律就是理解人的必由之路了。

从认知主体心理方面看,存在一些社会知觉"规律",它们的存在容易给社会认知带来偏差。因此,也将这些社会知觉"规律"称为社会知觉"误区"。

(1) 第一印象。

第一印象是在首次接触时所留下的印象。第一次进入一个新环境,第一次和某个人接触,第一次到某商场购物,第一次到某宾馆住宿等,由于双方首次接触,总有一种新鲜感,与人交往时都很注意对方的外表、语言、动作、气质等。因此,第一印象的产生,主要是感知对方的容貌、表情等外在的东西。

在人际交往中,第一印象起着十分重要的作用,并常常成为以后是否继续交往的依据。无论是招聘面谈,还是客我交往或是初到一个新的环境,给人留下的第一印象往往会成为以后对你的基本印象。虽然人们都知道仅靠第一印象来判断人常常会出现偏差,可实际上每个人都不可避免地受第一印象的影响。

随着社会的变动性增大,以及城市化进程的加快,人与人之间的接触越来越少,第一印象就显得愈加重要。另外,我们所处的这个时代被称为视觉的时代,所以来自眼睛的视觉形象影响越来越大,而所谓的心灵却渐行渐远,影响式微。

游客的不断变换是旅游接待工作的一个显著特点,在与客人的短暂接触中,双方都来不及进行更多的了解,无法达到"路遥知马力,日久见人心"的境地。因此,对于旅游工作者来说,给游客留下良好的第一印象是非常重要的。

知识活页

> 有这样一个研究,向两组大学生分别出示同一个人的照片,出示之前,对甲组说,这是一个德高望重的学者;而对乙组说,这是一个屡教不改的惯犯。然后,让两组大学生分别从这个人的外貌说明其性格特征。结果,出现了截然不同的评价。甲组的评价是:深沉的目光,显示思想的深邃和智慧;高高的额头,表明在科学探索的道路上无坚不摧的坚强意志。乙组的评价是:深陷的眼窝,藏着邪恶与狡诈;高耸的额头,隐含着死不改悔的顽强抵赖之心。从这里可以看出,在得到别人的第一印象时,会伴随产生一定的态度,从而影响产生进一步的知觉。间接资料左右了人的判断。

(2) 晕轮效应。

晕轮效应是指由对象的某种典型特征推及对象的其他特征现象。这种心理容易产生忽视客观证据而定格对象的现象。就像月晕一样,由于光环的虚幻印象,使人看不清对方的真实面目。

晕轮效应与第一印象一样普遍。它们的主要区别在于:第一印象是从时间上来说的,由于前面的印象深刻,后面的印象往往成为前面印象的补充;而晕轮效应则是从内容上来说的,由于对对象的部分特征印象深刻,这部分印象泛化为全部印象。所以,晕轮效应的主要特点是以点盖面、以偏概全。

在人际交往中,晕轮现象既有美化对象的作用,也有丑化对象的作用。由于一个人被标明是好的,他就被一种积极肯定的光环笼罩,并赋予一切好的品质,这就是光环作用。如果一个人被标明是坏的,他就被认为具有所有的坏品质,这就是相反的情况,亦称扫帚星作用。

从而产生美化或丑化对象的现象。就像月晕一样,由于光环的虚幻印象,人们看不清对方的真实面目。

比如,有的商品由于其包装精美、价格偏高,人们往往会认为该产品的质量也会像精美的包装一样好,会和偏高的价格相一致。又如,某演员演技高超,表演效果好,人们就会以为该演员的一切都是美好的,即使有点缺点,也忽略不计。例如,美国是个发达的现代化国家,人们就易于把美国的一切都看做现代的、合理的,甚至于美好的,而事实上并非如此。这种晕轮效应一旦泛化,会产生很大的消极作用。客人第一次到某饭店就餐时,碰到了一个态度傲慢的服务员,他就会认为这个饭店整体的服务都不好。再比如,有的外国人第一次到中国旅游,碰巧遇上了交通事故,他就会认为在中国旅游很不安全。因此,从旅游业角度讲,为了使旅游者产生好的印象,在提供旅游产品和旅游服务时,一定要防止由于晕轮效应使旅游者把某些劣质产品和劣质服务扩大到企业的整个产品和服务中去。

(3) 心理定势。

心理定势是指人在认识特定对象时心理上的准备状态。也就是说,它在对人产生认知之前,就已经将对方的某些特征先入为主地存在于自己的意识中,使知觉者在认识他人时不自主地处于一种有准备的心理状态。这就是我们通常所说的先入之见。即使支持性的证据被否定了,这种先入之见仍难以改变。我们越是想极力证明自己的理论和解释是正确的,就对挑战我们信念的信息越封闭。我们的信念和期待在很大程度上影响着我们对事件的心理构建。我国古代"疑人偷斧"的典故,就是典型的心理定势。

心理定势的产生,首先和知觉的理解性有关。在知觉当前事物时,人们总是根据以往的经验来理解它,并为随后要知觉的对象做好准备。比如,在日常生活中,当你觉得某人是个好人,一旦发生了一件好事,你就会把这件事和这个人联系起来;同样,如果你不喜欢某人,觉得他是个坏人,那么一旦出现一件不好的事,你就又会把这个人和这件事联系起来。

纠正这种心理偏失的一个可行的办法是解释相反的观点的正确性。通过寻找反方观点的正确之处,可以降低甚至消除心理定势的所带来的负面影响。当然对各种可能的结果的解释(不仅仅是反方观点)会促使人仔细考虑各种不同的可能。

同步案例 智子疑邻

一位老者丢失了一把斧头,他怀疑是邻居小伙子偷去了,在以后几天的观察中,越看越觉得邻居小伙子是窃贼。一次偶然,老者找到了斧头,他再看邻居小伙子,就怎么也不像小偷了。

(资料来源 孙喜林:《现代心理学教程》,东北财经大学出版社,2000年版)

分析提示:这是典型的心理定势现象。由于不知道老者出于什么原因怀疑邻居小伙子偷了他的斧头,所以就有了随后的对小伙子的观察,并且越看小伙子越像小偷。

(4) 刻板印象。

刻板印象指的是社会上部分人对某类事物或人物所持的共同的、笼统的、固定的看法和印象。这种印象不是一种个体印象,而是一种群体现象。例如,人们一般认为青年人有热情、敢创新而易冒进,老年人深沉稳重而倾向于保守;日本人争强好胜、注重礼仪,美国人喜新奇重实利、随便自由等。

刻板印象一方面有助于人们对众多人的特征做概括了解,因为每一类人都会有一些共同特征,运用这些共同特征去观察每一类人中的个别人,有时确实是知觉别人的一条有效途径。但是,另一方面,刻板印象具有明显的局限性,能使对人的知觉产生偏差。因为每类人中的每个人的具体情况不尽相同,而且,每类人的情况也会随着社会条件的变化而变化。因此,在旅游工作中,知觉来自不同国家和地区的游客时,除了了解它们的共同特征之外,还应当注意不受刻板印象的影响,进行具体的观察和了解,并且注意纠正错误的、过时的旧观念。

台湾学者李本华与杨国枢1963年以台湾大学学生为对象,调查对外国人的刻板印象。结果如下。

美国人:民主、天真、乐观、友善、热情。

印度人:迷信、懒惰、落伍、肮脏、骑墙派。

英国人:保守、狡猾、善于外交、有教养、严肃。

德国人:有科学精神、进取、爱国、聪慧、勤劳。

法国人:好艺术、轻浮、热情、潇洒、乐观。

日本人:善于模仿、爱国、尚武、进取、有野心。

(5) 期望效应。

期望效应也称为"皮格马利翁效应"。皮格马利翁是希腊神话中塞浦路斯王,工于雕刻,由于他强烈地爱上了自己所雕刻的大理石少女雕像,爱神阿佛洛狄忒见他感情真挚,就赋予雕像以生命,两人最终结为夫妻。期望效应是指在生活中人们的真心期望会变成现实的现象。

国内有人做过实验,学期初给几个班的中学生做智力测验,然后从中随机抽出一些学生,在学生和老师都不知情的情况下,告诉老师说:这些学生智力测验得分很高、很聪明。事实上这些学生并不是以高智商为条件选择出来的。到学期结束时再来看这些学生的学业成绩,结果发现,他们的成绩普遍提高了,总成绩排名都有不同程度的提高。老师认为这些学生是聪明的,结果他们就真的学习好了。老师的期望变成了现实。造成这种现象的原因是多方面的,在此我们不做全面详细分析,只就人际交往的对等原则加以说明。在人际交往过程中人们是按照对等原则行事的,你对我友好,我就对你也友好,反之亦然。一个人要想得到他人的尊重、喜欢等,首先要对他人表示出尊重、喜欢。这就是所谓"种瓜得瓜,种豆得豆"现象。

期望效应现象对人际交往有借鉴意义。在与人交往过程中要从心底里尊重、喜欢对方,只有这样才能把人际交往纳入良性循环轨道,向着自己所期望的方向发展。相反,有些人从心底里既不尊重他人,也不喜欢他人,尽管他们强制自己不表现出来,但真情难抑,会在有意无意之间流露出来,一旦被对方感觉到,结果是可想而知的。生活中形式是为内容服务的,一时的表里不一能做到,长期下去则无法做到。认知和行为的长期不一致会产生严重的心理冲突,给人带来极大的痛苦。心理学研究证明,人的认知、情感、行为三者在多数情况下是统一的,如果长期不协调,会导致心理疾病。只有真心喜欢他人、尊重他人的人才能赢得大家的喜欢。

（二）人际知觉

人际知觉就是对人与人之间相互关系的知觉。

任何一个人都与他人发生联系，形成人与人之间的不同关系，表现为接纳、拒绝、喜欢、讨厌等各种亲疏远近的状态。对这种关系的正确知觉是顺利进行人际交往的依据。旅游工作者一方面要尽快了解旅游团体的人际关系状况，另一方面也要洞悉旅游工作者自己与游客之间的人际关系状况，以便利用这种关系做好旅游接待工作。

人和人之间在情感上的亲疏和远近的关系是有差别的，它有不同的层次。比如，同一团体中的人，有的只是点头之交，有的来往密切非常友好，也有的势不两立互相敌对，这就是人与人之间心理上的距离。心理上的距离越近，说明人们越相互吸引；心理上距离越疏远，则反映双方越缺乏吸引力。

（三）自我知觉

自我知觉是指一个人通过对自己行为的观察而对自己心理状态的认识。人不仅在知觉别人时要通过其外部特征来认识其内在的心理状态，同样也要这样来认识自己的行为动机、意图等。

自我知觉是自我意识的重要组成部分，随着个人自我意识的发展，自我知觉经历着不同的发展阶段：

（1）生理的自我。个体主要表现为对自己身体、衣着、家庭和父母对他的态度以及对自己所有物的判断，从而表现为自豪或自卑的自我感情。

（2）社会的自我。个体的自我评价主要表现在对自己在社会上的荣誉、地位、社会中其他人对自己的态度以及自己对周围人的态度等方面的判断和评价，从而表现出自尊或自卑的自我体验。

（3）心理的自我。处于这一阶段时，个体主要表现为对自己的智慧、能力、道德水平等方面的判断和评价，从而表现出自我优越感等自我体验。

随着自我意识的发展，在社会化进程的影响下，个体的自我知觉水平一般是遵循着生理的自我—社会的自我—心理的自我这一进程的。当然，由于每个人的社会化程度不同以及各种主客观因素的影响，每个人的自我知觉水平也不完全一样。比如，有人过分注重自己的身材容貌、物质欲望的满足，有人则偏重于社会地位、名誉等方面的追求，也有人在自我评价的基础上，追求高尚的情操、自我实现的需要等。

有了正确的自我知觉，才知道需要怎样去做，能够做到哪些，并对自己的行为不断地进行调节，这对每个人来说都是非常重要的。否则，就会造成行为上的盲目性。比如，如果由于期望过高而采取不适当的行为，或者不能正确判断自己的行为而不能进行自我调节，这不仅会造成与社会环境的不协调，而且还会给自身带来不良的心理后果。旅游者如果缺乏正确的自我知觉，就会选择自己不能胜任、无法适应的旅游活动，或者在旅游中提出不适当的要求，一旦达不到自己的目的，就有可能产生消极心理。如果旅游工作者缺乏正确的自我知觉，就不能正确知觉旅游活动中主客双方的关系，把自己摆在不适当的位置，就不能很好地规范自己的行为。所以，旅游工作者正确的自我知觉对旅游接待工作是十分必要的。

五、旅游者对旅游条件的知觉

旅游者的旅游消费行为是由吃、住、行、游、购、娱六个部分构成，与这些行为有关的事物就是最基本的旅游条件，包括居住地与旅游区之间的空间距离、交通、旅游景观、旅游服务、旅游大环境等等。旅游者对诸多旅游条件的知觉印象，对他们的旅游动机、旅游决策、旅游行为以及对旅游收获评价等都有显著的影响。

旅游者的旅游活动是由吃、住、行、游、购、娱等行为组成的，与这些行为有关的事物就是基本的旅游条件。实践证明，旅游者对旅游条件的知觉印象，对具体的旅游决策、旅游行为以及对旅游服务的评价等都有显著的影响。

（一）对旅游点的知觉

人们决定要去旅游时，首先要选择能够最大限度满足自己需要和兴趣的旅游点。虽然大多数人在日常生活中都能得到关于某旅游点的一些信息，但由于内容数量少，留存在自己记忆中的就少，仅靠这种被动知觉是远远不够的。因此，人们一旦决定出去旅游，就会首先收集各种信息资料进行分析、评价和判断，选定具体的旅游目的地，当然，由于需要、兴趣的不同，人们会关注不同的旅游目的地，从而选定不同的旅游目标。比如，如果人们为了通过旅游满足休息、娱乐和健康的需要，就会注意收集风光旖旎、气候适宜的旅游点的信息；为了增长知识，开阔眼界，就会对名胜古迹或具有现代社会发展水平的旅游地格外看重。

在旅游过程中，旅游者对旅游区的知觉印象取决于下面几个方面：首先，旅游景观必须具备独特性和观赏性，这样才能把旅游景观的吸引力和旅游者的需要结合起来。其次，旅游设施必须安全、方便、舒适。在标准化的同时，注意特异性。最后，旅游服务必须礼貌、周到。

（二）对旅游距离的知觉

在人们选择旅游点的同时，还要考虑从居住地到旅游区的距离，因为距离的远近也常常影响人们的旅游决策。旅游距离对旅游行为的影响，通常表现为两个方面。

1. 阻止作用

旅游是需要付出代价的消费行为，距离越远，要付出的金钱、时间、体力等代价就越大。这些代价往往使旅游者望而生畏。只有旅游者意识到，能够从旅游行为中得到的益处大于所要付出的代价时，他们才会做出有关旅游的决策。这些和距离成正比的代价，抑制人们的旅游动机，阻止旅游行为的发生。所以，在一般情况下，如果受到时间、金钱、身体状况等条件的限制，人们就不会选择远距离的旅游点。从这个意义上说，距离会对人们的旅游产生阻止作用。由此我们也可以理解，为什么出国旅游的人要比在国内旅游的人少，近距离的游客比远距离的游客多。

2. 激励作用

从另一个方面来看，人们出去旅游的动机之一是寻求新奇和刺激，而远距离的目的地有一种特殊的吸引力，能使人产生一种神秘感。此外，从心理学的角度看，人们在感知对象时，拉开的距离增加了信息的不确定性，给人以更广阔的想象空间，因而产生一种"距离美"：正是由于这种吸引力、神秘感，"距离美"，有的人舍近求远，宁愿到陌生、遥远的地方去旅游。从这个意义上说，距离对人们的旅游又会产生激励作用。

另外,旅游是在一定的时间和空间中发生的。人们对旅游距离的知觉,也常常用所用的时间来衡量。比如,从沈阳到大连,人们很少说要经过几百里,而是强调要坐多久的火车。

总之,距离对人的旅游行为既有阻止作用,又有激励作用。但是,哪种作用更大,则取决于很多因素。这些因素除了旅游者自身的时间、金钱、身体状况、兴趣等以外,还和旅游景点的开发、建设、宣传等因素有关。所以,为了吸引游客,旅游工作者首先应该提供高质量的旅游产品,同时应该破除"酒香不怕巷子深"的落后观念,充分利用各种方法,积极开展旅游宣传,引导游客的旅游决策。

同步思考

假设你将在假期去国内某著名旅游胜地去旅游,你如何解释距离对人们的旅游行为既有激励作用又有阻止作用?

理解要点:距离远,神秘感强,激励作用大。但是,距离远到一定程度就可能超出自己的承受范围,则会产生阻止作用。所以,距离对旅游者的作用是动态的。

(三)对旅游交通的知觉

人们外出旅游,不可避免要借助于各种交通工具。随着现代社会的发展,可供人们选择的交通工具越来越多,主要有飞机、火车、游览车、游船、出租车等。

由于生活节奏的加快以及人们经济水平的提高,特别是远距离旅游的情况下,很多人选择乘飞机旅游。对于经常乘飞机的游客来说,他们一般看重信誉好、服务优的航空公司以及机身宽敞、比较舒适的喷气式客机,而对服务和信誉不太好的航空公司以及载客量少、不太舒服的小型客机则很少光顾。对于初次乘飞机的游客来说,他们对机型的关注较少,而主要关心的是安全问题。因此,他们注意收集有关航空公司的事故记录、飞机的新旧程度以及飞行员的技术水平等信息。此外,人们也比较重视飞机上乘务员的服务态度。一般说来,热情、友好、周到、礼貌的服务,会使人产生亲切感,并留下美好的印象,使人乐于接近,乐于选择;否则,人们就会产生疏远的态度,拒绝选乘。因此,世界各航空公司都非常重视乘务人员的服务态度与服务质量,并以此作为占领市场、提高竞争力的关键因素。

对于许多游客来说,如果时间允许的话,他们宁愿乘火车旅游。虽然火车的速度比不上飞机,但它也有飞机所不具备的优点。一是火车车次多,乘车方便;二是时间安排好,特别是专门的旅游列车,往往是朝发午至,午发暮归,有利于观光游览;三是舒适度高,火车内有软卧、硬卧车厢,即使是硬座车厢也可以来回走动,这一点对老年人和小孩来说尤为重要;四是可以浏览沿途风光,即便不能下车驻足观赏,也在一定程度上大饱眼福了。

此外,上下山的时候,为了避免过度的身体消耗或者只是为了消遣享受,人们也常常乘坐空中缆车。人们对空中缆车的要求除了要有一定的舒适度以外,主要的是必须有安全感。另外,当人们在海上和江河上旅游时,也常以游船作为交通工具。当然,选择什么样的游船因人而异,这主要取决于人们对游船的舒适性、安全性、娱乐性、游船能到达港口城市的多少以及港口城市浏览景点的多少等方面的知觉。

总之,旅游知觉的产生,不仅取决于旅游景点的功能,还取决于人们希望在旅游的过程中能得到些什么,这是一个有选择的知觉过程。因此,建设旅游点和创造旅游条件,应该建立在了解人们动机、需要和兴趣等心理因素的基础上,并且根据产生知觉的规律,采取有效的形式传递旅游信息,从而有效地影响人们的知觉选择。

教学互动

互动问题:旅游者和本地居民对当地旅游景区和旅游地的看法通常是有差别的。
1. 二者的差异主要体现在什么地方?
2. 存在差异的原因是什么?

要求:
1. 教师不直接提供上述问题的答案,而引导学生结合本节教学内容就这些问题进行独立思考、自由发表见解,组织课堂讨论。
2. 教师把握好讨论节奏,对学生提出的典型见解进行点评。

本章小结

内容提要

本章讲述了旅游知觉、旅游中的社会知觉和对旅游条件的知觉三部分内容。

本章首先介绍了知觉的概念、知觉的特性等。知觉的四种特性,即组织性、理解性、整体性和恒常性。在介绍知觉的种类时,着重介绍了几种视错觉研究。

旅游中的社会知觉包括以下部分:对人的知觉、对人际关系的知觉和自我知觉。对人的知觉容易陷入几种误区,即第一印象、晕轮效应、心理定势、刻板印象、期望效应等。人要想获得正确的社会知觉需要时时注意杜绝上述错误。自我知觉的发展经历了生理的自我、社会的自我和心理的自我三个由低向高的阶段。

旅游者对旅游条件的知觉包括旅游者对旅游地或旅游景观的知觉、旅游者对旅游距离的知觉、旅游者对旅游交通的知觉等三个方面。

核心概念

旅游知觉;绝对感觉阈限;差别感觉阈限;社会知觉;自我知觉;第一印象;心理定势;刻板印象;期望效应

重点实务

社会知觉知识在旅游服务中的运用;条件知觉知识在旅游服务中的运用。

知识训练

一、简答题

1. 何谓旅游知觉，它有哪些特性，分别简述之。
2. 影响旅游知觉的因素有哪些？
3. 什么是自我知觉？它有什么重要作用？
4. 旅游者对旅游地或景区的知觉印象主要受哪些因素的影响？

二、讨论题

1. 蛋糕落地为什么总是奶油那面先着地？运用原理说明。
2. 期望效应现象对人际交往有什么借鉴意义？

能力训练

一、理解与评价

西方发达国家的一些饭店在招聘新员工时，曾出现过"无工作经验者优先"这样的要求。请给以解释。

二、案例分析

麦当劳的市场开发

背景与情境：麦当劳发现，随着经济的发展，生活节奏的加快，"快餐热"一定会兴起。但怎样让百姓快速接受自己的汉堡包呢？经过长期的实践和研究，他们发现，汉堡包在17厘米高的时候咬起来最方便，可口可乐在4℃时和汉堡包配起来味道最鲜美。除此之外，他们还针对不同国家人们身高情况设计交款台，目的是让顾客掏钱更方便。就是抱着这种"急顾客之所急，想顾客之所想"的侠义、古道心肠，麦当劳开遍了世界，不仅打下了"江山"，而且守住了"江山"。再如，麦当劳进入中国前的最大担心是怎么让吃惯了几千年馒头的中国人接受洋人的汉堡包，为此他们进行了长达8年的深入研究（研究俄罗斯更长，14年）。研究什么？从国家政策到市场环境、原料产地、饮食习惯、文化习俗、收入水平、家庭结构等等，无所不包，最后才下决心进入中国市场。为什么它敢下这个决心？因为它将最后研究的视线聚焦到中国独生子女的身上。他们研究后的结论是：中国小孩4—7岁时是味觉形成期，7—12岁时是味觉固定期。如此一来，决策就有了科学的依据：中国小孩4—7岁吃什么都是一个味道，不管是馒头还是汉堡包，不管是土豆泥还是炸薯条。靠什么吸引小孩呢？红红黄黄的标识、各种尺寸的小旗子、各种玩具以及游戏区，弄得中国小孩"乐不思蜀"、"流连忘返"。只要去了一次麦当劳就天天闹着爸爸妈妈去。而且一旦这些孩子形成了饮食习惯，就会固定下来，甚至成为西式快餐的终身忠诚消费者。

（资料来源　荣晓华：《消费者行为学》，东北财经大学出版社，2006年版）

问题：

1. 本案例中，麦当劳决策的着眼点是什么？这些着眼点涉及哪些本章的知识点？

2. 在迎合旅游知觉并将其转化为旅游消费方面，麦当劳还有哪些不足？

3. 从民族文化传承角度，我们是否应该把儿童饮食结构和方式作为国家战略考量？

4. 假定你是麦当劳的决策者，请做出迎合旅游知觉的最佳决策，并说明其相关决策的旅游知觉理论依据。

第三章 旅游动机

学习目标

通过本章学习,应当达到以下目标:

职业知识目标:了解动机和需要的含义、特点、类型;理解需要和动机的形成;理解需要层次理论;掌握旅游需要对旅游者的影响;掌握旅游动机的作用以及类型。

职业能力目标:熟练掌握和运用马斯洛的需要层次论,并能据此分析某一具体的旅游消费行为;具有运用所学的有关动机的理论来激发旅游者旅游动机的能力。

职业道德目标:结合"旅游动机"教学内容,依照行业道德规范或标准,分析企业或从业人员服务行为的善恶,强化职业道德素质。

引例:孩子在为谁而玩

一群孩子在一位老人家门前嬉闹,叫声连天。接连几天,老人难以忍受,于是,他出来给了每个孩子25美分,对他们说:"你们让这儿变得很热闹,我觉得自己年轻了不少,这点钱表示谢意。"孩子们很高兴,第二天仍然来了,一如既往地嬉闹。老人再出来,给了每个孩子15美分。他解释说,自己没有收入,只能少给一些。15美分也还可以吧,孩子仍然兴高采烈地走了。第三天,老人只给了每个孩子5美分。孩子们勃然大怒,"一天才5美分,知不知道我们多辛苦!"他们向老人发誓,他们再也不会为他玩了!

人的动机分两种,内部动机和外部动机。如果按照内部动机去行动,我们就是自己的主人。如果驱使我们的是外部动机,我们就会被外部因素所左右,成为它的奴隶。

在这个故事中,老人的算计很简单,他将孩子们的内部动机"为自己快乐而玩"变成了外部动机"为得到美分而玩",而他操纵着美分这个外部因素,所以也操纵了孩子们的行为。寓言中的老人,像不像是你的老板、上司?而美分,像不像是你的工资、奖金等各种各样的外部奖励?

第一节 旅游需要

人们为什么要旅游？为什么选择不同旅游活动和旅游目的地？对这些问题通常有许多答案，但在这些答案之间彼此存在什么关系却缺乏明确的说明，它们往往没有触及人们为什么要旅游的较深刻的心理原因。其实，旅游行为的产生，其直接的心理动因是人的动机，而隐蔽在动机背后的原因则是人的需要。因此，旅游需要是旅游消费行为的最基本原因，要研究旅游者的动机，就离不开对旅游者的需要的研究与分析，对旅游需要的探讨有助于我们对旅游动机的理解。

一、需要概述

（一）需要的定义

需要是个体缺乏某种东西时的一种主观状态。它是个体因感到缺失某种东西的不足之感，而又期望得到这种东西的追求之感，两种状态对照而形成的一种心理现象。如人类为了谋求个人或群体的生存和发展，必然要求有一定的食物，拥有住房、衣服，还要能够工作、休息、娱乐等，这些要求反映在个人的头脑中，就构成了他的各种需要。

当某种生理或心理因素缺乏时，就导致生理或心理上的匮乏。当这种匮乏状态达到一定程度，必须进行调节时，个体就感到需要的存在，进而产生恢复平衡的要求。

首先是生理平衡。人体内必须不断补充一定的物质和能量才能生存，如食物、水、热量等。这些物质与能量的吸入量由体内复杂的生理系统进行调节，维持着人的生理平衡状态。以饮食调节为例，人的生理调节机制，时刻检测着食物和水的数量、时间和界度。当达到某种临界值时，便产生某种生理需要，人受到激发从而产生饮食行为。

其次是心理平衡。人的生理失调主要在于有机体内部的刺激，而心理失调主要取决于有机体外部的刺激，这种外部刺激既有物质的又有精神的。当心理失去平衡时，个体就产生心理上的需求，如爱的需要、求知的需要、审美的需要等。

（二）需要的特点

尽管需要是一种复杂的心理状态，但经过长期的研究，人们仍然可以得出需要的以下特点：

1. 对象性

需要总是指向某种具体的事物。换句话说，需要总是和满足需要的目标联系在一起。比如，人饿了就要寻找食物，渴了就要寻找水，冷了就要寻找衣服等，没有对象的需要是不存在的。对旅游者来说，需要总是指向某种旅游产品或服务。

2. 紧张性

需要是个体在生活中感到某种欠缺而形成的某种心理状态。当某种需要产生后，便形成一种紧张感、不适感或烦躁感等,从而在人脑中形成某种需求。

3. 驱动性

人为消除生理或心理上的紧张,构成寻求满足需要的驱动力,推动着人们去行动,以求得生理或心理上的平衡。

4. 层次性

人的需要是有层次的,先是满足最基本的生活需要,而后是满足社会和精神需要,人的需要总是不断地由低级向高级发展。

5. 发展性

人的需要随着社会生产力的发展和物质文化生活水平的提高而发展。这不仅体现在需要的标准不断提高上,而且体现在需要的种类日益复杂多样上。

6. 社会性

人们对需要层次的提高和需要的满足都要受到社会经济发展水平的影响和制约。人们的需要是随着社会的发展而不断变化的,需要的满足是以社会物质的富有为前提的。另外,需要也受到个人生活实践制约,个人的经济收入、社会地位等直接影响其需要的满足程度。

(三) 需要的类型

人的需要是多种多样的,从不同的角度出发,需要有不同的分类。

1. 根据需要的起源分类

根据需要的起源,可以把需要分为生理需要和社会需要。

生理需要起源于生命现象本身,是对维持自己生命和延续后代的必要条件的要求,如对食物和睡眠、运动和休息、防寒和避暑等方面的需要。社会需要来源于社会生活,是人们对劳动、交往、成就等方面的需要。

2. 根据需要对象的性质分类

根据需要对象的性质,可以把需要分为物质需要和精神需要。

物质需要指的是满足人们需要的对象是一定的物质或物质产品,人们由占有这些物品而获得满足。例如满足人们衣食住行需要的生活物资、满足人们工作劳动需要的生产物资条件等。精神需要是对精神生活和精神产品的需要,如对知识和知识产品的需要、对美和艺术的需要等。人们的物质需要和精神需要不是完全分开的,两者关系密切。精神以物质为基础,对物质的追求中也包含一定的精神要求,例如人们对衣物的要求不仅要御寒保暖,还要款式新颖漂亮;精神需要也离不开物质,例如对知识的追求,一定要以各种物质产品为载体。

3. 根据需要的形式划分分类

根据需要的形式划分,需要可以分为生存需要、享受需要和发展需要。

生存需要是指人的有机体为了维持生存而产生的最基本的需要,如对饮食、住房、回避伤害的基本需要。享受需要是指人们为了增添生活情趣、提高生活质量而产生的对奢侈消费品的需要,如要求吃好、穿好、住得舒适、用得豪华、有丰富的消遣娱乐生活等。发展需要是指人们为了自身在社会上更好地发展而对所必需的各种有形、无形产品的需要,如要求学习文化知识,增进智力和提高文化修养,掌握专业技能,在某一领域取得突出成绩等。

(四)需要层次理论

人类的需要一直是心理学家们研究的对象,并产生了有关需要的不同理论,其中美国人本主义心理学家马斯洛的需要层次论影响较大。他在1943年出版的《调动人的积极性的理论》中提出了"需要层次论",把人的多种多样的需要归纳为五大类,并按照它们发生的先后次序分为五个等级。

1. 生理需要

这是人类最原始的基本需要,包括饥、渴、性和其他生理机能的需要,它是推动人类行动的最强大的动力。马斯洛认为人的生理需要是最重要的,只要这一需要还没得到满足,他就会无视其他需要或把其他需要搁置一边。用这一观点就可以解释人们为什么夏天要到海边或山里去避暑,人们为什么越来越对农业旅游感兴趣,以及紧张的生产线上的工人或繁忙工作岗位上的企业管理人员为什么要到异国他乡暂时改变一下环境。这很可能是人体内部某些生理状态的需要所表现出来的行为。

2. 安全需要

当一个人的生理需要得到满足后,就想满足安全需要,要求获得生命和财产安全,要求避免职业病的侵袭,希望解除严酷监督的威胁,要求避免意外事件的发生等。马斯洛认为整个有机体是一个追求安全的机制,人的感受器、效应器和其他能量主要是寻求安全的工具。人们的这些需要在旅游活动中处处可以表现出来。比如,人们乘坐交通工具既要求准时又要求安全,在一些特殊的旅游项目上还希望有人身保险等。

3. 社交需要

马斯洛的社交需要含有两方面的内容:一个是爱的需要,即人人都希望伙伴之间、同事之间的关系融洽或保持友谊和忠诚,希望得到爱情;人人都希望爱别人,也渴望接受别人的爱。另一个是归属的需要,即人都有一种归属感,都有一种要求归属于一个集团或群体的感情,希望成为其中的一员并得到相互关心和照顾。社交需要比生理需要更细致,它和一个人的生理特性、经历、教育、宗教信仰都有关系。

人们为了探亲访友、寻根问祖、结识新朋友而进行的旅游,就是满足社交需要的。进行任何一种旅游活动,都要接触新的人际环境,发生人际交往。因此,旅游是人们结识新朋友、联络老朋友的最有效的活动之一。

4. 尊重需要

当社交需要得到满足后,人还希望有稳定的地位,有对名对利的欲望,要求个人能力、成就得到社会的承认等。马斯洛认为,尊重需要得到满足,能使人对自己充满信心,对社会充满热情。但尊重需要一旦受到挫折,就会使人产生自卑感、软弱感、无能感,会使人失去生活的基本信心。

受尊重的需要还同个体感到自己对这个世界有用的感觉有关,也与有关事物如衣服、汽车、教育、旅游和接待重要人物等能否增进自我形象有关。人们到一个知名度很高的旅游点去旅游,当然是令人羡慕的,到这个旅游目的地的动机可能很多,但其中之一可能是为了满足尚未得到满足的受人尊重的需要。

5. 自我实现需要

自我实现需要是指实现个人的理想、抱负,发挥个人的能力至极限的需要。也就是说,人必须干称职的工作,是什么样的角色就应该干什么样的事,音乐家必须演奏音乐,画家必须绘画,诗人必须写诗,这样才会使他们得到最大的满足。简而言之,自我实现需要是指最大限度地发挥一个人的潜能的需要。

旅游是极富有象征性的活动,有的人出去旅游就是用体现自我价值来满足自我实现的愿望。当然人们参加旅游活动,并不都是由于自我实现的需要,但随着社会的发展和人们对生活质量的关注,对自我实现的要求会越来越多。

在马斯洛看来,只有当低层次的需要满足之后,高层次的需要才能到来。但任何一种需要并不因为下一个高层次需要的出现而消失,高层次需要产生后,低层次需要对行为的影响变小。各层次的需要呈相互依赖与重叠的关系。

马斯洛的需要层次论对研究人类的行为需要和动机具有重要和普遍的意义。人们外出旅游实际上只是生活场所和生活方式的变换,因此人们在生活方面的一切需要在旅游活动中都有体现。运用马斯洛的需要层次论可以解释旅游者的很多行为表现,有利于我们了解旅游者的基本需求规律。

二、旅游需要

(一)旅游需要的定义

"旅游需要是人的一般需要在旅游过程中的特殊表现,是旅游者或潜在旅游者由于对旅游活动及其要素的缺乏而产生的一种好奇心理状态,即对旅游的意向和愿望。"[①]旅游需要的主体是旅游者,包括现实旅游者和潜在旅游者;对象是旅游,包括旅游活动本身及其旅游涉及的诸多要素。凡是以旅游为对象的需要都是旅游需要,如周末或假期寄情山水,开阔心胸,释放压力,或者到风俗文化相异的地方游览采风,满足其增长见识的需要,或者和不同的朋友通过旅游而增加交流和理解以满足感情的需要等等,这些都属于旅游需要。

(二)旅游需要产生的条件

1. 旅游需要产生的主观条件

依据旅游需要的概念可以看出,产生旅游需要的主观原因主要是人类的基本需要失衡并被感知和好奇心的驱动。

(1)基本需要失衡并被感知。

当人们感知到自己的基本需要失衡,就产生了变换生活环境以调节身心节律的旅游需要。现代社会紧张的劳动和工作,会消耗大量体力和精力,破坏生理和心理平衡。当这种生理和心理不平衡现象反映到大脑时,尽管他们可能意识到自己劳动和工作的社会意义,并且具有相当的兴趣,他们仍会感到单调、枯燥和疲惫,仍会感到有一种力量要求他们暂时摆脱这种环境和活动,寻求一个新的环境和活动,调节活动节奏,以摆脱和释放紧张状态,补偿缺少的东西,恢复精力和体力。这种释放和补偿的极佳方式之一是旅游,人们就产生了变换生活环境以调节身心节律的旅游需要。

---

① 吴正平.实用服务心理学[M].北京:中国旅游出版社,2012.

(2) 好奇心驱动了认识与探索的旅游需要。

人为什么要去旅游？一个基本的原因就是满足人的好奇心。好奇心是由个体生活环境的刺激而引发的先天内趋力，是人类心灵正常发展的原动力之一，是维护心理健康的一个条件，也是旅游需要产生的根本性原因。每个人都不同程度地对了解自身以外的事物、丰富自己的精神世界感兴趣，对新奇的事物具有强烈的好奇心，希望了解、认识和理解它们。达到目的，心理上便获得了平衡，平和知足；达不到目的，心理上便不平衡，寝食不安，焦虑烦躁，产生催人探索以恢复心理平衡的动力。越是奇特的事物和现象，人们就越是要去揭示它的秘密，人们对它的探奇求知欲望也就越强烈。这种探奇求知心如果没有反映到头脑中来，人们就当它不存在，自然不会形成探奇求知的旅游需要；一旦反映到头脑中来，便形成探奇求知的旅游需要。

2. 旅游需要产生的客观条件

(1) 经济因素。

旅游支付能力是指在人们的全部收入中扣除必须缴纳的税金和必需的生活及社会消费支出后的可自由支配的余额中，可以用于旅游消费的货币量。它是产生旅游需要和实现旅游需要满足的基本前提。旅游是一种较高层次的消费行为，需要有一定的经济条件和支付能力做基础。可自由支配的余额越大，旅游支付能力就越强。当一个人的收入水平仅仅能够维持基本生活需要时，他就很难产生外出旅游高级层次的需要。

旅游需要与旅游商品的价格之间具有负相关的关系，在其他条件一定的情况下，人们对旅游商品的需求随着该商品价格的变动呈反方向变化，即需求随商品价格的上升而减少，随商品价格的下降而增加。但是，旅游商品目前还不是人们的生活必需品，价格对旅游需求的影响就不会以这样单一而明显的规律表现出来。旅游商品具有一定的昭示身份、地位的炫耀功能，并且某些旅游商品由于具有垄断性与文化特质，其价格呈现出刚性的特征，会出现与一般规律相悖的情况。当旅游商品价格过低时，有人会怀疑其价值；而当价格过高时，人们又会因为支付能力敬而远之。只有适中的动态定价才会带来最大的需求。

应当说明，经济因素只是告诉我们哪些人有旅游的经济基础，但并不能说明一个人有了钱就必然去旅游。

(2) 时间因素。

旅游是需要时间的，特别是闲暇时间，即在日常工作、学习、生活及其他必需的时间之外的可以自由支配，可从事消遣娱乐或自己乐于从事任何其他事情的时间，包括业余时间、周末时间和一段集中的短暂假期。闲暇时间可以刺激人们的旅游愿望。当然，影响旅游需要的因子是多元的，人们有了余暇时间，也未必就去旅游。余暇时间只是旅游需要得以实现的必要条件。

(3) 社会因素。

旅游需要的产生与国家或地区的经济状况、文化因素、社会风气有密切关系。一个国家的旅游发展程度同其经济发展水平成正比。由于经济的发达，才有足够的实力开发旅游资源，建设旅游设施，促进旅游交通的发展，从而提高旅游综合吸引力和接待能力，激发人们的旅游兴趣和愿望。人们的周围环境和团体压力也会影响人们的旅游需要。单位经常组织旅游，或奖励旅游行为，对个体参加旅游活动有强势的吸引力，促进人们旅游需要的产生，增强旅游意识,强化旅游动机,形成旅游行为。社会风气与旅游时尚也能影响人们旅游需要的产生。邻居、同事、朋友的旅游行为和旅游经历往往能够互相感染、互相启发,在从众心理或攀比心理的作用下,也会产生旅游冲动,形成一种效仿旅游行为。个体的人格特质、知识与受教育程度、价值观念、生活经历与旅游阅历等个体受社会文化因素影响的状况,会影响人们的旅游方式。旅游需求也对政治环境和经济环境的变化特别敏感。当旅游目的地发生社会动荡或与客源国关系紧张时,旅游者会出于安全考虑,放弃旅游计划或转向其他旅游目的地。

(4)旅游对象因素。

客观存在的旅游对象也是旅游需要产生不可缺少的必备条件之一。旅游需要具有对象性,旅游对象是能使个体旅游需要得到满足的旅游客体。没有旅游对象作为刺激诱引条件,旅游需要也就不能产生。旅游对象对旅游者有无吸引力,取决于旅游对象被旅游者的知觉程度,旅游对象对旅游者有多大的吸引力,取决于它是否具有特色。

(三)旅游需要的特点

1. 暂时异地休闲性

人们无论是基于基本需要失衡并被感知所产生的变换生活环境以调节身心节律的旅游需要,还是基于好奇心的驱动所产生的认识与探索的旅游需要,都要暂时离开居住地,到异地去休闲。

2. 高层次精神需要性

旅游需要是一种较高层次的精神需要,是人们高品质生活的内容之一,旅游需要属于马斯洛需要层次理论的社交需要以上的高级层次的需要。尽管人们在旅游中也必须有与生存相关的物质性需要和安全性需要,但旅游消费不同于日常消费,突出地表现在重视精神内容、追求愉悦的体验,甚至具有明显的挥霍倾向,这里的低层次需要是归属于高级需要的,归属于高级需要的低级需要就不是低级需要的简单重复。

3. 伸缩性

旅游需要的伸缩性也可以叫作高弹性、可变性。主要表现在旅游心理需要标准有高有低,内容有多有少,程度有强有弱等方面。旅游需要不是与生俱来的需要,不是人们生活的刚性需要。在生产力不发达的时代,人们为生理需要而疲于奔命时,旅游的需要被掩蔽了。旅游需要是人类生活水平发展到一定阶段的产物,属于奢侈性需要,具有很大的弹性。即使在经济条件和时间因素均具备的情况下,受个体的个性心理特征与消费偏好等因素的影响,人们在排解烦闷、寻求好奇时,并不一定就取向旅游的需要,还有其他释放的方式,所以说旅游需要具有很大的不稳定性或具有可替代性,起码不具备普适性。在个人收入、旅游产品价格、社会政治环境发生变化时,人们的旅游需要方向会发生转移,旅游需要强度会发生变化。

4. 季节性

旅游需要是随季节波动的。旅游者对旅游时间、地点的需求有明显的淡旺季差异。旅游需要的季节性与旅游对象的季节变化、节假日的设置及风俗习惯的制约有密切的关系。大部分的自然景观和人文景观都会因时而异,比如,钱塘潮在中秋时节尤为壮观;傣家的泼水节只在清明前后的傣历新年举行;观赏吉林的雾凇最好等到春节前后。如不应时,则难以满足旅游期望。

(四) 旅游需要的类型

人的需要是多种多样的,旅游需要的类型,用不同的标准可以有不同的分类,学术界也存在许多种分类。我们从一般旅游需要和特殊旅游需要两个角度对旅游需要进行分类。

1. 一般旅游需要

一般旅游需要是指旅游者的共同旅游需要。一般旅游需要又有两种分类方法。

按需要的起源划分,一般旅游需要可分为天然性需要和社会性需要两小类。旅游者的天然性需要包括生理需要和安全需要。即对旅游中人们的饮食、衣着、住所、休息、交通的需要以及安全与健康的需要。社会需要是旅游者对认识、名誉、权力、交往、友谊、娱乐、尊重等方面的需要。如探亲访友、结交朋友、寻根求源、故地重游等。

按需要的对象划分,可分为物质需要和精神需要两小类。物质需要是指在旅游中对衣、食、住、行等有关旅游物品的需要。在物质需要中,包括自然性的物质需要,也包括社会性的物质需要。精神需要是指旅游者对于认识、探索、审美、艺术等的需要。满足精神享受是旅游者最为普遍和共同的需要。

2. 特殊旅游需要

特殊旅游需要是指不同旅游者在不同的旅游过程中的各自特殊需要。不同阶层、不同性别、不同年龄、不同教育程度、不同个性特征、不同民族的旅游者的旅游需要也各不相同。

(五) 旅游需要对旅游者行为的影响

1. 旅游需要决定旅游行为

旅游者的旅游行为是旅游者为满足自身需要而享用旅游产品和服务的行为,虽然旅游者旅游消费行为的形成过程十分复杂,但是旅游消费的产生和实现是建立在需要的基础上的。旅游需要作为旅游者对获得旅游产品和服务的愿望和要求,与旅游者所受到的内部刺激与外部刺激分不开,由此会形成一种紧张状态,成为其内在驱动力,形成旅游动机,旅游动机又导致人们的旅游行为。当旅游行为顺利圆满完成,需要得到满足时,新的需要又会随之产生,再形成新旅游动机,引发新的旅游行为。可见,旅游者的旅游行为是在旅游需要的驱使下进行的,因此旅游需要决定旅游行为。

2. 旅游需要的强度决定旅游行为实现的程度

旅游者的需要强度不同,对旅游行为的影响程度也不同。一般情况下,需要越迫切、越强烈,实现旅游行为的可能性就越小,甚至不发生。对于一个非常渴望旅游的旅游者来说,由此引起的紧张与不适更强烈,为了消除这种状态,会迫切地实施旅游行为,而不注重旅游服务质量和价格。

3. 旅游需要层次不同对旅游者旅游消费水平的影响不同

随着人们生活水平的不断提高,旅游会成为人们越来越重视的消费需求。由于旅游者需要层次不同,在旅游活动中所表现的消费水平也就不同,需要层次高的旅游者,在旅游消费活动过程中更注重旅游产品和服务的质量,消费水平比较高;而需要层次低的旅游者则讲究实惠,消费水平也比较低。

第二节 旅游动机

一、动机概述

人的一切行为都受动机支配,动机驱使人追求某一事物,从事某一活动;或驱使人避开某一活动,停止某一活动。动机是人行为的直接的内在原因。

(一) 动机的定义

所谓动机是指引起和维持个体的活动,并使活动朝向某一目标的心理过程或内部动力。动机是人的活动的推动者。它体现着所需要的客观事物对人的活动的激励作用,把人的活动引向一定的、满足他需要的具体目标,如果说需要是个体活动的基本动力和源泉,那么动机就是需要的具体表现或内在动力体现。人类的各种活动都是在动机的作用下,向着某一目标进行的。动机可以由当前的具体事物引起,如感到寒冷的人,有取暖的需要,附近的木柴、引火物等能引起他产生烤火的动机。可是引起动机的远不限于当前的事物,也可以是事物的表象和概念,甚至是人的信念和道德理想等等。例如,对真理和正义的坚信和热爱、个人的责任感或事业心,在一定条件下都能成为推动人去从事活动的动机。

(二) 动机的功能

动机具有以下三种功能:

1. 激活功能

即动机会促使人产生某种活动。例如,大学生到学校来求学,是由学习知识的动机激发起来的。旅游者外出旅游是在其各种旅游动机的直接驱动下发生的。

2. 指向功能

即在动机的作用下,人的行为将指向某一目标。例如,在学习动机的支配下,大学生会到图书馆去看书,到书店去买书。旅游者在旅游动机的指引下会奔向旅游目的地。

3. 强化功能

即当活动产生以后,动机可以维持和调整活动。当活动指向某个目标时,个体相应的动机便获得强化,因而某种活动就会持续下去,在遇到困难时能予以克服。

(三) 动机的形成条件

1. 内在条件——需要

动机是在需要的基础上产生的,一种需要演化为哪种动机是受环境因素的影响的。无论是物质的需要还是精神的需要,只要它以意向、愿望或理想的方式指向一定的对象,并激起人的希望时就可构成行为的动机。

2. 外在条件——有满足需要的对象

能满足某种需要的外部条件或刺激物是动机形成的外在条件。动机虽以需要为基础,

但只有需要,并不一定产生动机。动机的产生至少应该具备两个条件:一是需要,二是具有满足需要的对象。当需要处于萌芽状态,客观上缺乏满足需要的对象时,需要只表现为一种意愿或意向。只有当需要被强化到一定的程度,在客观上又有满足的对象时,需要才转化为动机。

知识活页

动机与目的

动机与目的,是两个既相联系又相区别的概念。

动机与目的有时是一致的。对某一事物的反映,就其对人的推动作用来说,是动机;就其作为活动所要达到的预期结果而言,又可以是目的。在人的简单行动中,动机和目的常表现出直接的相符。如上述烤火取暖的例子里,燃柴烤火既是活动动机,又是活动目的。

在许多情形下,特别在比较复杂的活动中,动机与目的也表现出区别。作为目的的东西并不同时是动机。

例如,一个生病的孩子由于气管被浓痰阻塞而处于危急的险境,医护人员为了抢救病孩,果断地用自己的嘴去吸出痰液。这里,吸出气管中的浓痰是行动的直接目的,但这一目的本身并不具有推动作用;相反,病人口腔和痰液的肮脏腻人会使人"望而却步"。推动人去行动的动机是医护人员应该救死扶伤的高度责任感,是一种舍己为人的道德信念。不难看出,在这一类情形下,行动目的是行动所要达到的结果,而行动动机则反映着人要去达到这一结果的主观原因。正因为动机和目的之间存在着这种差别,所以人的同一种行动,尽管其目的是一样的,却可因其不同动机而具有不同的心理内容,也可因其不同动机而获得不同的社会评价。

动机和目的的这一区别不是绝对的。一个农业生产队队长在致力于农业增产时,获得增产是行动的目的;其动机可以是为了对"四化"做贡献。但是当生产队长为了达到增产的目的而在筹划水利建设等方面采取行动时,建成水利设施等又是行动的目的,而争取来年的增产丰收则成了行动的动机了。一般说来,动机是比目的更为内在、更为隐蔽、更为直接推动人们去行动的因素。

动机和目的的区别也表现在,有些行动的动机只有一个,而目的则不然,可以有若干个局部的或阶段性的具体目的。例如,学生修完大学课程有一个总的动机,但为了实现这个动机,他必须分别达到一系列具体的活动目的,如完成作业、通过考试、撰写论文等等。

动机和目的不同还表现在,同样的动机可以体现在目的不同的行动中。例如,工人加紧生产,教师认真备课,学生努力学习,其动机都可能是为了国家的社会主义建设做贡献。另一方面,在同一活动目的之下,也可以包含着不同的动机。比如学好功课,有人是为献身"四化"的崇高动机所推动,有人则是为谋求个人今后优裕生活的动机所驱使。

(四)动机的分类

一个人复杂多样的动机往往以其特定的相互联系构成动机系统,根据不同的标准,动机可分为以下两类:

1. 根据动机的性质,动机可分为生理性动机和心理性动机

生理性动机来源于人体得以生存和繁衍下去的最基本的生理需要,如对空气、水、食物、休息、性爱等的需要,由这些需要引发的动机来源于人体内部某些生理状况的先天驱动力,并非后天学习和强加来的。心理动机来源于人们的社会环境所带来的需要,如对安全和舒适的需要、被人尊重的需要等,由这些需要驱使的行为动机,来自外部社会,一般通过外界学习而获得。

2. 根据动机在行为中的作用,动机可分为主导动机和辅助动机

在引起复杂活动的各种不同动机中,有的动机强烈而稳定,在活动中起主导和支配作用,有的动机则起辅助作用,只是对主导性动机的一种补充。

二、旅游者的旅游动机

一个人如果要外出旅游,必须同时具备主观和客观两个方面的条件。主观上,要有外出旅游的动机,客观上要具备一定的支付能力和闲暇时间,而且要身体状况允许等。如果一个人主观上没有旅游的动机和愿望,即使具备客观条件,也不可能成为旅游者。因此,有必要对实现旅游活动所必须具备的主观条件进行探讨。而这一主观条件,就是旅游动机。旅游动机是指直接引发、维持个体的旅游行为并将行为导向旅游目标的心理动力。

(一)旅游动机的特点

它具有以下几个最基本的特性。

1. 对象性

旅游动机总是指向某种具体的旅游目标,即人们期望通过旅游行为所获得的结果。旅游动机表现出了人们对于某一事物或某一活动的指向。旅游动机一旦实现,总能给人们带来生理或心理上的满足。比如,寒冷的冬季会使人产生去温暖的南方旅游的动机,而炎热的酷暑又会使人产生去避暑胜地旅游的动机等。

2. 选择性

人们已经形成的旅游动机,决定着他们的旅游行动以及对旅游内容的选择。由于旅游者在国籍、民族、职业、文化水平、性格、年龄、兴趣爱好、生活习惯和收入水平等方面存在差异,他们对旅游活动的内容有很大的选择性。比如,在黄金旅游周期间,有的旅游者选择江南古镇水乡游,有的旅游者选择巴黎假日七日浪漫游,有的旅游者选择各地的"红色旅游"线路;在旅游方式上,有的旅游者选择参加旅行社组织的团队旅游,有的旅游者选择自驾旅游等。此外,已经实现旅游动机的经验使得人们能够对旅游行为的内容进行分析和选择,如哪些旅游行为要先行实现,哪些旅游行为可以留待将来实现;哪些旅游行为较容易实现,哪些旅游行为一时难以实现等。

3. 相关性

旅游者的旅游动机往往不是单一的,不同的旅游动机之间相互关联,形成复杂的旅游动

机体系。旅游动机体系中的各个动机具有不同的强度,在强度上占有优势的旅游动机就成为主导动机,其他旅游动机则为辅助动机。比如,旅游者在游山玩水的同时,又想顺便探望一下老朋友;在外出经商考察的同时,又想畅游一下当地的人文景观等。

4. 起伏性

人们的旅游行为是一个无止境的活动过程,因而旅游动机一般不会立即消失,它作为一种实际上起作用的力量常常会时断时续、时隐时现,表现出一定的起伏性。旅游者的旅游动机获得满足后,在一定时间内暂时不会再产生,但随着时间的推移或另一个节假日的来临,又会重新出现旅游动机,呈现起伏性。旅游动机的起伏性主要是由旅游者的生理和心理需要引起,并受到旅游环境的发展进程和社会时尚的变化节奏的影响。

5. 发展性

当一种旅游动机实现后,会在其基础上产生新的旅游动机,成为支配人们旅游行动的新的目标和动力,这是旅游动机发展变化的规律。

(二)旅游动机的作用

旅游动机既是旅游者整个旅游活动的出发点,又贯穿于整个旅游活动的全过程,并且影响着旅游者未来的旅游活动。分析归纳旅游动机对旅游行为的作用,主要表现为以下几个方面。

1. 推动旅游者创造必要的旅游条件

已经形成的旅游动机会推动旅游者对自己的日常生活和工作做出某些必要的安排,调节自己生活的节奏,准备旅游所需要的相对集中的闲暇时间,调整经费的使用方向,为旅游筹集所需的费用,以及准备旅游中所需要的其他客观条件。

2. 促使旅游者收集、分析和评价旅游信息

为了进行旅游活动,旅游者在旅游动机的推动下,将从各种渠道收集旅游资料,分析旅游信息的内容以及旅游信息来源的可靠程度,对旅游信息进行筛选、对比、评价,为旅游决策做准备。

3. 支配旅游者制订具体的旅游计划

在旅游动机的支配下,旅游者根据所获得的旅游信息制订包括具体的旅游景点、旅游线路、旅游方式和旅游时间安排等内容的旅游计划,为进行旅游活动做好准备。

4. 引发和维持旅游行为趋向预定的旅游目标

旅游活动是一个包括多方面内容的、需要经历一定时间的演进过程,在旅游活动过程中会遇到各种不同的情况,旅游者在旅游动机的支配下,对符合旅游期望和目标的活动和条件产生积极的态度,对不符合旅游期望和目标的活动和条件则产生消极态度。从而不断地调整自己的旅游行为,克服在旅游过程中遇到的困难,使自己的旅游行为向着实现预定的旅游目标的方向进行。

5. 作为主观标准对旅游活动进行评价

在具体的旅游活动过程中,旅游动机也是旅游者衡量旅游效果、进行旅游评价的主观标准。旅游的实际内容以及旅游经历是否符合旅游动机的期望和目标,符合的程度如何以及是否有超出期望以外的内容,都会使旅游者产生不同性质和不同程度的心理体验。旅游者

会根据这种心理体验对旅游的内容和活动方式进行各种各样的评价。这些旅游评价将作为一种经验储存在旅游者的记忆之中,影响着他对该项旅游活动的态度和今后对旅游活动的选择倾向。比如,旅游活动中积极的旅游感受、美好的景点印象,不仅成为促进新的旅游活动的积极的心理因素,而且可能使旅游者产生再来此地重游的旅游动机。

> **同步思考**
>
> "十一"假期之际,有甲、乙、丙、丁四人决定外出旅游。其中,甲决定到一个环境优美的乡村去亲近大自然、体验田园生活,乙决定到沙漠探险、挑战自我极限,丙决定到邻近的城市探访自己的亲朋好友、联络一下感情,丁决定到城市周边的景点悠然地待上几天、放松身心。四人最终都达成了自己的心愿,度过了一个愉快的假期。
>
> 思考:
> 1. 人们为什么会产生旅游行为,而且是纷繁复杂、各式各样的旅游行为?
> 2. 是什么原因导致人们旅游行为的差异,尤其是旅游目的地选择行为的差异?

(三)旅游动机产生的条件

旅游动机是指激励旅游者外出旅游的原因。旅游者为什么要外出旅游,其原因是复杂的,既有主观的因素也有客观的因素。

1. 主观因素

影响旅游动机产生的主观因素是人们旅游的愿望,影响人们旅游愿望产生的主观因素主要有以下几个方面:

(1)安全感。

有的人觉得去其他地方"人生路不熟",诸事都不方便,担心遇到交通事故、自然灾害等,人身财产得不到保障,因此不愿意去旅游。如东南亚发生海啸,使不少游客裹足不前。如果能打消人们的各种顾虑,使他们产生安全感,有不少人还是愿意去旅游。

(2)个性因素。

性格太内向胆怯、追求安逸舒适或者过于谨慎保守的人不容易产生旅游的愿望,个性开朗、喜欢新鲜事物的人比较喜欢去旅游。

(3)身体原因。

年老体弱的人往往不愿外出旅游,而年轻、身体健康的人更容易产生旅游动机。

2. 客观条件

(1)人们有可自由支配的时间。

从国际旅游方面来看,很多发达国家的工人每周平均工作时间缩短,假期增加,如欧美等地的许多工人在 1960 年每周平均工作 70 小时,而现在每周工作时间缩减到 40 甚至 35 小时;人们每年的连续假期由一个月增至一个半月到两个月;不少国家还实行带薪假期制;美国、日本等国的一些企业、公司还实行奖励性的旅游,给工作成绩优良的员工提供免费旅游；一些退休的工人、职员也有大量可供自己支配的时间。从国内旅游来看，学校的部分教职员工和学生每年可利用寒暑假旅游；我国也全面实行每周40小时工作制；有些工厂利用节假日组织职工集体外出旅行。以上种种情况都为人们外出旅行创造了时间的条件。

（2）有足够的可供支配的金钱。

旅游是一种消费行为，需要有一定的经济基础，有支付各种费用的能力。当一个人的经济收入仅能够维持其基本生活需要时，那么他就不会有更多的财力去支付旅游的开销，也就不能产生外出旅游的动机。经济越发达、国民收入越高的国家和地区，外出旅游的人数就越多；反之就越少。

（3）有可供旅游者使用的交通工具和现代化的旅游设施。

对许多人来说，乘坐飞机已像乘坐汽车那样方便和习惯，而且乘坐飞机还可以节省时间。由于各国政府认识到发展旅游业对本国经济发展的重要意义，从而制定了各种相应政策，如为旅游者提供出入境签证、购物免税等种种方便，不少国家的和平稳定也为人们能平安地进行世界各地的旅行提供了必要的条件。我国旅游业近年有很大的发展，可供国内外旅游者食宿的大小宾馆、旅店雨后春笋般地在全国各地建立起来。不少省市还建立了旅游汽车公司，开辟了不少旅游专线班车。各地还重新修整、美化了各个可供游览的景点、名胜古迹，使游客进行国内、省内、市郊的旅游更加方便、舒适，活动更加丰富多彩。

3. 有鼓励旅游的社会风气

在经济发达的国家，由于交通、电信现代化，人们对世界范围的事情接触更多。人们通过报刊、电台、电视等媒介，了解到很多国家的名胜古迹、风土人情，产生了想亲眼看一看的迫切愿望。人们逐渐形成了一种观念，认为假日里不外出旅游、待在家中是一种损失，旅游是生活中的一个重要内容。美国人将有钱不去旅游看做"损失"，认为旅游是获得人生经验和乐趣的重要手段。根据日本旅游专家的调查，现代日本人业余时间和假日所参加的各种活动中，旅游居首要地位。另外，由于发达国家通货膨胀厉害，不少人认为"存钱还不如外出旅游一趟"。我国人民也从忙忙碌碌的工作和家务中走向重视精神生活的充实。过去多数人由于经济能力及时间等条件不具备，未能如愿，现在，我国政治安定，经济生活有了很大改善，人民生活水平普遍提高，在节假日里人们踊跃参加各种旅游活动，越来越强烈地渴望游览祖国的大好河山，欣赏壮丽的万里长城，登上泰山、黄山、庐山等。

（四）旅游动机的影响因素

由于旅游者所处社会环境以及旅游者心理活动的复杂性，影响旅游动机的因素主要有：

1. 旅游者对外界刺激物或情境的心理反应不同影响旅游动机

兴趣爱好广泛、想象力丰富的旅游者，在刺激物作用下，能迅速形成旅游动机；性格沉稳、观察问题深刻、独立性强的旅游者，动机形成较慢，但稳定性较强，也就是说，一旦动机形成，行为很快发生。

2. 旅游者价值观和期望影响旅游动机

旅游者对旅游产品和服务以及从事的旅游活动都有一定的期望和评价。期望高，评价好，动机形成迅速、坚定；期望低，评价差，动机形成缓慢、犹豫。

3. 旅游产品和服务影响旅游动机

旅游产品和服务是旅游者所享用的，旅游刺激物的好坏直接影响着旅游者的期望和评价。旅游产品的独特、优良,配上亲切、感人、优质的旅游服务能给旅游者留下美好印象,促使其旅游动机的形成。

(五)旅游动机的类型

随着人们生活需要的多样化和复杂化,旅游动机变得多种多样,特别是旅游购买动机,更是相当复杂。很多学者都对具体的旅游动机做了研究,但由于他们选取的方法不同,研究的角度不同,所以研究结果也不尽相同。

美国学者罗伯特·麦金托什和沙西肯特·格普特在他们合编的《旅游的原理、体制和哲学》一书中将所有人的旅游动机分为四类:

第一类,身体健康的动机。这个动机的特点是以身体的活动来消除紧张和不安。它包括休息、运动、游戏、治疗等动机。

第二类,文化动机。这类动机表达了一种求知的欲望。它包括了解和欣赏异地文化、艺术、风格、语言和宗教等动机。

第三类,交际动机。这类动机表现为对熟悉的东西的一种反感和厌倦,出于一种逃避现实和免除压力的欲望。它包括在异地结识新的朋友,探亲访友,摆脱日常工作、家庭事务等动机。

第四类,地位与声望的动机。这类动机表现为在旅游活动交往中搞好人际关系,满足旅游者的自尊。它包括考察、交流、会议以及满足个人兴趣所进行的研究等。

日本学者田中喜一在1950年由日本旅游事业研究会出版的《旅游事业论》中将人的旅游动机也归为四类:

第一类,心情的动机。这类动机的需要或心理主要包括思乡心、交友心和信仰心等。

第二类,身体的动机。这类动机的需要或心理主要包括治疗需要、保养需要和运动需要等。

第三类,精神的动机。这类动机的需要或心理主要包括知识需要、见闻需要和欢乐需要等。

第四类,经济的动机。这类动机的需要或心理主要包括购物目的和商业目的等。

以上这些分类就其内容来说,实际上大同小异。分析和研究旅游动机对于预测人们的旅游行为,开发旅游资源,提供合适的基础设施等都具有指导意义。归纳起来,旅游动机大体有如下几个方面:

第一,文化动机。每个人都有好奇心,都有强烈的求知欲和猎奇尝新的心理。文化的差异以及文化的异地传播,使人们产生了接触异域文化的动机,他们希望通过旅游去了解异域的名山大川、风土人情和文化艺术。也正是因为如此,每个旅游地具有代表性的特色都会成为游客聚焦的地方,比如扬州的早茶、西安的羊肉泡馍以及苗族的服饰等。这类动机在普通的旅游活动中占有的比例最大,持这类动机外出旅游的游客一般不会重复选择同一个旅游目的地。

第二,健康动机。这类旅游者的动机是为了休息、治疗、运动、消遣。他们平时工作压力大,生活节奏快,身体处于亚健康状况。通过旅游换个环境,摆脱现代社会紧张、机械、单调的生活和充满噪声、空气混浊的大都市,到风景优美的森林、海滩等地方旅游,以调节身心,消除疲劳,恢复健康。

第三,购物动机。近年来,随着经济的发展和人民生活水平的提高,单纯出行购物的旅游活动越来越多。生活在中小城市和大城市周边的人,通常会在周末带上家人或朋友到大都市去购物,香港、上海等都市旅游正受到广大年轻人及白领阶层的欢迎,都说明了购物旅游动机的存在。据有关部门统计,在到香港旅游游客的各项在港开销中,购物费用占了总开支的56.9%。

第四,社会交往的动机。寻亲访友、寻根问祖的旅游动机自古就有。个人、团体以至政府间的访问,人员间进行的公事往来、文化技术交流活动,甚至是近年来的自驾游组合等,也都包括这种动机的成分,人们可以在旅游中体验结识新朋友的快乐。

第五,业务动机。由业务动机而进行的旅游活动,包括各种学术交流、政府考察和各种商务活动。据有关部门的统计,在国际旅游活动中,各种专业交流考察团占到了较高的比例。而我国也有很多城市发展会展旅游经济,形成了很多会议型的旅游城市,比如冬天的广州、海口,夏天的青岛、哈尔滨和厦门等,各种专业会议爆满。这些会议选择在这些地方开办,优美的环境是其受欢迎的重要原因。

第六,宗教信仰的动机。人们为了宗教信仰,参与宗教活动、从事宗教考察、观礼等而外出旅游,主要是为了满足自己的精神需要,寻求精神上的寄托。

目前,世界上信仰宗教的人很多。许多宗教信徒到异地参与宗教活动,或在特定时间、特定地点举行宗教庆典活动。比如,基督教信徒到耶路撒冷或罗马的梵蒂冈朝圣,伊斯兰信徒到麦加或麦地那朝圣,佛教徒到名山古刹朝拜,西藏民众到拉萨朝圣等。此外,民间还有许多在特定地点举行的祭祀活动,也有许多非信徒在宗教活动时前往参观、考察。许多地方宗教庆典已成为民族传统节日,这些活动都会吸引大批游客。

(六)旅游动机的激发

"激发旅游动机,就是通过提高人们旅游的积极性刺激旅游者的兴趣,以促使潜在旅游者积极地参与到旅游活动中去。"[①]为此,旅游企业必须在旅游资源、旅游产品、旅游设施、旅游服务、旅游促销等方面采取切实有效的措施。

1. 在旅游资源的开发上要以自然为本

原始古朴的旅游资源,是激发旅游动机的基础,在旅游资源的开发上要以自然为本,尽可能地保持旅游资源的原始风貌,以满足旅游者求真求实的心理。在景区景点开发建设过程中,对旅游景点景区的任何过分修饰甚至全面毁旧翻新都是不可取的。因此,自然景观应尽力保持原始天然的美,人文景观应保持原有的风韵,只有这样才能激发人们的旅游兴趣和动机。

2. 要突出旅游资源的个性

富于个性的旅游产品是激发旅游动机的条件。独特的个性、鲜明的特色是旅游产品的吸引力所在。因此,在旅游产品的设计上,要显示出与众不同的风格,以别具一格的形象去吸引旅游者,并强化它、渲染它以增加它的魅力。

---

① 吴正平.旅游心理学教程[M].3版.北京:旅游教育出版社,2015.

3. 要完善旅游设施

方便的旅游设施是激发旅游动机的保证。旅游资源、旅游产品具有吸引力,仅仅是旅游动机产生的条件和基础,而使旅游者产生旅游动机的保证是齐全配套的旅游设施。旅游设施的数量、规模、档次、位置要充分满足旅游者需要,保证旅游者进得来,住得下,玩得开,走得动,出得去。在设计上要造型独特,外观雅致,内部舒适。旅游设施要满足不同阶层、不同地区、不同心理旅游者的需要。

4. 提高旅游服务质量

尽善尽美的服务是激发旅游动机的前提。旅游企业要提高从业人员的业务素质和职业道德水准,为广大的旅游者提供尽善尽美的服务。如旅游线路安排要合理;餐饮服务人员要热情、周到;客房服务要标准、熟练;导游人员要耐心细致、知识面宽;驾驶人员的技术要过硬,安全意识强。总之,所有的服务都必须从旅游者的需求出发,尽力让旅游者体会到旅游是愉快的、舒适的、安全的,做到让游客乘兴而来,满意而归。同时,借助旅游者向周围人宣传旅游的经历和感受,也可诱发周围人的旅游动机,让更多的人投入到旅游活动中来。

5. 加强促销

促销活动是旅游动机的促进剂。促销活动可以突出旅游企业的形象,扩大企业知名度,争取客源。旅游企业可以通过广播、电视、报纸、杂志、展览会、推介会、新闻发布会等促销媒体与工具对新开发的旅游景点、新开辟的旅游线路、新建设的旅游设施、新增加的旅游项目与内容进行长期连续的宣传推广,以刺激老游客产生新需求,激发新游客的旅游动机。另外,应积极地通过宣传,优化社会群体的旅游行为模式,优化社会环境氛围,从而刺激旅游者个体的旅游动机。

6. 扩大宣传,为旅游者提供信息

通过旅游宣传,可以让旅游者掌握充分的旅游信息,认识到旅游产品的真正价值,还可以减少旅游者对旅游的认知风险,改变他们的旅游态度,激发他们的旅游动机,帮助他们做出正确的旅游决策。

同步案例

为了吸引美国人到海外旅游,一个理想的旅游广告可以起到好的宣传效果。这个广告将通过语言和图画告诉到国外旅游的美国人,他们的旅游将会使他们晕头转向,接着广告可以建议,为了使旅游不致过分复杂,他们最好住在该旅行社在海外的分社,那里可以提供许多他们所熟悉的、舒适的"美国式"服务:整洁、宽敞的房间,单独使用的卫生间,游泳池,汉堡包,还有讲英语的工作人员。

旅游宣传可以通过各种手段进行。利用广播、电视、报纸、杂志、广告牌、新闻发布会等是较为普遍的方法。另外,随着电脑进入千家万户,借助互联网进行广告宣传也成为重要的宣传手段之一。

> **教学互动**
>
> 人们为什么要选择旅游这种方式从自己生活的现实中"逃脱"出来?
>
> 答:有人把生活其中的现实称为第一现实,而把旅游称为第二现实(有暂时性和半虚拟性)。旅游这种"出逃"方式只是一种暂时现象,是"精神放风"。旅游既能满足人的"出逃"需要,又不会对第一现实构成破坏,反而会增强对现实的适应性,同时,旅游本身的价值(社会、文化、经济等方面效应)又为社会所推崇,这就是为什么今天人们多选择这种方式"出逃"。

内容提要

本章主要探讨了旅游需要和旅游动机这两部分内容。

首先介绍了需要的定义、特征、类型、层次理论,接着讲解了旅游需要的定义、特点,着重介绍了旅游需要形成的主客观条件。

旅游动机这部分主要介绍了动机的定义、特点、功能和形成条件;旅游动机的定义、作用和类型,重点探讨了旅游动机的形成和激发。

核心概念

需要;旅游需要;动机;旅游动机;好奇心

重点实务

旅游动机在旅游活动中的应用。

知识训练

一、简答题

1. 什么是需要?有哪些特点?
2. 什么是动机?动机是如何形成的?
3. 什么是旅游动机?旅游动机的特点?
4. 影响旅游动机的因素是什么?
5. 举例说明常见的旅游动机的类型。

二、讨论题

结合实际谈谈怎样才能激发人们的旅游动机?

> 能力训练

一、理解与评价

用调查法调查一下国内旅游者的旅游动机,依据调查结果来制定激发的旅游者的旅游动机的方法。

二、案例分析

我们就是冲这个来的!

小杨的团队到长沙之后,游客为先去什么地方游览发生分歧。小杨召开全团会议,希望能求得一个"平衡"。

刘太太先发言,她说:"我们报名时就看中了举世闻名的马王堆,我们就是冲着它来的,我们的意见是应该先去马王堆出土文物展览馆。"她的话立刻得到一部分游客的响应。

小杨心想:"中心人物"应该是团长欧阳先生,是不是现在刘太太取代欧阳先生了?要不,为什么她第一个发言,又得到其他客人的响应呢?可是——也不像。响应她的客人只占全团人数的三分之一呀。

李先生第二个发言,他说:"我们是从事教育工作的,我们到长沙就是为了看这个岳麓书院。它在中国的教育史上的地位是人所共知的。听我朋友说过,这个书院很大。所以我们明天应该先去岳麓书院,要不然时间肯定不够。"

李先生的话得到近一半游客的响应。小杨想:"新的'中心人物'是李先生?也不像。如果是他,刘太太恐怕不会第一个跳出来说话。"

欧阳先生站起来了。他有点激动。他说:"我们为什么这一次带着小孩来长沙?就是为了让他们看看毛主席当年在长沙从事革命活动的地方,让他们受受教育,让他们知道今天的幸福生活来之不易。革命圣地当然应该优先安排……"

欧阳先生话音未落,就有人响应:"对,革命圣地当然应该优先安排!""橘子洲头就应该先去!毛主席的词《沁园春·长沙》写的不就是这个地方吗?'独立寒秋,湘江北去,橘子洲头……'你们说是不是?"

小杨闻到一点"火药味"了。他当机立断,对大家说:"大家的要求我都明白了,现在请大家回房间休息。我和地陪讨论一下,在少走弯路、节省时间的前提下。尽量满足大家的要求。"

(资料来源 http://news.edu5a.com/daoyou/071001/955553605.shtml)

问题:

1. 上述案例中体现了哪些旅游动机?
2. 假设你是导游员小杨,你该怎样来解决?

第四章
旅游者的态度

学习目标

通过本章学习,应当达到以下目标:

职业知识目标:学习和把握态度的含义与组成,认识态度的特性与功能,掌握态度的形成过程以及影响态度形成的因素;学习和把握旅游态度的基本概念,理解旅游态度与旅游决策、旅游偏爱、旅游行为之间的关系,掌握改变旅游态度的方法。

职业能力目标:运用本章专业知识研究相关案例,培养与"旅游态度"相关的旅游服务情境中分析问题与决策设计能力;通过"旅游态度知识在旅游服务中应用"的实训操练,培养相关专业技能。

职业道德目标:结合"旅游态度"教学内容,依照行业道德规范或标准,分析企业或从业人员如何运用所学的有关态度的理论来改变旅游者的态度,从而强化职业道德素质。

引例:态度的改变

背景与情境:三个工人在砌一面墙。有一个好管闲事的人过来问:"你们在干什么?"

第一个工人爱理不理地说:"没看见吗?我在砌墙。"第二个工人抬头看了一眼好管闲事的人,说:"我们在盖一幢楼房。"第三个工人真诚而又自信地说:"我们在建一座城市。"

十年后,第一个人在另一个工地上砌墙;第二个人坐在办公室中画图纸,他成了工程师;第三个人呢,成了一家房地产公司的总裁,是前两个人的老板。态度决定高度,仅仅十年的时间,三个人的命运就发生了截然不同的变化,是什么原因导致这样的结果?是态度!

(资料来源 http://zhidao.baidu.com/link?url=8obD7clF7C3P_jfu7aDVEUIGIQMO-zblvQ46OOIZz8LRm_JgosDJDLFTK4H6Usy5x9Hg0uiCAiFHHgrCxwYwva)

美国西点军校有一句名言就是:"态度决定一切。"没有什么事情做不好,关键是你的态度问题,事情还没有开始做的时候,你就认为它不可能成功,那它当然也不会成功,或者你在做事情的时候不认真,那么事情也不会有好的结果。没错,一切归结为态度,你对事情付出了多少,你对事情采取什么样的态度,就会有什么样的结果。

旅游者的经历与其成长的社会环境密切相关。所处经济地位和社会阶层的不同,从事的职业差异使得旅游者的经历各不相同。不同的经历除了形成各自不同的需要和动机以外,也形成了各自不同的态度。这种态度影响着人们的旅游行为、旅游生活方式和旅游购买行为。因此,有必要了解旅游者的态度和旅游态度的改变对旅游行为的影响。

第一节 态度概述

一、态度及组成

态度是与某个心理现象有联系的肯定或否定情感的程度。态度偏重的是对客观事物赞成或不赞成、喜欢或不喜欢的表达。通俗地说,态度是一个人以肯定或否定的方式评价某些抽象事物、具体事物或某些情景的心理倾向。被评价的事物就是态度的对象,态度的对象是多方面的,凡是人们了解到与感觉到的事物都可以成为态度所关注的对象,例如人、事、物、团体、制度以及代表具体事物的观念等。态度是人们的一种内在的心理体验,它不能直接被观察到,而只能通过人们的语言、表情、动作等表现进行判断。

态度有三个基本组成成分:认知成分、情感成分和意向成分。

(一) 态度的认知成分

态度的认知成分,也称为认识方面的成分,人们对事物的认识、理解和评价,是态度形成的基础。人们对事物的认识和理解是建立在事实和客观依据的基础上的。例如,很多人认为青岛是个好地方,环境整洁优美,海滨风光秀丽,气候湿润宜人,这里面的每一种信念,实际上都反映了人们对青岛的印象和看法,代表着人们对青岛所持有的态度的认知成分。但有时人们对同一对象持有的认识和见解可能有所不同,甚至大相径庭。例如,在到过广州的游客中,有人认为广州是一个美丽繁华的国际大都市,有的则认为广州是人口密集、喧闹而拥堵的地方。虽然有些人对广州可能同时持有肯定和否定的两种信念,但经过斟酌之后,他可能得出结论,他喜欢这个城市或不喜欢这个城市。

(二) 态度的情感成分

情感成分也被称为感情成分,它是人们对事物的情感或感情上的一种反应和判断。情感成分是态度的核心,并与人们的行为紧密联系。态度的情感成分有强弱之分,有时相当持久,有时相当强烈,有时又很冷淡。与态度的认知不同的是,态度的情感成分并不总是以事

实作为依据的。个体对事物的评价尺度主要以个人对态度对象的情感强度为中心。例如,一个旅游者说"我喜欢北京",反映的就是该旅游者对北京感情上的评估。这位旅游者之所以获得这种感情上的评估,有可能仅仅因为这位旅游者出生在北京、成长在北京,对北京有着特别的故乡感情,虽然他也可能并不喜欢北京拥挤的交通、被污染的空气,但是一旦让他表示对北京的态度时,情感的强烈作用让他做出了对北京积极和肯定的判断。另一位旅游者也许与上面的这位旅游者持有相反的情感态度,也许是第一次糟糕的北京经历,使得他在今后相当长的时间里,对北京持否定的态度。很明显,这位旅游者对北京的态度也并不是以事实为依据,而是以他的情感作为基础的。

(三)态度的意向成分

意向成分也称为行为倾向,是指个体对某些物体、人或情景做出赞成或者不赞成反应的一种倾向,它包括了表达态度的语言和行动、个人对态度对象的反应倾向,即行为的准备状态。例如,某旅游者对北京产生了积极肯定的情绪情感,他在心理上积极地做各种准备,一旦外部条件成熟就可能到北京旅游。

总体来说,一种态度所包含的三种成分大体上是相互一致的。态度的上述三种成分一般是协调一致的。例如,某个旅游者到达北京后,在选择酒店的过程中,如果他通过以往的经验和信息得知某个酒店的硬件设施好、服务水平高、交通方便,他就会对这家酒店产生喜欢的情感,从而决定住在那里。

从这里可以看出态度的三种成分之间的相互一致性。这种一致性对旅游企业的营销来说至关重要,他是制定企业营销策略的基础,如果旅游企业能影响旅游者态度的某一种成分的话,则其余的成分也会发生相应的转变,从而达到改变和形成旅游者对本企业的态度。

但是,态度的三个组成部分也有不一致的地方。事实上,态度与行为的完全一致是不符合人类特性的,态度与行为不一致的情况才是普遍存在的。例如,有人想到一个陌生的地方去探险旅游,寻求刺激,但他害怕途中遇到不可预见的事件发生,因此可能不会去探险旅游。从行为倾向来说,他不可能成为探险旅游的潜在的旅游客源。这便是态度三种成分不一致的矛盾,其中起主导作用的是态度的情感成分。尽管态度与行为之间存在着不一致,但了解态度对理解旅游决策依然是必不可少的。

二、态度的特性

(一)对象性

态度是针对某一对象而产生的,具有主体和客体的相对关系。态度必须指向一定的对象,没有对象的态度是不存在的。人们做事情的时候,会接触到不同的对象,都会形成关于某个对象的态度。例如,旅游者在旅游过程中会形成对旅游景区、饭店、娱乐场所、宗教和艺术等的态度。这些态度的对象可以是具体的事物,也可以是抽象的观念。

(二)心理性

态度是个体的一种内在的心理过程,虽具有行为的倾向但并不等于行为本身,而是行为的心理准备状态。态度的心理性是指态度不能直接被观察的,而只能从个体的思想表现、语言论述、行为活动中来推断。在旅游活动中,我们只有从旅游者的言谈举止中才能了解到他们对旅游的态度。

（三）社会性

态度不是生来就有的，是通过经验学习获得的。它不是本能行为，是人在活动中与后天环境相互作用获得的。例如旅游者对某景点的态度，可能是他自己在旅游活动中亲身体察得来的，也可能是通过广告宣传和其他人的评价影响而形成的。

（四）内隐性

态度是一种内在结构。一个人究竟具有什么样的态度，我们只能从他外显的行为加以推测。例如，一个员工在业余时间里总是抱着各种专业书在看，那么我们就可以从他的行为来推测他对学习抱有积极的态度。

（五）稳定性

态度的稳定性是指态度形成后保持不变。个体形成某种态度，将会保持相当一段时间而难以改变，并成为个体人格的一部分，使个体在反应模式上表现出一定的习惯性。例如，客人接受了某家旅行社良好的服务后，感觉很满意，就会形成对这家旅行社的肯定态度，以后当他再有旅游需要时，很可能还会选择这家旅行社。

但是，态度的形成和发展需要有一个长期的过程。在态度形成初期，很多态度只能在短期内保持稳定。要是态度的稳定性随着时间的推移而不断加强，需要考虑四个方面的因素：态度的强度、态度的结构、态度的因果关系、态度的趋同性。

1. 态度的强度

态度的强度是指态度的力量，即人们对事物肯定或否定的程度。一般来说，越是强烈的态度，就越难改变。人们对某一事物的态度强弱因人而异，与人们对态度对象的喜好程度有关。根据对态度对象喜好程度的差异，人们对客观事物形成了三种态度，即容忍、认同、内在化。例如，对可口可乐喜好程度较高的消费者来说，如果餐馆里只卖百事可乐，而出去买可口可乐麻烦，他可能会在朋友的推荐和广告的影响下，尝试着喝，并随着时间的推移，逐渐认同这种饮料。如果这些消费者在认同的基础上，非常喜爱百事可乐，这种根深蒂固的态度就得以内在化，成为他们价值观的一部分，就很难被改变。

2. 态度的结构

在心理学家看来，我们对于相似对象所持有的态度具有某种结构，一旦这种结构形成，态度就不大容易改变。例如，住过五星级酒店的旅游者，就会形成对这类酒店的态度结构，当他到上海去旅游时，即使他以前没有住过上海的五星级酒店，也会受相关的态度结构的影响，对同一类型结构的五星级酒店持积极肯定的态度，会选择入住某家五星级酒店。这就是态度的结构对于态度稳定性的影响。

3. 态度的因果关系

人们的态度也会因为事物之间的因果关系而加强和稳定。当人们明显地认为一件事是另一件事的直接原因时，他们对另一件事的态度也会增强或稳定。例如，当旅游者知道为之提供服务的导游是旅行社的优秀导游时，他对该导游服务态度的肯定也就会因之而加强或稳定。再如，游客对饭店的态度是他在与饭店服务人员交往的基础上形成的。饭店服务人员亲切友好，游客通常也以这些词语评价这家饭店。

4. 态度的趋同性

如果人们发现其他人和自己对同一事物持有相同的态度时,态度就会得到加强,并变得更加稳定。例如,当一个旅游者选择一个目的地时,如果他的朋友和熟人也对该目的地持有肯定态度,那么他到该目的地的决心就变得更加强烈与稳定。

(六) 不稳定性

尽管态度有一定的稳定性,但多数态度迟早都会发生改变。导致态度不稳定性的因素很多,最主要是态度的冲突、环境影响态度和不愉快的经历三个因素。

1. 态度的冲突

每个人都持有多种不同的态度,这些态度很难保持一致。例如,成年旅游者可能对探险旅游持十分肯定的态度,但也许会禁止他的孩子去探险。当态度发生冲突时,人们必须做出选择,在做出选择的过程中,关键是看哪种态度更重要或更强烈。再如,一个人可能会对去国外旅游持肯定的态度,但他未必会去国外旅游,因为她对节俭持有更为强烈的态度。

2. 环境影响态度

环境不同,人们的行为就会千差万别。人们的行为不仅受个人态度的影响,还会受到环境与经历的影响,而且在特定情况下,还受他所感觉到的东西的影响。不少旅游者的旅游决定仅仅是因为受到了外界环境的影响,例如电视广告、报纸宣传、旅游促销等。

3. 不愉快的经历

人们的态度也会因为一次或者多次不愉快的经历而改变。如果一家酒店的常客在一次消费中受到不太礼貌的接待,他可能就会改变原来对这家酒店的肯定的态度,因而产生不满的情绪,从此不再光顾这家酒店。

(七) 习惯性

人们的生活态度不是与生俱来的,而是通过学习获得的。人们在长期的生活过程中,通过与他人的相互作用和周围环境的影响而逐渐形成对各种事物的态度。态度一经形成,又会影响周围的人和物。人们对旅游的态度也是在社会活动中形成的。在旅游活动过程中,旅游者依赖旅游产品、各种旅游设施、旅游接待服务等信息,进行直接经验的接触,从而增长了旅游者对旅游对象的认识,形成一定的态度。

(八) 价值性

"态度的核心是价值,价值是指作为态度的对象对人所具有的意义。"[①] 人们对于某个事务所具有的态度取决于该事物对人们的意义大小,也就是事物所具有的价值大小。事物的主要价值有六种:理论的价值,实用的价值,美的价值,社会的价值,权力的价值,宗教的价值。

事物对人的价值大小,一方面取决于事物本身,比如,客人对某酒店的态度,主要取决于该酒店能为客人提供什么,如地位(社会的价值)、休息(实用的价值)等;另一方面也受人的需要、兴趣、爱好、动机、性格、信念等因素所制约。所以,同样一件事,由于人们的价值观不

---

① 吴正平. 现代饭店人际关系学[M]. 广州:广东旅游出版社,2003.

同,因而产生不同的态度。为此,能满足个人需要、投合人的兴趣爱好、与人的价值观相符的事物,人们会产生正面的态度;反之,则产生消极的态度。

(九) 调整性

态度的一个重要特点就是它具有调整功能。所谓调整就是当事人在社会奖惩或亲朋意见及榜样示范作用下改变自己态度的情况。这种功能有助于旅游者在心理上适应新的或困难的处境,使自己不必亲身经历或付出代价而达到态度的改变。在旅游活动中最常见的就是人们根据他人或社会的奖惩来调整或改变其态度。例如,某人准备到某旅游胜地去度假,当其同事或朋友表示了不同的看法,或看到游客在此地受到不公正对待的报道后,他就很可能改变原来的态度,取消这次旅游计划或到别的地方去旅游。

> **同步思考**
>
> 一个年轻人来到一个地方遇到一位老人家,年轻人便问:"这里如何?"老人家反问说:"你的家乡如何?"年轻人回答:"糟透了!我很讨厌。"老人家接着说:"那你快走,这里同你的家乡一样糟。"后来又来了另一年轻人,并问同样的问题,老人家也同样反问,年轻人回答说:"我的家乡很好,我很想念家乡的人、花、事物……"老人家便说:"这里也是同样的好。"旁听者觉得诧异,问老人家为何前后说法不一致呢?老者说:"你要寻找什么?你就会找到什么!"
>
> 问题:这个故事说明了态度的哪个特性?
>
> 答:当你以欣赏的态度去看一件事,你便会看到许多优点;以批评的态度,你便会看到无数缺点。

三、态度的功能

态度不仅在保持旅游者生活方式的连贯性以及增添生活方式的意义和表现方式等方面发挥着重要作用,而且在帮助旅游者适应困难处境,表现他们的价值观念的方面,还能发挥特殊的功能。具体来说,态度有以下四种功能,即认知功能、调整功能、自我防卫功能和价值表现功能。

(一) 认知功能

态度能够为个体的行为反应提供具体信息,促进行为的产生。个体一旦形成对某事物的特定态度,就会形成一定的心理结构。该心理结构就会在今后影响个体对同类事物的接受,并对事物具有的价值发挥判断作用和理解作用。态度使个体有选择地接受有利信息,拒绝不利信息,但是态度也可以使个体接受错误信息而产生错误的认知,甚至形成偏见。

(二) 调整功能

态度的调整功能指的是个体对环境的适应趋向。例如,旅游者对在家休息和出门旅游的态度就会明显不同,他必须适时调整自己的状态,适应环境变化的要求。平时在家,旅游者有自己的生活方式,可以随心所欲、无拘无束,但到了一个陌生的旅游目的地后,就要"入

境随俗",按照当地的环境来调整自己的态度与生活方式。

(三) 自我防卫功能

自我防卫功能是指当个体感到外来威胁时,态度能够起保护自我作用。例如,一个缺乏安全感的旅游者,会选择安全的交通工具和旅游路线,他认为这样能够消除旅游过程中的不安全感。

(四) 价值表现功能

态度作为一种行为倾向,与个体的价值观有着密切的联系。个体的态度往往是其价值观的反映。例如,高收入的旅游者通常对五星级宾馆持肯定态度,认为五星级宾馆象征着地位、财富和身份,外出旅游时他会选择入住五星级酒店以显示自身的价值,这就是态度的价值表现功能。

四、态度的形成过程

人的态度不是生下来就有的,而是在一定的社会环境中形成的。影响态度形成的主要因素有个体获得的直接或间接经验、极端深刻的事例、群体的态度。个体经验,特别是直接经验对态度的形成尤为重要。如旅游者到某旅游地旅游,亲自接触体验后就会形成对某旅游地的态度。另外通过对各种宣传信息的了解也会形成对某旅游地的态度。人是社会人,是生活在一定的群体中的,个体的心理和行为必然受到群体的影响。群体的态度是个人态度的重要调节器或参照系,态度的形成是一个复杂的心理过程。比如刚出生的婴儿无所谓态度,通过在其发育成长过程中不断接触周围事物,从而在大脑中形成了各种印象、看法,获得了相应的情绪体验,就逐渐形成了对事物的态度。美国社会心理学家赫伯特·凯尔曼提出了态度形成的三个阶段,即服从阶段、同化阶段、内化阶段。

(一) 服从阶段

人为了获得物质与精神的报酬或避免惩罚而采取的表面顺从行为称为服从。服从阶段的行为不是个体真心愿意的行为,而是一时的顺应环境要求的行为。其目的在于获得奖赏、赞扬、被他人承认或若为了避免惩罚、受到损失等,当环境中奖励或惩罚的可能性消失时,服从阶段的行为和态度就会马上消失。服从行为和态度,在日常生活中非常普遍。比如,刚入学的大学生对于学校规定的出早操的要求,有些学生没有早起的习惯,刚开始觉得非常别扭,甚至觉得学校是多此一举,但是学校的规定必须执行,否则就要受到惩罚,这种不愿早起又不得不早起的行为,就是服从行为。

(二) 同化阶段

这一阶段的特点是个体不是被迫而是自愿地接受他人的观点、信念,使自己的态度与他人的要求相一致。同化阶段的态度不同于服从阶段的态度,它不是在环境的压力下形成或转变的,而是出于个体的自觉或自愿。如一个人想加入某个有吸引力的社会团体,他就会承认该团体的章程,愿意以该团体的规范约束自己的行为,接受团体对他的要求和指导,并以该团体一分子的态度对待工作与生活。以大学生出早操为例,某学生坚持一段时间以后,由于出早操给他的身体和精神都带来了好处,即使不出操不给任何惩罚,他也会主动遵守学校的这一规定。

(三) 内化阶段

内化阶段是指人们从内心深处真正相信并接受他人的观点而彻底转变自己的态度,并自觉地指导自己的思想和行动。在这一阶段,个体把那些新思想、新观点纳入了自己的价值体系,以新态度取代旧态度。一个人的态度只有到了内化阶段才是稳固的,才能真正成为个人的内在心理特征。态度的形成从服从阶段到同化阶段再到内化阶段,这是一个复杂的心理过程。当然,并不是所有的人对所有事物的态度都要完成这个过程,人们对一些事物的态度的形成可能完成了整个过程,但对另一些事物可能只停留在服从或同化阶段。

> **知识活页**
>
> **偏　见**
>
> 　　从个人的角度考察,偏见的持续与个人的权威人格有关。权威人格又称专制人格,具有此种人格的人往往会表现出这样几种相互关联的人格特征:固守传统的等级观念,顺从、认同强有力的权威形象,敌视其他群体的成员,对周围的事物喜好做两分法的简单判断。由于这类人强调权力、地位与支配,所以特别易于执著于偏见态度。此外,偏见的持续还与个人遭受到的挫折以及个人的尊严和地位受到严重威胁有关。
>
> （资料来源　周晓虹：《现代社会心理学》,上海人民出版社,1997年版）

五、影响态度形成的因素

(一) 需要的满足

需要的满足是形成态度的重要因素。个体对凡是能满足自己的需要和有利于达到目标的对象,一般都能产生喜好的态度,而对影响满足需要和妨碍目标实现的对象,则会产生排斥甚至厌恶的态度。如中国既有丰富多样的旅游资源,中国人民又热情好客,能满足人们的旅游需要。人们就喜欢到中国旅游,产生积极的旅游态度。如果在旅游中未能住进预订的饭店,交通受阻,服务不佳和活动计划被改变,旅游者则会产生反感,就会产生消极的旅游态度。

(二) 知识的影响

知识也是形成态度的重要因素。个体对对象的态度,会受到所获得的关于对象的知识的影响。获得关于对象的正面知识,会产生积极的态度,而受负面知识的影响则会产生消极的态度。一个参加了加拿大旅游推介会的人和没有参加该推介会的人,由于受这种知识状况的影响,对到加拿大旅游的态度的积极程度不会是相同的。知识能够形成态度,也能够改变原有的态度。

(三) 团体和组织

团体和组织也是形成个体形成态度的重要因素。个体对旅游消费的态度,在很多情况下是来自其所属的团体的影响。属于同一家庭、学校、企业、团体和社区的成员,常具有类似的态度。就是个体在其所属团体中受多数成员共同的或类似的认识的影响,在成员间的相互作用下,通过模仿、暗示和顺从而形成的。

(四) 个体经验

态度的形成与个人经验有关。在很多情况下态度是通过经验的积累和分化慢慢形成的。但是也有一次经历造成深刻的印象而形成某种态度的。"一朝被蛇咬,十年怕井绳"就是一个非常典型的。个体对某种对象的经验可能形成满意的态度,也可能形成不满意的态度。由此可见个体的直接经验是形成和影响态度的重要因素。

(五) 个体差异

个体的个别差异也是形成个体态度的因素之一。个体受团体的影响,使其与周围成员有很多相似的行为特点。但是,个体对人、对事乃至对整个社会的态度也会显示出其独特的个性。

(六) 地区和文化教养

地区和文化教养的不同,对态度的形成也有重要影响。我国学者的一些调查表明,沿海地区青年在传统价值观、开放、创业、个性化等方面,态度与内地某些地区青年差异明显。沿海地区青年对社会变革具有较强的适应性;在婚姻观念方面持晚婚态度。这说明态度的形成受地区影响,旅游者喜欢什么样的食品,爱穿什么服装,对什么娱乐活动感兴趣,都与他的文化素养、生活习惯有关。

第二节　旅游者的态度

态度和行为虽然不是同一个概念,但有着密切的关系。态度是人们的一种内在心理结构,对一种行为起准备性作用。因此,可以根据个体的态度推测其偏好,进而推测其行为。

一、旅游态度的基本概念

旅游态度是人们对旅游对象和旅游条件做出行为反应的心理倾向。也可以说,是个人对旅游对象和旅游条件以一定方式做出反应时所持的评价性的、较稳定的内部心理倾向。美国心理学家奥尔波特认为,态度是社会心理学中最突出、最不可忽视的概念。同样,在解释旅游行为时,旅游态度也是旅游心理学中不可或缺的概念。

人类的旅游活动是一种社会现象。人们对旅游活动有不同的看法,有人认为他是有益的、良好的、有意义的、有价值的,而赞成和喜欢旅游活动。也有人认为,旅游是花钱的活动,人生地不熟会被人宰被人欺,自己不喜欢不赞成也不同意别人参加。对旅游活动是喜欢还是不喜欢就构成了人们的旅游态度。

旅游态度是人们将对旅游做出行为反应的心理倾向,是行为反应的心理准备状态,它虽然不是旅游行为反映本身,也不是旅游行为反映的现实,却包含和预示着人们做出的旅游行为反应的潜在可能性。个人对某次旅游活动中旅游景点和食住行等旅游服务具有良好的态度,就包含和预示他有参加这次旅游活动的可能性。旅游者对每个名胜古迹旅游景点,对每项旅游活动中接触的人、事和物以及对开展旅游活动所必需的各种旅游条件,会产生不同的具体态度。从而预示旅游者对旅游对象和旅游条件将做出什么样的选择。这就是开发旅游资源者和旅业业经营者关心人们的旅游态度的根本原因,也是旅游心理学必须将旅游态度作为重要研究课题的缘由。

二、旅游态度与旅游决策

旅游决策是旅游者复杂的心理过程。这一过程要经历一系列的心理步骤,并受多种因素的影响。旅游决策首先从旅游态度的形成开始。旅游态度的形成是多种信息和社会因素共同作用的结果。旅游者从周围的环境中获取各种各样的信息,通过整理和分析这些信息,形成由认识、情感和意向组成的旅游态度。旅游态度一旦形成后,就会促使旅游者产生旅游偏好,最终导致旅游决策和旅游行为。当然,旅游偏好能否导致旅游行为,还是取决于各种社会因素的影响。

三、旅游态度与旅游偏爱

心理学的研究指出,态度与偏爱之间有着必然的联系。旅游态度要影响旅游行为,首先旅游态度要形成旅游偏爱。人们的旅游态度一旦形成,将会产生一种对旅游的偏爱,对旅游的偏爱又将直接导致人们的旅游行为。所谓旅游偏爱是指人们趋向于某一旅游目标的一种心理倾向。旅游偏爱的形成主要取决于旅游态度的突出属性和旅游态度的复杂性。也有学者认为旅游偏爱是建立在旅游者极端肯定基础之上的一种针对态度对象的行为倾向。旅游偏爱与旅游行为之间的关系,比旅游态度与旅游行为之间的关系更为密切。

(一)影响旅游偏爱的因素

1. 态度的强度

态度的强度即态度的力量,它是指个体对象赞同和不赞同的程度。一般说来,态度强度越大,态度就越稳定,改变起来就越困难。人们对旅游对象的态度强度与该态度对象的突出属性有关,旅游态度的突出属性指的是旅游态度的对象能够满足人们的基本利益,而在旅游过程中,人们对旅游对象突出属性的重要性认识是因人而异的。世界上的事物有许多属性(如形状、外观、价格等),人们总是针对事物的具体属性来认知的。对于一些旅游者来说,旅游态度的突出属性不是风景名胜、豪华饭店本身,而是这些所带给他们的愉悦和舒适等。一般而言,某一旅游态度的对象属性突出,形成的态度强度就越高,进而倾向性就越大,旅游偏好就越明显。

例如,西双版纳因为拥有丰富的热带雨林和动植物资源、勤劳多情的少数民族和众多的文化古迹,吸引了大量的游客。再如,旅游者选择到黄山旅游,除体验浓郁的徽派文化外,主要是观赏四绝——奇松、云海、怪石和温泉。可见,所有这些景点具有的突出属性,强烈地影

响着旅游者形成态度偏好。又如,人们选择到海边城市大连去旅游,主要是因为那里有"山围辽海水围市,水有湾环山有态"的迷人景色。以上例子这说明旅游态度对象的属性越鲜明、越突出、越独特,旅游者对他的感情越浓厚,向往的旅游态度越强烈。但是,对某个具体事物的属性,不一定都认为自己的基本利益是重要的,是有吸引力的。它必然是因人而异的,对有的人可能是重要的,而有的人却可能认为并不重要。就像北戴河海滨风光,有的游客认为气候舒适宜人、阳光充足非常重要,而有的却认为沙滩费用是最重要的属性。对不同的旅游者来说,面对同一个旅游点的旅游态度也会不相同,可能有的旅游者认为优美的自然风景、众多的娱乐设施非常重要,而有的旅游者则认为浓郁的文化氛围和适当的住宿条件十分重要。之所以存在如此大的差异,这与他们旅游的需要有关,即他们期望通过旅游所获得的基本利益有关。基本利益是旅游者旅游和决策时关心和寻求的东西。在旅游实践中,实际上旅游者外出旅游并不仅仅只为了新鲜的空气、暖和的阳光、海边的沙滩、豪华的酒店等,而且还为获得自身的健康、舒适与欢悦、温暖和凉爽以及开阔眼界获取知识。因而作为旅行社和旅游业的销售人员和服务人员要认清这一点,在实际工作中能够找出某些旅游点的独特属性,使旅游者寻求到基本利益,从而有助于赢得旅游者的偏爱而占有旅游市场。

同步案例　旅游目的地的选择

背景与情境:暑假里,小红和小黄决定外出旅游,有几个旅游目的地可供选择,如桂林、青岛和南京。通过对时间、距离和景点特征等因素的比较后,她们选择了去南京。因为南京有小红的妹妹在那里工作,可以节省住宿费用和导游服务。在游玩中,小红对文化遗产景点很感兴趣,而小黄却喜欢自然风光。

(资料来源　李祝舜:《旅游心理学》,机械工业出版社,2008年版)

问题:根据本章所学的知识分析此案例。

分析提示:对一个旅游目的地的整体态度是由人们对他们希望在那里看到的各种特征的态度组合而成的。这些特征包括自然景色、住宿条件、娱乐设施和其他舒适的环境和游乐项目,还有它们的费用和被知觉到的对象的价值,而其中每一个特定属性也都有各自的突出特色,但每一个突出属性的相对重要性却因个体的不同而不同。例如,小红认为南京是一个六朝古都、历史文化名城,其文物古迹和历史价值是其最突出的属性,而小黄却是被一些自然和人造美景所吸引。因此,对同一个旅游目的地来说,不同的人所知觉到的突出属性可能不一样,这种差异影响到人们旅游偏好的形成,正如案例中的小红和小黄对南京景点有不同的偏好。对一个旅游地来说,如果能满足不同旅游者的不同旅游偏好,就能吸引到更多的旅游者。

2. 态度的复杂性

"态度的复杂性是指人们对态度对象所掌握的信息量和信息种类的多少,它反映了人们对态度对象的认知水平。"[①]人们对态度对象所掌握的信息量和信息种类越多,所形成的态度

---

① 吴正平.现代饭店人际关系学[M].广州:广东旅游出版社,2013.

就越复杂。

例如对于某个特定航空公司的态度就可能很简单,除了起飞时间直达服务及其他时间方面的便利外,人们往往觉得相互竞争的大航空公司之间差别很小。然而对于整个航空旅游业的态度就复杂得多,对航空旅行的态度涉及速度、方便程度、时间、费用、身份、声望、空中服务、行李携带等多方面的问题。对于旅游者来说,最复杂的态度也许是对国外旅游目的地的态度。这些态度至少涉及陌生的旅馆、异国风味的食品、外国人、陌生的语言、不同的传统等很多方面。态度的复杂性越大,就越难以改变。

(二)旅游偏爱的形成

人们在形成旅游态度的过程中,要先权衡和评价某个旅游对象对自己的收获有多大。如果经过仔细分析、评估,认为各种收获皆可以满足自己的旅游需要,他会对这个旅游对象产生旅游偏爱。个体对旅游目的地旅游偏爱的形成,主要取决于该旅游目的地的吸引力的大小。对于旅游者来说,旅游目的地的吸引力不仅与其期望的特定利益获得有关,也与该旅游目的地提供这种利益的能力大小有关。可用下列公式来表示其吸引力:

$$旅游吸引力 = 个人利益获得的相对重要性 \times 个体认识到的旅游目的地所提供利益能力的大小$$

这里的论述虽然集中在旅游目的地的选择上,但同样适用于旅游者关于交通工具、饭店、旅行社、餐饮企业、休闲度假活动等方面的决策过程。

四、旅游态度与旅游行为

旅游态度对旅游行为的影响直接体现在对旅游决策的影响上。对经营旅游服务的人来说,了解态度与旅游决策的关系,能够更好地理解如何促进旅游者态度的改变进而导致其行为的改变。旅游决策过程也同消费者大多数其他类型的决策过程一样,决策者往往需要经历以下三个阶段。

(一)能意识到

首先,旅游者必须意识到该选择是一种潜在选择,否则这种选择就不可能出现在决策系统中,更谈不上评估。当旅游者在选择目的地时,必须意识到该目的地的存在,才能成为他的选择之一;如果某个旅游目的地不能被旅游者感知,即使客观上存在,也不会成为被选择的对象。例如,河南新乡市八里沟在作为一个旅游景点来加以评估之前,人们必须意识到它的存在,知道它能够提供旅游者游览。

(二)能否实现

当旅游者意识到某一选择后,还必须根据自身条件判断这一选择能否实现,即从它是否有力量担负这一选择的角度去考虑这个问题,因为旅游的实现需要一系列的条件作为保障,比如旅游者的经济收入、闲暇时间、交通条件等都对旅游选择起到明显的限制作用。例如,想到国外去旅游的人要考虑是否有足够的经济收入作为保证,安全问题能不能得到保障等;再例如,去八里沟旅游能否解决食宿问题和交通问题,那里的安全问题有没有保证等。如果这些问题都可以解决,那么去那里旅游就成了人们可实现的选择。当然并不是所有的选择都能实现,在人们意识到的选择中,总有一些选择暂时是不能实现的,但是随着时间的推移,当客观条件发生变化后,这些选择又有可能转变为可能实现的选择。

(三) 初步筛选

当旅游者意识到某一特定选择是否能实现之后,就会对该选择按照偏好的形成过程做初步判断。经过认真的分析和筛选后,通常会出现三种判断结果。

(1) 被否定的选择。

在早期的筛选过程中,有些选择对旅游者毫无意义,可以马上被否定。

(2) 两可的选择。

旅游者对这些选择犹豫不决,既不能马上否定也不能立即接受。当旅游者获得了更多的信息之后,就会对这些选择做出肯定或否定的裁决。

(3) 可行的选择。经过初步的筛选,旅游者会得出一些可行的选择。但是,某选择被列入可行选择的范围后,旅游者还要对其做更详尽的评估之后才有可能使其成为一种选择。

态度影响旅游行为这一事实,对于旅游销售人员和服务人员来说,要想通过改变旅游者的态度影响其行为,就必须设法使旅游者意识到旅游业所提供的具体服务项目和内容,并设法使旅游者在心目中形成这些服务项目和内容是可以得到的看法,这样旅游者就会把这些服务项目和内容看做解决旅游问题的可行性选择。

五、旅游者态度的改变

虽然态度一经形成就具有稳定性的特点,但它也不是一成不变的。随着主客观条件的变化,旅游者的态度也会随之发生变化。旅游者态度的改变是从两个方面进行的。①态度在方向上的改变。②态度在强度上的改变。例如,有些旅游者原来喜欢随团旅游,但随着旅游经验的增加,不再喜欢随团旅游了,而转向个人探险旅游,这就是旅游者态度在方向上的变化。有些旅游者在选择旅游地时犹豫不决,后来在朋友的劝说下,最终决定到某个旅游地去旅游,这就是态度在强度上的变化。

(一) 影响旅游者态度改变的因素

1. 旅游者自身因素

旅游者自身的因素,如需要、性格特征、智力水平、受教育程度以及社会地位等都会对旅游者态度的改变产生影响。首先,旅游者态度的改变与其需要密切相关。如果旅游者态度的对象能够最大限度地满足旅游者当时的需要,则容易使其改变态度。其次,性格特征对旅游者态度的影响。依赖性强、自尊心弱或没有主见的旅游者容易相信权威、崇拜他人,因而容易改变态度。反之,独立性强、自尊心强的人心理防卫能力较强,不容易接受他人劝告,因而不容易改变态度。最后,智力水平会对态度产生影响。一般情况下,智力水平高的人,具有较强的逻辑思维能力和判断能力,能准确分析事物,看清事物的本质,因而对待事物的态度不容易受他人左右。反之,智力水平低的人,难以判断是非,他们往往随波逐流,因而容易改变态度。

2. 旅游者态度的相关特点

旅游者态度的形成原因、态度的三种成分的一致性、态度的强度和态度的价值性等都能对旅游者态度的改变产生影响。

(1) 旅游者态度的形成的因素越复杂,越不容易改变。

例如,一个旅游者对某个景点的肯定态度如果建立在多个事实根据的基础上,那么他的态度就不会轻易改变;相反,如果旅游者对该景点的否定态度只因为一个事实,那么只要证明这个事实是偶然造成的,游客的否定态度就容易改变过来了。

(2) 态度的认知、情感、意向三个成分的一致性越强,态度越不容易改变。

三个成分的一致性是态度稳定的基础和保证,如果三者之间出现分歧,那么态度的稳定性就会受到影响,态度也容易改变。例如,有人认为上海是一个充满魅力的国际大都市,去上海旅游能长见识,那他就会对上海产生积极的态度,一旦有条件他就会去上海旅游。而另外一些人也认为上海是个好地方,但还认为上海人口密集、交通拥挤,因而产生消极的情绪。此时,态度的三种成分之间出现了分歧,即使他们有条件去上海旅游,也不一定会去。

(3) 态度的强度对旅游者的态度的改变有着直接的影响。

旅游者受到外界刺激越强烈,态度的强度越大,因而形成的态度越稳固,也越不容易改变。例如,旅游者在一家饭店就餐后食物中毒,就会使她产生强烈的恐惧或不满,从而对这家饭店产生强烈的否定态度,这种态度一经形成就很难改变。

(4) 态度的价值性也会对旅游者的态度产生重要的影响。

如果态度的对象对旅游者有着重要的价值,那么对他的影响就会很深,因而一旦形成某种态度后,就很难改变。反之,态度的对象对旅游者没什么价值,则他的态度就容易改变。

3. 外观影响因素

(1) 信息。外界的各种信息是旅游者态度形成的前提。旅游者在做出决策前,会主动收集有关态度对象的各种信息。各种信息的一致性越强,形成的态度就越稳固,也就越不容易改变。

(2) 旅游者之间的态度。人们之间的态度有时是相互影响的,这一点在旅游者之间表现得尤为明显。在现实生活中,每个人所扮演的社会角色是不同的,一旦参加旅游活动后,社会角色就发生了变化,都成为旅游者。而旅游者之间的角色、身份、目的和利益具有相同或相似性,彼此的意见就能相互影响。当一个旅游者认为某种意见是来自于他自己利益一致的一方时,他就乐于接受这种意见,有时甚至主动和对方交流,征询他人的意见,为自己的态度寻找依据。

(3) 团体。团体的规范和习惯力量会形成一种无形压力影响团体内成员的态度。很多时候,这种无形的压力会使旅游者产生从众心理。个体旅游者的态度通常是与其所属团体的要求和期望是一致的。如果个体旅游者与所属团体内大多数人的意见相一致时,他就会得到有力的支持;否则就会感受到来自团体的压力,从而改变自己的态度。

(二) 态度改变的形式

态度的改变可分为以下两种形式。

1. 态度强度的改变

改变原有态度的强度,而方向并不改变,这种情况实质上是态度的强化。它又可分为两种:一是正强化,即增强原有的积极态度和消极态度,使之成为更加强烈的积极态度或消极态度。但态度改变的方向与已有态度相一致,如从稍微赞成变为更为赞成,从稍微反对变成强烈反对。二是负强化,即减弱原有的态度,使原来强烈的积极态度和消极态度改变为比较微弱的积极态度和消极态度,如从强烈支持到稍微支持,从强烈反对到稍微反对。态度的改变首先表现在强度的改变上,即原有态度增强或减弱。

2. 态度方向的改变

态度方向的改变即一种新的态度取代旧的态度,改变了态度的性质和方向。态度方向的改变实质上就是另一种态度的形成过程。这又包括两种形式:一是积极的态度转变成消极的态度;二是消极的态度转变为积极的态度。新的态度与原有态度的方向和性质不一致,如由支持到反对或由反对到支持。

(三) 改变旅游者态度的方法

旅游者的态度决定着旅游者的决策和行为。如果旅游者对旅游产品和服务持积极的态度,就会推动其旅游决策和行为的顺利完成。相反,如果旅游者持消极的态度,则会阻碍其旅游决策和行为的完成。所以,要促进旅游者产生旅游行为,完成旅游活动,就必须把旅游者的消极态度转变为积极态度,把否定态度转变为肯定态度。对旅游从业人员来说,需要从以下几个方面影响和改变旅游者的态度。

1. 重视旅游产品的信息宣传

人们如果对其认知的态度对象没有清楚的认识,就不可能形成正确的态度。所以在旅游活动中要重视旅游产品的宣传,及时向旅游者传递新的知识和新的信息,改变旅游者的态度。在旅游宣传的过程中,要做到以下几点。

(1) 实行全方位的宣传。

态度的形成首先来自对旅游产品的认知。通过旅游信息的宣传向旅游者传达丰富的信息,有助于旅游态度的形成与改变。在旅游宣传的过程中,要注意以下几个方面的问题:一要加大旅游宣传的力度,不断开拓新的旅游市场,进行全方位的宣传;二要有针对性地组织宣传,突出自身特点。特定旅游宣传一定要以自身的特点为重点。总之,通过提高旅游产品形象来赢得信誉,有利于旅游消费者对旅游产品或服务形成积极的态度,激发旅游者的潜在动机,从而形成旅游行为,这是改变旅游者态度的根本途径。个人的态度受主客观因素的影响,通过适当的途径和采用正确的方法可以有效地改变人们的态度。客源问题,一直是国际旅游市场激烈竞争的焦点,各国旅游部门为了增强本国旅游产品的吸引力,采取了各种营销手段和竞争对策。通常一个国家或地区在进行海外旅游宣传时会重点关注以下几个方面。

① 广告、专栏图片报道。在旅游报纸杂志上大量刊登风景名胜和旅游热线的动态,给电台、电视台提供新闻、图片、资料等,重点介绍最新旅游消息。

② 举办旅游讲座。在世界各地举办旅游讲座,宣传当地风光和旅游业状况。其目的是让海外游客了解其旅游业的经营特点、接待方式和相关的价格。

③ 与国外旅游行业的经营者和相关人员进行合作。例如,邀请外国旅游经营者来本地考察业务,邀请各种新闻媒体的有关人员和摄影记者前来访问并回去宣传。这样,就可以运用各式各样的新闻媒体手段进行宣传。

④ 参加或举办海外展览。例如,利用交易会、展览会、博览会等展开宣传。

⑤ 文化输出。出国进行民族艺术表演,宣传文化传统。

⑥ 派遣旅游代表团出国访问宣传。

⑦ 发行精美的旅游宣传手册,并配备地图、文字、照片等进行说明。

⑧ 用风光电影片来宣传。

⑨ 加入国际旅游组织并配合其进行宣传。

以上这些旅游宣传的方式对我们也有一定的借鉴意义。我国有着悠久的历史和灿烂的文化,各种类型的旅游资源应有尽有。只要我们加大旅游宣传的力度,注意宣传的方法和策略,我们将拥有庞大的海外旅游市场。

(2) 宣传的内容要有针对性。旅游宣传的目的在于引起人们的注意。吸引人们前来旅游。通常,旅游宣传是以旅游产品与服务为对象,目的是突出其内容和特点,让消费者产生购买的欲望。其实,旅游宣传能否产生积极的效果,更重要的在于是否了解人们的心理状况。如果针对人们的心理进行旅游宣传,就能起到强化旅游动机、刺激旅游行为的良好效果,所以要针对潜在游客的心理进行旅游宣传。

① 针对人们旅游的一般心理,宣传我国旅游资源的丰富多样性,突出我国旅游资源的自然特点和民族特色。

② 针对不同的需要和兴趣,宣传我国不同的旅游资源和产品。例如,针对求奇访古心理宣传我国悠久的历史文化;针对求知心理宣传我国多民族的风土民俗、现代化生活方式;针对欣赏的心理宣传我国美好的自然风光等。

③ 针对不同类型的客源,着重宣传我国旅游与之相适应的某些个性特点。例如,针对实用型的旅游者,宣传我国旅游价格的合理性、旅游支出的节约性;针对自我表现型的旅游者,宣传我国旅游的象征意义、热情好客的民族传统及旅游设施的完善、热情周到的服务等。

④ 针对潜在旅游者心理上的顾虑,宣传我国旅游的安全性。国外的有些旅游者出于安全的考虑对来我国旅游存在顾虑,我们就要针对这种心理宣传我国安定团结的社会局面、旅游活动安排的可靠性等,以消除其顾虑。

2. 创新旅游产业和服务

现代旅游者对传统的旅游产品逐渐失去兴趣,需求日益多样化和个性化。一方面,只有创新旅游产品和服务才能改变这类旅游者的态度。另一方面,旅游新产品的设计和开发也是转变传统旅游者对旅游对象原有态度的简单而有效的方法。因此,为了改变旅游者的态度,促进旅游业的持续发展,必须不断进行旅游产品和服务的创新。要做到不断创新,必须从以下几个方面努力。

(1) 改善旅游者基础设施。

旅游基础设施包括交通、通信、金融、文化、娱乐、宾馆、饭店等。旅游接待设施的建设要跟上时代发展的步伐,要适应日益繁荣的经济环境的需要。

(2) 运用先进技术,提供优质服务。

运用先进的科学技术,可以简化服务过程,优化服务质量。旅游服务部门可以从服务时间上提供方便,例如,飞机、轮船、火车、汽车等能够向游客保证到达和离开的准时性,旅游接待部门结账迅速、出租汽车的及时方便和全天候服务等等,都能改变旅游者的态度并对这样的旅游环境表现出赞成的态度。

(3) 提供旅游从业人员的素质。

加强对一线旅游从业人员业务素质的培训,提高他们的服务水平。例如,美国航空公司对所有雇员进行了业务培训,提高一线员工的人际关系交往能力和技巧。

(4) 调整价格策略。

有些旅游者对旅游产品和服务的价格很敏感,要改变他们的态度就要适当运用价格策略。例如,在物价上涨的情况下,降低一些产品的价格或保持价格不动,但增加服务的品种和项目,可以收到更好的效果。此外,也可以改变服务的手段和策略,如预定车船票、代办金融信贷等业务,这些都可以改变旅游者的态度。

同步案例　纽约 Penta 酒店如何树立新形象

背景与情境:纽约 Statler 酒店是一个位于黄金地段的老酒店,它坐落在纽约时装区中心。然而长期以来,由于管理不善、设施陈旧,该酒店成为纽约曼哈顿地区同行们的笑柄。在它惨淡经营了 65 年之后,欧洲 Penta 酒店集团接管了 Statler 酒店,酒店易名为纽约 Penta 酒店。Penta 酒店决定重塑其在公众中的形象,但要改变过去的不良形象,困难重重,最大的问题就是可信度。公众,尤其是旅行社和酒店同行都对 Penta 酒店持怀疑态度。酒店决定从两个方面着手:一是对酒店进行更新改造;二是采取广告攻势直接说服公众,使他们确信 Penta 酒店是上档次的酒店,与以往大不相同。

实施广告战略重塑形象的第一步是确定目标群体,经过市场调查,Penta 酒店决定把重点放在从事酒店旅行业的商人身上,使他们能够确信今日的纽约 Penta 酒店是一个全新的酒店,是一流的酒店,并由他们去告诉公众。接着又慎重选择传播媒介,有针对性地在旅行商和客户经常接触的《旅行周刊》、《会议》等杂志刊登广告。同时由于酒店处于时装区,这里每年吸引着成千上万的购物者,尤其是追求时装新潮的妇女们,酒店也把妇女日常穿戴的杂志作为主要媒介进行宣传。为了加强效果,酒店采取了集中宣传策略,把 50 万美元的广告费全部用于上述的几份杂志上,不断提醒和说服公众,Penta 酒店已重塑了一个新形象。

为了使那些熟知酒店内情的老客户和旅行社能够确信 Penta 酒店真正把崭新的形象贡献给宾客,而非像以往那样只说不做,酒店的广告宣传促销中巧妙地使用了高超的技巧和策略:用幽默的广告语录吸引人们、说服人们,让人们知道 Penta 酒店现在在做什么,彻底更改 Statler 酒店留给人们的印象;借广告宣传实现 Penta 酒店的市场定位,告诉人们 Penta 酒店是一个商务和会议酒店;在树立酒店形象的同时,推出促销广告,扩大市场,提高客源占有率,重点放在吸引短期的周末包价旅游者身上。

纽约 Penta 酒店自推出一系列的形象广告后,在人们的心目中起了重大变化,酒店同行和旅行商不得不对 Penta 酒店另眼相看。

(资料来源　李祝舜:《新编酒店营销学》)

问题:根据本章所学知识分析该案例。

分析提示: 本案例中,Penta 酒店获得消费者重新认可的重要原因是 Penta 酒店以独特的方式给人以鲜明的、富有特色的信息,让旅游者和同行能够全面知晓酒店的真实信息。酒店全部使用幽默语的广告标题,引人注目,从而激发了客人的兴趣和住店冲动。纽约 Penta 酒店为加强广告效果,适当使用广告技巧与策略,如将广告目标集中在旅行商身上;媒介主要是《旅行周刊》《会议》等与旅游业有关杂志;宣传内容重在宣传酒店形象上。这一系列的宣传攻势,引起消费者的注意的同时必然会给公众一个深刻的印象,为激发旅游者的动机和实现最终购买奠定了基础。

其次,Penta 酒店还进行了基础设施的更新改造,为旅游者提供全新的产品和服务。Penta 酒店的管理者通过改变同行业的态度,影响他们的个人社交环境来实现产品销售目的。为了给旅游者提供优质旅游产品,使他们感到物有所值,从而在自我感到满意的同时,向他们的个人社交环境圈内的人宣传本酒店的产品,激发他们的购买欲望。

最后,纽约 Penta 酒店设法使旅游消费者对所推销的系列酒店产品和服务产生好的印象,使旅游消费者稳定态度,以优质的产品提高旅游者对产品的忠诚度和满意度,进而树立产品及酒店的良好形象。

3. 引导旅游者参加旅游活动

要转变旅游者的态度,还必须引导旅游者积极参与有关的旅游活动。因为实践使他们能够接触更多的信息,认识新事物的本质,体验旅游活动带来的乐趣,只有如此才可能改变原有的态度。例如,对于一个对体育活动不太积极的人,如果只是向他口头说明体育对健身的好处,他是不会相信的,不妨让他亲自体验一下运动的快乐。要改变旅游者的态度也是一样,组织一次旅游活动,邀请特定的人来参加,让其亲身体验一下旅游活动所带的乐趣,他可能会从此改变对旅游活动的态度。

4. 改变知觉

态度的改变离不开知觉,新的知觉可以引起态度的改变。例如,旅游服务行业倡导的微笑服务,就是想通过改变旅游者的知觉影响旅游者的行为。

教学互动

互动问题:选择一个旅游目的地,讨论如何改变一个人对这个目的地持有的否定态度。

要求:

1. 教师引导学生结合本节教学内容就这些问题进行独立思考、自由发表见解,组织课堂讨论。

2. 教师把握好讨论节奏,对学生提出的典型见解进行点评。

内容提要

本章首先简要介绍了态度的概念及其基本组成,认识了态度的特性与功能,进而论述态度的形成过程以及影响态度形成的因素。在学习和把握旅游态度的基本概念,理解旅游态度与旅游决策、旅游偏爱、旅游行为之间的关系的同时,提出了改变旅游态度的方法,以促进旅游者产生旅游行为。

核心概念

态度;态度的认知成分;态度的情感成分;态度的意向成分;旅游态度;旅游偏爱;态度的强度;态度的复杂性

重点实务

态度及旅游态度知识在旅游服务中的运用。

知识训练

一、简答题

1. 简述态度及其组成与特性。
2. 简述态度的形成过程及影响态度的因素。
3. 简述旅游态度改变的因素和形式。

二、讨论题

1. 为什么要研究旅游态度与旅游决策、旅游偏爱和旅游行为之间的关系?
2. 如何在实际工作中改变旅游者的态度?

能力训练

一、理解与评价

国外有的饭店有一条不成文的规定:凡是酒店工作的新员工,都必须从洗厕所开始做起,只有通过这一关的人,先能端正工作态度,实现角色的转换。讨论分析"态度决定一切"的说法对吗?为什么?

二、案例分析

斯通尼菲尔的成功

背景与情境:斯通尼菲尔餐馆最初希望成为一家面向高档消费游客并提供宴会式服务的餐馆。该餐馆位于一座小山上的葡萄酒厂里,毗邻阿德莱德市郊的富人区,在烛光之中和盛满陈年佳酿的酒桶之间进餐使该餐馆极具魅力。尽管起初生意兴隆,但随着人们外出就餐趋向于较为随便并寻求较低价位时,该餐馆的营业额逐渐下降。斯通尼菲尔餐馆原先的定位是老酒厂里的餐馆——饭菜味道可口,但面向上流社会且价格不菲。但是这一定位已经不再奏效，因此业主决定尽快改变餐馆的形象和定位。改变过程中的第一个措施就是面向较为年轻的年龄在25至35岁的人。这一年龄段的人构成了社会经济群体的中层和中下层。他们期望在中档价格范围内享受轻松随便、无拘无束的进餐体验。

斯通尼菲尔餐馆选择了大陆式餐馆与烤肉馆混合体的经营风格，撤掉了桌布，在凹凸不平、光秃秃的桌面上摆放的餐具垫。服务员脱掉晚餐制服，换上T恤衫和黑色长裤或裙子，使服务变得更人性化、更为轻松，并且刻意提供各种除烤肉以外的其他的美味小吃。游客们可以品尝各种葡萄酒以便做出选择，可以亲自取食或在餐桌旁等候服务员上菜。斯通尼菲尔餐馆向一个不同类型的市场推出了全新的就餐体验，并通过广告以及附近地区的住户信箱投放散页广告等方式大力宣传，尽管销售额并未在一夜之间激升，但是六个月之后该餐馆成为城里最成功的餐馆之一。由于新的定位，该餐馆还获得了餐饮评审奖。

这家餐馆没有改变名称和地点，并且除了添加一些餐具垫外，没有花钱重新装修。他仍然是斯通尼菲尔餐馆，而且以"葡萄酒厂里的餐馆"而闻名。但是现在的定位信息是：本餐馆轻松幽雅、热情友好且价格不贵，是个寻找乐趣的好去处。新的定位策略并非仅仅改变名称或变换信息，而是必须基于一些可以令人感受到的改进和变化。在大多数情况下，这是一种产品和服务策略的变化以及可以让游客改变态度的全新经历。

（资料来源　邓军华、任宣羽：《旅游心理学》，中国旅游出版社，2013年版）

问题：

1. 斯通尼菲尔餐馆的成功之处在哪里？
2. 改变顾客态度的途径有哪些？

第五章
旅游者的情绪和情感

学习目标

通过本章学习,应当达到以下目标:

职业知识目标:学习情绪和情感的特性和分类;了解情绪和情感的功能;理解情绪和情感的外部表现和作用。

学习影响旅游者情绪和情感的因素;了解旅游者情绪和情感的特征;理解旅游者情绪和情感对旅游行为的影响;掌握旅游者情绪和情感的调节,以及旅游对旅游者情绪和情感需要的心理补偿。

职业能力目标:运用本章专业知识研究相关案例,培养与"旅游者的情绪和情感"相关的旅游服务情境中分析问题与决策设计能力;通过"旅游者的情绪情感知识在旅游服务中应用"的实训操练,培养相关专业技能。

职业道德目标:结合"旅游者的情绪和情感"教学内容,依照行业道德规范或标准,分析并解决实际工作中遇到的问题。

引例:如何应对带情绪的游客

背景与情境:

1. 冷静对待争辩激动型的游客

一般来说,属于争辩激动型的游客大多数是生理或心理上的原因所造成的。他们好胜心强,无论什么问题和事情他们都要提出异议和反驳,并且非要争个高低,不达目的誓不罢休。另外,他们在与别人争论时又往往显得很激动,脸色较为难看,说话声音大语速快,激动时难免出言不逊,经常伤害别人的感情,往往搞得不欢而散。因此,导游员对待此类的游客要有充分的准备,防止与游客搞得太僵。对待争辩激动型的游客的基本态度是:不要被他卷入毫无意义的争辩之中去,有时可以表示对某种观点和意见的赞同,同时努力转移原争辩话题,当然也不要使对方难堪和下不了台。另外在与此类游客打交道的过程中要注意保持头脑冷静,不要伤害他,始终保持一定的交往距离。游客与你争辩或激动时,要克制自己,不能冲动,而且要面带微笑,等到游客停下来以后,再慢慢地进行诱导。当然在诱导过程中,一要态度和气;二要说话论据充足,论证要正确合理;三要速战速决,不拖泥带水,防止引发新一轮的争辩;四要给游客面子,不伤和气。导游员应该明白,此类游客毕竟是你服务的对象,哪有服务员把自己的服务对象搞得很尴尬的道理呢?

2. 如何对待猜疑型游客

猜疑型游客的最大特点是遇事生疑。他们不仅对导游员以及其他游客都存在猜疑的感觉,而且对旅游团队所发生的事情与问题也持怀疑态度。这类游客猜疑的本性主要是由个人的性格和本质所决定的。虽然这些游客对旅游团队不会造成大的不良影响,但如果导游员不加以注意或不认真对待,那就会给导游员带来一定的麻烦,更会给旅游团队活动的顺利开展带来不利影响。导游员在与游客打交道的过程中,先要尽快熟悉和了解游客的性格脾气,并确实做到心中有数。一般来说,猜疑型游客的表现与其他游客的表现有所不同,导游员不仅可以通过察言观色获得某些信息,而且也可以从言行举止上得到证实。所以,对待猜疑型游客,导游员要谨慎对待,既要摒弃怕麻烦的思想,又要在态度和行动上落落大方。在与他们打交道时,尽量避免使用模棱两可的语言,不仅要表现出事事有信心、处处有把握的姿态,而且说话要有根据,是黑是白干脆清楚。另外,导游员要严格按照旅游接待计划书的内容进行活动,一般不随意改动旅游节目,即使需要调整也必须事先说清楚,态度要热情诚恳,要给游客一种可以信赖的感觉。

(资料来源 孙喜林、荣晓华:《旅游心理学》,东北财经大学出版社,2007年版)

旅游工作是帮助旅游者塑造完美旅游体验和经历的过程,情绪和情感在这个过程中扮演着重要角色。在旅游活动中,旅游者要接触自然界的各种对象和现象,面对不同的社会现象和不同的人物。各种事物和现象,不仅使旅游者产生深浅不同的认识,而且还伴随着不同的心理体验。有的对象和现象使人产生深浅不同的认识,而且还伴随着不同的心理体验;有的对象和现象使人产生喜欢、愉快、兴奋的心理体验;而有的对象和现象会使人产生恐惧、忧愁、痛苦的心理体验;还有的对象和现象使人产生惊奇、赞叹的心理体验。这些心理体验都是人的情绪和情感。如果将人的精神世界分为两极的话,那么理性现象是一极,情绪和情感则是人精神世界中的另一极。通过本章的学习,掌握关于情绪和情感的心理学知识以及旅游者在情绪情感方面的特殊性。情绪和情感是人类行为中最复杂的一面,也是人类生活中最重要的一面。学习的目的既在于专业的实用性,也在于对人本身的了解和认识。

第一节 情绪和情感的概述

一、情绪和情感的概念

所谓情绪和情感,"是人对客观世界的一种特殊的反映形式,是人对客观事物是否符合

自己需要的态度体验"[①]。我们从三个方面来加以分析：

第一，情绪和情感是人对客观现实的一种反映形式。客观现实中的对象和现象与人们之间的关系是情绪与情感的源泉，因为人同各种事物的关系不完全一样，人对这些事物所抱的态度也不一样，所以人对这些事物的情绪和情感的体验也就不同。

第二，人对客观现实是否符合需要是有态度的，人之所以能够体验到此态度有所体验，是因为人在与客观事物接触的过程中，客观现实与人的需要之间形成了不同的关系。例如，有些对象和现象如清新的空气、悦耳的歌声、高尚的品德等一般都符合人的需要，就使人产生趋向于这些事物的态度，从而产生满意、愉快、喜爱、赞叹等情绪和情感的体验；另一些对象和现象，如卑鄙自私、庸俗虚伪、凶恶狠毒等不符合、不满足于人的需要，就使人产生背向于这些事物的态度，从而产生不满意、烦恼、忧虑、厌恶等情绪和情感的体验。

第三，在现实生活中，并不是所有事物都可以产生情绪和情感。例如，我们每天要接触到很多事物，固然有很多事物能引起我们的喜好和厌恶情绪与情感，也确实有不少事物是无所谓的，对我们来说是既不讨厌也不喜欢的。这里必须指出的是，与我们的需要具有这样或那样关系的事物才能引起我们的情绪和情感。

二、情绪和情感的区别和联系

情绪和情感是十分复杂的心理现象，它们是从不同角度来揭示人的心理体验的概念。人的心理体验具有复杂性，因此对情绪和情感做出严格区分是非常困难的，只能从不同的侧面对它们加以说明。

（一）引起情绪和情感需要的性质不同

情绪通常是指那种由有机体的天然需要是否得到满足而产生的心理体验。天然需要得到满足就产生积极的、肯定的情绪；否则就产生消极的、否定的情绪。情感则与人在历史发展中所产生的社会需要相联系，情感的基础是和人与人之间的关系（社会关系）相联系的需要，如对社会的贡献、道德的需要、尊重的需要等，由满足这些需要而产生的责任感、荣誉感、道德感、集体感等心理体验就是情感。这些需要和情感都是人们在社会生活条件下形成的，它具有社会历史性，情感是人类所特有的。

（二）情绪和情感在稳定性上的差别

情绪带有很大的情境性、激动性和短暂性，一般是由当时特定的条件所引起的，它常常在活动中表现出来。一定的情境出现便引起一定的情绪，情景过去了，情绪也就消失了。情感则既具有情景性又具有稳定性和长期性。人与人之间在共同活动中产生的友好情感，不会因为活动的结束而消失，还会长期存在并可能得到发展，所以情感是长期的、稳定的。情绪和情感的区别是相对的，有时人的情感也可能以强烈鲜明的体验表现出与人的自然需要相联系的情绪，而情绪长期积累就会转化为情感。在日常生活中，情绪和情感并没有严格的区别，情绪通常都是作为一般情感的同义语来运用的。

三、情绪和情感的特性

（一）情绪和情感的扩散性

情绪与情感的扩散性有两种：一种是内扩散，一种是外扩散。

[①] 马莹.旅游心理学[M].北京：中国旅游出版社，2007.

1. 内扩散

情绪在主体自身的扩散叫内扩散。它表现为主体对某一对象产生的某种情绪体验,影响主体对其他对象也产生同样的情绪体验。比如一个人对某件事情产生了愉快的情绪,这种情绪影响这个人在看到其他事情时也感到顺心如意;或在某件事情引起的不愉快情绪的影响下,对其他事情就觉得不那么顺眼,这就是情绪的内扩散。并且前一种是积极情绪的内扩散,后一种是消极情绪的内扩散。情绪的内扩散如果形成一种比较持久的状态,就是心境。当人在情绪好的一段时间内,也就是心境好时,会有"万事称心如意"的感觉;当人在情绪不好的一段时间内,也就是心境不好时,会干什么都感到别扭。杜甫诗里"感时花溅泪,恨别鸟惊心"写的就是战乱带来的悲伤心境,这种悲伤的心境扩散到所有的地方,即使平时给人带来喜悦和美感的鲜花和鸣鸟都使人"溅泪"和"惊心"。

2. 外扩散

一个人的情绪影响到别人,使别人也产生相同的情绪,这种情况就是情绪的外扩散,通常也称为情绪的感染性。它是指一个人的情绪情感具有对他人情绪情感施与影响的特性。当一个人产生某种情绪时,不仅自身能感受到相应的主观体验,而且能通过表情外显为他人所察觉,并引起他人产生相应的情绪反应,这种现象又被称为移情或情感移入。日常生活中还可以看到,当一个人的情绪引起另一个人完全一致且有相当强度的情绪时,我们称之为情感共鸣,其实这就是最典型、最突出的移情现象。心理学研究表明,一个人的情感会影响他人的情感,而他人的情感也能反过来影响这个人的原先情感,这就使人与人之间的情感发生相互影响。情绪、情感的这一特性为情绪情感在人际的交流、蔓延提供可能性,使个体的情绪社会化,也为通过情感影响和改变他人的情感进而达到情绪控制开辟了一条以情育情的途径。

在旅游接待工作中,我们应当防止不良情绪的扩散,利用良好情绪的扩散。我们强调服务要热情、态度要友好、要以真诚的微笑来提升服务效果和旅游效果。为了防止不良情绪的扩散,包括防止游客与旅行社之间的相互扩散和游客之间的相互扩散,在旅游接待过程中要及时发现问题和解决问题。

(二)情绪和情感的两极性

人的情绪和情感是多种多样的,把情绪和情感的表现形式分为最基本的两类,即所谓情绪和情感的两极性。其表现形式有以下几个方面:

1. 肯定性和否定性的两极对立

例如满意和不满意、快乐和悲哀、敬慕和蔑视、热爱和憎恨、兴奋和烦闷、轻快和沉重等。当然,构成肯定或否定这一种两极的情绪和情感不是绝对互相排斥的,对立的两极性在一定条件下可以互相转化,如乐极生悲、苦尽甘来等。

2. 积极(增力的)和消极的(减力的)的对立

积极的情绪如愉快、热情都能增强人的活动能力,促使人去积极地行动;消极的情绪如烦恼、不满等能降低人的活动能力。在有些情况下,同一情绪可以既有积极的性质又有消极的性质,比如在危险情境下产生的恐惧情绪,既会抑制人的行动、减弱人的精力,又可以驱使人们动员自己的能量同危险情景作斗争。

3. 紧张和轻松的对立

紧张和轻松一般与人所处的情境、面对的任务、对个人需要的影响等相联系。当人所处的情境直接影响到个人重大需要的满足,以及面临重大任务需要完成时,人的情绪就会紧张起来;相反则比较轻松。一般来说,紧张的情绪与人的活动的积极状态相联系,人们进行的任何活动都需要激发起一定紧张度的情绪;否则情绪处在很低的水平而松松垮垮,甚至处在半睡状态,是无法适应任务和活动的要求的。但过度的紧张情绪也会引起抑制,造成心理活动受到干扰和行为的失调。

4. 激动和平静的对立

激动的情绪表现为强烈的、短暂的爆发式的心理体验,如激愤、狂喜、绝望。激情的产生往往与人们在生活中占重要地位、起重要作用的事情的出现有关,而且这些事件违反原来的意愿并以出乎意料的形式出现;与激动的情绪相对立的是平静的情绪,人们在大多数情况下是处在平静的状态之中的,在这种状态下人们能从事持久的智力活动。

5. 强和弱的对立

许多类别的情绪都由强到弱的等级变化,如从微弱的不安到强烈的激动、从愉快到狂喜、从担心到恐惧等。情绪的强度越大,人自身被情绪卷入的程度就越大。情绪的强度决定于事件和活动对人的意义的大小,以及人的既定目的和动机是否能够实现。

上述每一对立的情绪之间,都存在强度不同的中间情绪状态,如非常满意与非常不满意之间有很满意、满意、不满意、很不满意。情绪、情感的两极性是相反相成的,没有满意就无所谓失望,没有快乐就无所谓悲伤,没有紧张就无所谓轻松,没有爱就无所谓恨。情绪、情感的两极性是相互联系的,同时也可以在一定条件下相互转化。

同步思考

我们介绍一个相关实验。两只猴子分别被捆在能通电的架子上。一个架子有一个杠杆,猴子每蹬一下,电流中断 20 秒。猴子为了避免电击,就必须不断地蹬杠杆,否则就会受电击。另一个架子则没有杠杆,这只猴子只能被动地忍受电击。由于两个架子的电流是串联的,所以两个猴子受电击的机会相等。长期、剧烈的情绪紧张、焦虑能引起生理疾病,如胃溃疡,过了一段时间检查发现,两只猴子都得了胃溃疡,但蹬杠杆的猴子胃溃疡严重,而无可奈何的那只猴子胃溃疡反倒轻些。化验两只猴子的尿液,也得出同样的结论。

(资料来源 孙喜林:《现代心理学教程》,东北财经大学出版社,2000 年版)

问题:造成这种结果的原因是怎样的?

答:在主动的状态下,认知成分多,为了避免受电击,其注意力要时刻保持高度集中,精神和肉体总是处于紧张状态,导致其焦虑水平高,因而对生理的影响大。那只被动的猴子则因为无力自救而无须付出更多的精力和体力,结果焦虑水平低,对生理的影响小。许多研究和常识都告诉我们,情绪对认识产生影响。这个实验则告诉我们,认识同样对情绪产生相当影响,同时情绪有相应的生理反应。

四、情绪和情感的分类

情绪和情感是作为事物的一种反映形式存在的,世界上事物的绚丽多彩,构成了人与客观事物之间关系的丰富多样性,使情绪和情感产生了极为丰富和复杂的内容。为了便于理解和把握,根据情绪和情感的性质、状态及包含的社会内容,可以从以下三种不同的角度进行分类。

(一) 根据性质分类

1. 快乐

快乐是一种在追求并达到所盼望的目的时所产生的情绪体验。比如人们在旅游中一路顺利,而且欣赏到优美的自然风光,参加富有情趣的活动,就会产生愉快的情绪体验。快乐的程度取决于愿望的满足程度和满足的意外程度,快乐的情绪从微弱的满意到狂喜,可分成一系列程度不同的级别。

2. 愤怒

愤怒是由于妨碍目的达成而造成紧张积累所产生的情绪体验。比如人们外出旅游时交通工具发生故障,或者飞机不按时起飞、火车不正点到达等,都能引起人们的不满情绪。如果旅游工作者不能及时地化解这种不满情绪,或者对游客的询问置之不理甚至不屑一顾,就会引起游客的愤怒。愤怒的程度取决于对妨碍达到目标的对象的意识程度,愤怒从弱到强的变化是轻微不满—愠怒—怒—愤怒—暴怒。

3. 恐惧

恐惧是企图摆脱危险情境时产生的情绪体验,引起恐惧情绪的重要因素是缺乏处理可怕情境的能力。比如单独一个人到一个人迹罕至的地方去探险,如果中途迷路或遇见可怕的事情,他就会体验到恐惧。消除恐惧情绪要靠镇定和勇敢,以及战胜一切困难和危险的信念。

4. 悲哀

悲哀是指失去心爱的对象和自己所追求的愿望破灭时所产生的情绪体验。比如游客有时由于一时疏忽或其他原因,丢了沿途的旅游风光照片,那么他的悲哀程度可想而知。悲哀的程度取决于所失去对象和破灭的愿望对个人或社会的价值的大小,悲哀按程度的差异表现为失望—遗憾—难过—悲伤—哀痛。

5. 喜爱

喜爱是指对象满足需要而产生的情绪体验。喜爱表现为亲近、参与、欣赏或获得。事物、活动、艺术品和人,都可以是人们所喜爱的对象,引起人们喜爱的情绪体验。

(二) 根据发生的强度、速度、持续时间分类

1. 心境

心境是一种比较微弱、平静而持续一定时间的情绪体验,它平静而微弱、持续而弥散。由于有弥散的特点,所以某种心境在某一时间内影响着一个人的全部生活,使人的语言、行动及全部情绪都染上了这种心境的色彩。一个人在愉快、喜悦的心境中仿佛一切都染上了快乐的色彩,看什么都那么顺眼,对一切都感到满意;而处在忧愁悲伤心情中的人,在一段时

间里就会表现得"无所不悲",仿佛一切都染上了忧伤的色彩。心境的特点是不具有特定的对象的,即不是关于某一事物的特定的体验,它是具有弥散性的情绪状态。

心情分为暂时心境和主导心境两种。

由当前的情绪产生的心境叫暂时心境,例如人们在欣赏艺术表演时会产生愉快的心境,当演出结束后这种心境还会持续一段时间,但不会很长。随着其他情境和事物的出现,这种心境就会逐渐消失。

由一个人的生活道路和早期经验所造成的个人独特的、稳定的心境,叫做主导心境。主导心境是以一个人生活经验中占主导地位的情感体验的性质为转移的,它决定着一个人的基本情绪面貌。一个具有良好主导心境的人,总是朝气蓬勃、具有乐观的情绪,对这样的人,别人就比较愿意并容易和他交往;一个具有不良主导心境的人,会经常表现为失望、忧愁和情绪消沉,别人也不太容易和她交往。但是主导心境不好的人更需要给予热情的关心和帮助,并予以谅解。

心情的产生总是有原因的,其原因也是多种多样的。个人生活中的重大事件、事业的成败,工作的顺利与否,与周围人相处的关系等都能引起某种心境。此外,有机体的健康程度、时令季节的变化等自然界的事物,甚至对记忆中事物的回忆有时也会影响一个人的心境。

2. 热情

热情是一种强有力的、稳定而深厚的情绪体验。热情有两个基本特征:第一,热情是强有力的,它影响人的整个身心,是鼓舞人去行动的巨大力量。第二,热情是深厚的、稳定而持久的,它使人长久地、坚持不懈地去从事某种活动,并对这种活动产生愉快满意的、积极肯定的情感体验。

3. 激情

激情是一种猛烈的、迅速爆发而短暂的情绪体验,例如狂喜、恐惧、绝望等都属于这种情绪状态。激情是由对人具有重大意义的强烈刺激所引起的,这种刺激的出现及出现的时间往往出人意料。激情发生时伴有内部器官的强烈变化和明显的表情动作,比如愤怒时紧握拳头、全身发抖;恐惧时毛骨悚然、面如土色;狂喜时手舞足蹈、欢呼雀跃。激情有积极和消极之分,积极的激情与理智和坚强的意志相联系,它能激励人们克服艰险从而成为正确行动的巨大动力,比如运动员参加国际性比赛时,为国争光、打出国威、夺取胜利,这些就是激励他们力量的源泉。而消极的激情对有机体活动具有抑制作用,这使人的自制力显著降低,例如在绝望时目瞪口呆,或者引起冲动的行动如打人、摔东西等。

(三) 根据情感的社会内容的性质分类

人的情感是多种多样的,其中有一类是与人的社会需要直接相关的,由人的社会需要是否获得满足而产生的情感,主要有道德感、理智感和美感。这种情感是人对社会生活现象与人的社会需要之间的关系的反映。

1. 道德感

道德感是人们根据一定的道德标准,评价自己和别人的言行、思想、意图时产生的情感体验。道德感是对客观对象与一个人所掌握的道德标准之间关系的心理体验。当思想行为符合这些标准时,就产生肯定的情感体验,感到满意、愉快;反之则痛苦不安。当别人的思想意图和行为举止符合这些标准时就会对他肃然起敬;反之则对他产生鄙视和愤怒的情感。例如看到或听到别人做了一件好事,我们就会对此发生一种复杂的情感:对做好事的人有一种倾慕之感,和自己的行为相比,自己会有一种惭愧之感,这就是道德感。或者自己做了好事,感到安慰;做了坏事,感到后悔、内疚,甚至痛恨自己,这也是道德感。道德感取决于复杂的情感对象是否符合我们的道德信条,它具有一定的稳定性。

2. 理智感

理智感是由客观事物间的关系(包括由别人揭露出或由自己揭露出的)是否符合自己所相信的客观规律所引起的情感。客观事物所表现出来的关系,如果出乎自己所相信的客观规律之外,就会感到困惑不解甚至痛苦。如果别人发现的客观规律与自己所相信的不符或自己不懂,也会感到痛苦,在这些情况下都会感到不愉快。经过调整,消除了认识上的矛盾,才能感到愉快。

人在认识过程中有新的发现会产生愉快和喜悦的情感,在不能做出判断而犹豫不决时会产生疑惑感,在科学研究中发现未知的现象时会产生怀疑和惊讶,在解决了某个问题而认为依据充分时会产生确信感,这些情感都属于理智感。

理智感是在认识事物的过程中产生和发展起来的,是认识活动的一种动力。热爱真理、追求真理是发展认识和科学研究的重要条件之一。所以当一个人的科学活动与理智相联系时,往往会在科学上做出应有的成就。

3. 美感

美感是对客观现实及其在艺术中的反应进行鉴赏和评价时所产生的情感体验。美感是由一定的对象引起的,美感的对象包括自然界的事物和现象、社会生活和社会现象以及各种艺术活动和艺术品。美感受对象的外在形式的特点的影响,同时受对象的内容制约,还受人的主观条件的影响。人们的审美需要、审美标准、审美能力不同,对同一个对象的美感体验就不同。同一个对象,有的人感觉是美的,有的人不认为美,这就是受审美标准和对美的鉴赏能力的影响。

爱美之心人皆有之。在人类长期的生活实践中,人的爱美之心在不断的演化过程中已沉淀为人的一种本能,支配着人的行为。旅游是一种综合性审美活动,它集自然美、社会美、艺术美于一身,能极大地满足人的审美需求。虽然旅游者由于文化背景、社会地位、生活阅历等都存在很大的差异,但审美动机始终贯穿在旅游活动的全过程之中。

同步思考

强烈的快乐状态,对人的认知能力和体力有什么影响?

答:根据心理学的研究成果,强烈的激动状态对人解决中等以上难度问题的认知能力构成负面影响。也就是说,在这种条件下,强烈的激动状态会降低人的认知能力。通常情况下,愉快的情绪对人的体力有增力作用。

五、情绪和情感的功能

情绪、情感对人的现实生活和精神生活均具有以下重要功能。

（一）适应功能

适应功能是指通过适当的情绪调节，就能降低生活中的焦虑和紧张，让人更好地适应环境、克服困难的功能。在现代社会中，科学不断进步、文化不断发展、社会不断变革，同时社会价值、社会规范、社会观念也随之不断变化，这就导致个人在适应环境的过程中遇到了困难，进而出现某种情绪上的困扰。如果这种情绪困扰长期不能解除，就不能适应正常的学习、生活和工作，不仅影响活动效率，而且有损身心健康。医学心理学研究和临床经验证明，情绪因素既是致病因素又是治病因素。情绪长期受到困扰，会导致焦虑、压抑，引起某些心理性疾病如偏头痛、高血压、胃溃疡等。因此，对情绪进行自我控制、引导、调节和适当的发泄，有利于人们适应当今复杂的社会生活，有利于工作也有利于身心健康。因而旅游活动所带来的积极情绪状态是有利于身心健康的。

（二）动机功能

动机功能是指情绪情感对人的行为活动具有增力或减力的功能。现代心理学研究表明，情绪、情感不只是人类社会实践中所产生的一种态度体验，还是动机的源泉之一，是动机系统的一个基本成分，会对人类行为的动机施加直接的影响。它能通过激励或阻碍人的行为，改变人的行为效率，从而对人的行为产生促进作用和干扰作用。在同样有目的、有动机的行为活动中，个体情绪的高涨与否会影响其活动的积极性高低。在高涨情绪下，个体会全力以赴、努力奋进、克服困难，力达预定目标；在低落情绪下，个体则缺乏冲动和拼劲，稍遇阻力便畏缩不前、半途而废。一项对11—15岁青少年的实验研究（柴文袖、王文娟，1984）以量化手段揭示了正情绪和负情绪对实际活动所产生的增力和减力作用。该实验让男女青少年进行四百米跑，采用鼓励组和挫折组相对照的办法。结果鼓励组情绪高涨、成绩提高，而挫折组情绪低下、成绩降低，两者差异显著。再如伟大的文学家、思想家和革命家鲁迅先生正是由于对帝国主义的憎恨、对国人麻木不仁的心痛和对祖国的无限热爱才在文学上取得辉煌的成就的。

（三）组织功能

情绪情感对其他心理过程而言是一个监测系统，是心理活动的组织者，能产生调节、组织功能或干扰、破坏功能，如情绪情感能影响人们的记忆效率、思维活动和行为表现。对于喜欢的事物容易记住，不喜欢的事物则不易记住；对于喜欢的人或亲近的人容易偏听、偏信；畏惧则令人畏缩不前，而热爱或愤怒有时又会使人冲动或做出不计后果的行为等。

（四）保健功能

保健功能是指情绪情感对一个人的身心健康有增进或损害的功能。情绪的生理特性已告诉我们，当一个人产生情绪时，其身体内部会出现一系列的生理变化，而这些变化对人的身体影响是不同的。一般来说，在愉快时，肾上腺素分泌适量，呼吸平和，血管舒张而血压偏低，唾液腺和消化腺分泌适中，肠胃蠕动加强等，这些生理反应均有助于身体内部的调和与保养；但焦虑时，肾上腺素分泌过多，肝糖原分解，血压升高，心跳加速，消化腺分泌过量，肠胃蠕动过快，甚至出现腹泻和大小便不自主泄出，这一切都有碍身体内部的调养。倘若一个人经常处于某种不良情绪状态，其身体健康水平就会下降。

(五)迁移功能

迁移功能是指一个人对他人的情绪情感会迁移到与此人有关的对象的功能。一个人对他人有感情,那么对他人所结交的朋友、所经常使用、穿戴的东西也都会产生好感,这似乎是把对他人的情感迁移到他人所接触的人和物上去了,这便是情感的迁移现象。"爱屋及乌"即是这种独特的情感现象。

(六)信号功能

信号功能是指一个人的情绪情感能通过表情外显而具有信息传递的功能。确切地说,一个人不仅能凭借表情传递情感信息,而且能凭借表情传递自己的某种思想和愿望。一言以蔽之,人的情绪情感能传递一个人的思想感情,如微笑通常表示满意、赞许或鼓励,而怒目圆睁代表愤怒、生气和否定。研究表明,情感的信号功能在传递信息方面具有一系列独特的作用。主要表现为以下几方面。

1. 加强言语的表达力

在人际交往过程中,表情伴随言语,能对言语进行必要的补充、丰富、修正和完善,从而提高说话者的表达能力,帮助他人更好地理解说话者的言语内容。同时,表情具有一定的直观性、形象性,也有助于说话者借以表达一些较为抽象的言语,使听者较容易接受、领会。

2. 提高言语的生动性

没有表情的言语,即使再优美也会给人以呆板、平淡、缺乏生气和活力的印象,而富有表情的言语则会使一句极普通的话语顿时被赋予诱人的魅力。

3. 替代言语

由于表情能传递一个人的思想感情,所以在许多场合可以单独承担信息交流功能。表演艺术中的早期无声电影和现代哑剧,课堂教学中师生之间的种种体态语言的运用便是这方面的典型。

4. 超越言语

首先,人类的表情发展到今天已极为丰富,它能比言语更细腻、入微、传神地表达思想感情。英国著名戏剧家萧伯纳曾说:"动词'是'有 50 种表现法,'不'有 500 种左右的表现法,但这两个词的书面形式却都只有一种,两者的差异由此可见一斑。"其次,表情比言语更具有真实感。人们在交流时,事实上存在着两个层次上的信息交流,第一个层次是通过言语实现的,第二个层次是通过表情实现的。常言道"锣鼓听声听话听音",这里的"话"是指言语,而这里的"音"即指言语表情。当一个人的表情与言语所表达的态度不一致时,人们往往更倾向于把表情中流露出的态度视为真正的内心意向,而把言语中表达的态度看做"表面文章"、口是心非之说,可见表情在人际信息交流中又胜言语一筹。

5. 认识事物的媒介

这种现象在婴幼儿中表现得最明显,在成人中也经常发生。如婴儿从一岁左右开始,当面对陌生的、不确定的情境时,往往从成人的面孔上寻找表情信息(鼓励或阻止的表情),然后再采取行动(趋近或退缩),这种现象是情绪的社会性参照作用。

六、情绪理论以其外部表现

情感具有信号功能,也就是说一个人的情绪情感是通过表情外显把信息传递出去的。因此可以说,表情是情绪、情感的外部表现形式。

(一) 表情

表情是指情绪在有机体上的外显行为。它包括情绪在面部、言语和身体姿态上的表现,这些分别称为面部表情、言语表情和身段表情,表情是情绪所特有的外显行为。在高等动物的种属内或种属间,表情起着通信的作用,如求偶、顺从、维持接触行为的信号以及警告、求救和威胁的信号等。表情特别是面部表情在人际交往中有重要作用,象征情绪、情感的表情具有如下两个特征。

1. 先天遗传性

情绪表现具有先天遗传模式。世界上所有的儿童受伤或悲哀时都会哭泣,欢乐时会笑,刚出生就双目失明的盲童不可能来模仿别人的表情。对他们的研究表明,随着不断成熟,和不同情绪有关的面部表情、姿势和手势就会自然显现出来。

达尔文在他的《人和动物的表情》一书中说,人类的情绪表达是从其他动物的类似表达进化而来的,人类表达情绪的许多原始方式具有某些生存价值的遗传模式。有些面部表情似乎全世界都是一样的,代表着相同的意义,而和个人的文化无关,一项研究(Ekman & Friesen,1975)中,把代表快乐、愤怒、厌恶、恐惧和惊奇的面部表情的照片给有着不同地域文化的人(美国人、巴西人、智利人、阿根廷人和日本人)看,结果他们很容易指出每种表情所代表的情绪。孟昭兰的研究也表明,成人基本情绪的面部表情在很大程度上保持了自儿童时期以来的原始模式,人们的面部表情具有一致性和继承性。

2. 社会制约性

基本情绪的表现具有先天遗传性,但他们的具体表露却受社会文化因素的制约,复杂情绪的表露更是如此。比如一些英语国家的人向上伸出食指和中指做出一个V字形,有战斗和胜利的决心(来源于Victory的第一个字母),而同样的手势在希腊则有侮辱和轻视对方之意。再如,阿拉伯人与对方说话时喜欢直盯对方,而中国人则感到厌恶。

(二) 表情的种类

人们在与他人交往的时候,不管是不是面对面,都在不断地表达着情绪,同时也在观察并揣测对方的表情。那么,人们通常都是通过什么表达情绪呢?主要是通过面部、身体、手势及语调等。人类的表情也相应地分为三类,即面部表情、身段表情和言语表情。

1. 面部表情

心理学家艾伯特·梅拉宾曾得出一个公式,情感表达=7%的词语+38%的声音+55%的面部表情,足见人的面部是最能表达情绪的。

面部表情是指通过整个面部肌肉的变化来表达各种情绪状态,通常人们所说的愁眉苦脸、眉开眼笑、喜上眉梢等,都是面部表情的体现。在日常生活中,人们常常也是借助面部肌肉的变化来识别情绪的,比如紧皱眉头通常是烦闷的表现,满面红晕是羞怯的表现,而横眉立目往往是愤怒的表现等等。在文艺作品中,人们往往可以看到眉目传情、双眼含情脉脉等的描述,这给人一种印象,似乎眼睛是面部最能传达情感的部位,实际上并非如此。我们不妨做个实验:用一张硬纸挡着你的面部只露出两只眼睛,然后让别人来识别你所做出的各种情绪表情,结果肯定是多数无法识别。面部露出的部分越多,越容易判断你的表情。由此可见,用面部识别情绪的关键并不在眉目之间。情绪识别要借助许多因素,特别是要借助面部那些活动性较大的肌肉群的运动。

情绪识别是一种复杂的认知过程,单靠面部表情,识别的准确度一定受影响,如果能将面部表情和身段表情结合起来,那将更有利于准确地判断情绪状态。

2. 身段表情

身段表情可分为两种:身体表情和手势表情。[①] 身体表情是指情绪发生时,身体姿态发生的不同变化,如高兴时捧腹大笑、手舞足蹈,痛苦时捶胸顿足,紧张时坐立不安,害怕时浑身发抖,懊恼时抓耳挠腮等,所以人的举手投足都可以表达某种情绪。

在日常生活中,即使人们看不清一个人的面孔,但只要能看清他的身体动作就能了解其情绪状态。流行于欧洲一些国家的哑剧表演中的演员的面部或涂上白粉或戴上面具,不能较多地运用面部表情,但人们根据其姿势、动作仍能理解演员所表达的情绪。所有的舞蹈严格来说都是身段表情。人们对舞蹈的欣赏,实际上就是根据身段表情来理解剧中人物的喜怒哀乐。手势是表达情绪的一种重要形式,通常和言语一起使用来表达赞成或反对、接纳或拒绝、喜欢或厌恶的态度和思想。手势也可单独表达情感、思想或做出指示,如振臂一挥、搓手、摊手等。研究表明,手势表情是通过学习得来的,不仅存在个体差异,而且存在民族或团体的差异。

3. 言语表情

言语表情主要通过言语中的口气、腔调(音调)、强度、节奏、速度等来表达情绪,因而也叫语调表情。如高兴时一般音调高、语速快、语音高低差别大;悲哀时音调低、语音高低差别小等。言语表情的重要性不可低估,同样一句话,由于说话者口气、腔调不同,听话人的感受有很大差异。歌唱家、演说家主要就是靠他们的声音来打动观众的,如"你干吗"这句话,用不同的语调表达可能就是不同的情绪。

正常成年人的情绪表现是可以随意调节的,可以加强也可以抑制(尽管真实的情绪也会表露出来)。情绪可以在没有表情的情况下产生,表情也可以在没有情绪体验的情况下出现。例如并不喜爱可以满脸堆笑,真正气愤也可以装出心平气和,同样一种表情可能具有不同的意义等。因此,要准确地识别一个人的情绪单凭表情是不够的,必须结合其他指标,如当时的情境、对方的个性特征等,综合地进行比较才能更准确地识别。在人际交往过程中,情绪不但可以被识别,而且可以彼此相通。当人们知觉到别人有某种情感体验时,可以分享他的情感,这种分享并不意味着同情,也不意味着对它的认识,而是指对别人的情感产生了情绪性反应。

同步案例　烛光晚餐

背景与情境:某旅行社组织三国之旅,游客到达目的地后入住星级酒店,大家在

[①] 马莹.旅游心理学[M].北京:中国旅游出版社,2007.

餐厅用餐时,突然出现短时间停电。此时导游灵机一动,对游客说:这是旅行社特意为大家准备的节目——"烛光晚餐"。本来想要发怒的游客听到这里,也借势化解为一种开心格调的享受。

(资料来源　黄明亮、刘德兵,《导游业务实训教程》,科学出版社,2007年版)

问题:从旅游者情绪和情感知识内容评析本案例。

分析提示:导游是整个团队旅游活动的节目主持人,导游的专业知识和服务、管理职能的发挥至关重要,直接关系到旅游团队的活动是不是丰富多彩,是不是充满欢声笑语,直接关系到每一位游客的旅游体验是不是愉悦。所以导游不仅应该受过良好训练,对旅游景点和旅游线路了如指掌,而且应该具有良好的心理素质和应变能力,能够机智地处理各种突发事件,巧妙地化解各种矛盾。在任何时候任何情况下,只要有导游与旅游团在一起,游客们就会感到放心,就觉得有依靠,就不怕任何困难。以上这个案例是个经典案例,讲的是导游的机智使不利因素化为有利因素,当电灯照明变为无奈的蜡烛照明时本来有许多不便,但当引入"烛光晚餐"这一概念后就瞬时充满浪漫温馨,变为另一种格调的享受。可以说"烛光晚餐"的说法比任何苍白的解释和诚挚道歉都有利,平添了一份热情和幽默。

七、情绪和情感的作用

(一) 情绪和情感对体力的影响

情绪和情感的作用在范围和效果上都是很大的。比如它们影响人的生理包括体力、器官的功能,还能引发器质性病变。我国学者的一个实验(柴文袖等,1984)就证明了这一点。

(二) 情绪和情感对认知能力的影响

情绪和情感对人的外在行为和内在认知也构成巨大影响,在此我们着重就情绪和情感对认知的影响进行探讨。心理学家曾就不同情绪状态对智力操作的影响进行了研究,结果发现不同的情绪状态(愉快或痛苦)对操作效果的影响有显著差异。愉快组在操作时间、直接抓取和注视不动等三项指标上都比痛苦组成绩好,即使在同一情绪状态下,由于强度不同,操作效果也不同。愉快强度过高和过低时的操作效果不如强度适中时好,痛苦的强度越大,操作效果越差。

根据耶克斯-多德森定律,操作与激动水平之间呈曲线关系,这种曲线关系又随操作的难易和情绪的高低而发生变化。解决困难的代数问题的最佳状态是激动水平较低,难度适中的基本算术技能的最佳状态是中等激动水平,简单反应时的最佳状态是较高的激动水平。泽尔勒就情绪对学习的影响进行了实验研究,A、B两组学习能力相等的大学生学习无意义音节,同时排列方块,然后测验他们对所排列图形的记忆效果。当A组接受测验时,给予赞美的评语并让他们继续学习无意义音节;B组学生则受到严厉批评并继续学习无意义音节。结果发现,B组学生方块测验的成绩越来越差,无意义音节的学习效果也大大降低;而A组学生的积极性高涨,学习效率大大提高。可见,愉快的情绪能使人的大脑处于最佳活动状态。在愉快状态下学习,效率和记忆效果较好,相反在痛苦不安的情绪状态下学习和记忆的效果不好。

保加利亚心理学家洛扎诺夫创立了洛扎诺夫教学法,这种方法也叫愉快教学法。洛扎诺夫把教室布置得幽静、光线柔和、桌椅舒适,学习内容多以会话、游戏和短剧等形式出现,在学生学习时播放节奏舒缓、优美和谐的音乐,如欧洲古典音乐、钢琴曲、大提琴以及弦乐协奏曲等。结果表明,在这种气氛适当、环境舒适、学生轻松愉快的条件下的教学效率比传统教学高25倍,每课时能记住50~500个生词,记忆效率达93%以上。洛扎诺夫认为,一种具有特殊节奏的特殊形式音乐可以使人体放松,并且同时诱导大脑处于机敏状态。他指出,学校"要在意识和潜意识之间建立联系,帮助将信息传递到大脑内部,这样指令才能得到执行"。

总之,愉悦的情绪对学习有促进作用,痛苦等消极的情绪对学习起阻碍作用。动机太强不仅会导致紧张,也会使解决问题的效率降低。心理学家伯奇研究了年轻黑猩猩的动机与解决问题之间的关系:黑猩猩被关在一只笼子里,笼子外有食物,它会用棍棒把食物勾进来。伯奇设计了三种问题情境:在情景一中,棍棒与食物都在近处,也就是说用棍棒可以直接够到食物;在情景二中,猩猩面向食物,棍棒就在他背后;在情景三中,猩猩必须从它的后面取一根短棍,用它挑起一条系在长棍上的绳索,用绳索拉进长棍,然后用长棍把食物扫进来。动机的强度是随着实验以前剥夺其食物时间的长短而异的,其差别为2、6、12、24、36、48小时。伯奇的实验结果是:当动机很弱的时候,猩猩很容易被无关的因子引到问题以外,趋向于无目的的行动;而在动机非常强烈的情况下,猩猩则集中注意力于目的物,而把情境中其他的、对于解决问题不重要的因素都排除在外。还有当某种刻板模式的反应已证明无效时,如发脾气、尖声喊叫,都妨碍猩猩做解决问题的努力。只有在动机强度中等的情况下,猩猩才不会为取得食物的欲望所支配,因而能对情境中其他适当的因素做出反应。

解决问题和动机强度的关系可以描绘成一条倒转的U形曲线,也就是说,问题解决者动机强度增加,他解决问题的效率也随之增加,直至达到一个最高点,超过这一最高点,解决问题的效率就开始下降。

第二节 旅游者的情绪和情感

旅游行为是旅游者在旅游活动过程中满足某种需要的社会性活动。旅游者的情绪和情感影响着旅游者的行为,而旅游者的行为也受到情绪和情感的影响,二者具有相互制约的互动关系。

一、影响旅游者情绪和情感的因素

旅游者在旅游活动中所接触到的一切,都会引起情绪和情感的变化。具体来说,影响旅游者情绪和情感的因素主要有以下几个方面:

(一)旅游者的需要是否得到满足

人们外出旅游就是为了满足某种需要,比如为了身体健康的需要、为了获得知识的需要、为了得到别人尊重的需要等。需要是情绪产生的主观前提,人的需要能否得到满足决定着情绪的性质。如果旅游能够满足人们的需要,旅游就会产生积极肯定的情绪,如高兴、喜欢、满意等;如果旅游者的需要得不到满足,就会产生否定的、消极的情绪,如不满、失望等。

(二)旅游活动是否顺利

需要是动机的基础,为了满足需要,人们在动机的支配下产生行动,不仅行动的结果会产生情绪,而且在行动过程中是否顺利也引发不同的心理体验。在整个旅游活动过程中如果一切活动顺利,旅游者就会产生愉快、满意、轻松等情绪体验;如果活动不顺利,旅途和游览过程中出现这样或那样的差错,旅游者就会产生不愉快、紧张、焦虑等情绪。所以,旅游者在旅游过程中的情绪表现,我们应当特别加以注意。因为旅游活动进程本身就是一个很好的激励因素,其中就有情绪的产生,并反过来对旅游活动的继续产生积极或消极作用。

(三)客观条件是否优越

客观条件是一种外在刺激,它引起人的知觉,从而产生情绪、情感体验。旅游活动中的客观条件包括游览地的旅游资源、活动项目、接待设施、社会环境、交通通信等状况。此外,地理位置、气候条件等也是影响旅游者情绪的客观条件。比如优美的自然风景使人产生美的情感体验,整洁的环境使人赏心悦目,脏乱的环境、刺耳的噪音使人反感、不愉快等。

(四)团体状况和人际关系

旅游者所在的旅游团队的团体状况和团体内部的人际关系也能对旅游者的情绪产生影响。一个团体中成员之间心理相容、互相信任、团结和谐就会使人心情舒畅、情绪积极;如果互不信任、互相戒备,则会随时都处在不安全的情绪之中。在人际交往中,尊重别人、欢迎别人,同时也受到别人的尊重和欢迎就会产生亲密感和友谊感。

(五)旅游者身体状况是否良好

旅游活动需要一定的体力和精力作保证。身体健康、精力旺盛,是产生愉快情绪的原因之一,身体健康欠佳或过度疲劳,就容易产生不良情绪。因此,旅游工作者应该随时注意游客的身心状态,使其保持积极愉悦的情绪,也保证旅游活动的正常进行。

二、旅游者情绪和情感的特征

旅游者在旅游活动过程中的情绪具有以下几个方面的特征:

(一)兴奋型

从某种意义上说,旅游是人们离开自己所居住的地方,到别处去过一段不同于日常生活的生活。因此,外出旅游就给旅游者带来了一系列的改变:改变环境、改变人际关系、改变生活习惯、改变社会角色等。这种改变在给旅游者带来新奇的同时,还给他们带来情绪上的兴奋。这种兴奋性常常表现为"解放感和紧张感两种完全相反的心理状态的同时高涨"。外出旅游使人们暂时摆脱了单调紧张的日常生活,现实生活中的对人的监督控制在某种程度上也有所减轻,这给人们带来了强烈的解放感。另外,到异地旅游可能接触到新的人和事物,对未知事物的经历的心理预期使人感到缺乏控制感,人们难免会感到紧张。无论是"解放感"还是"紧张感",其共同特征是兴奋性增强,外在表现为兴高采烈和忐忑不安。

(二) 感染性

旅游活动是一种高密度、高频率的人际交往活动。在这种交往活动中,既有信息的交流和对象的相互作用,同时还伴有情绪状态的交换。旅游服务的情绪和情感含量极高,以至于被称为情绪行业。在旅游活动中,旅游者和旅游工作者的情绪都能够影响别人,使别人也产生相同的情绪。一个人的情绪和心境,在与别人的交往过程中,通过语言、动作、表情影响到别人,能够引起情绪上的共鸣。比如旅游中导游员讲解时的情绪如果表现出激动、兴奋、惊奇等,游客就会对导游员的讲解对象表现出极大的兴趣;如果导游员表现得无精打采,游客肯定会觉得索然无味。反过来也是一样,游客的情绪也会影响导游员的情绪。

(三) 易变性

在旅游活动中,旅游者随时会接触到各种各样的刺激源,而人的需要又具有复杂多变的特点,因而旅游者的情绪容易处于一种不稳定的易变状态。比如旅游者对某个景物在开始的时候可能感到新奇,情绪处于积极状态、兴致很高;当到达顶点之后,接着便可能由激动趋向平静,兴致会逐渐减退;再后来如果感到疲劳的话,他甚至会感到厌烦。因此,导游工作为了尽可能地满足每个人的需要,使个人的情绪能保持积极的状态,就必须随时观察旅游者的情绪反应。

同步案例　　坏事变好事

背景与情境:一位导游带团到五大连池,不幸遇到了百年不遇的龙卷风,造成宾馆停水停电。第二天早上,导游比客人早起了1个小时,带领宾馆的服务员去泉眼打了矿泉水给客人们早上洗脸。本来挺不幸的事,到导游嘴里就变成了:"亲爱的各位团友,我们可真幸运,五大连池从来都没刮过龙卷风,居然让我们在昨晚赶上了,早上的太阳多么美啊!经过昨晚那场暴雨的洗礼,这边的风景一定别有一番风味,特别是今天连电都没有了,想必我们可以在一个纯自然的环境里游玩了。早上我和工作人员为大家打来了矿泉水洗脸,这可是贵宾待遇,要不是停电我们还享受不到呢。"结果大家高高兴兴地玩了一天,没有发生游客投诉事件。

问题:通过所学内容评析本案例。

分析提示:带团旅游遇到突发的危机事件,怎样才能不砸团,关键在于导游在面对危机的时候怎样处理。首先自己要乐观,把游客的情绪往积极方面引导;其次不推卸责任,尽最大努力把突发事件的危机减小到最低;最后要在危机中发现生机,任何事物都有两面性,有害处也有好处。如果你做到了,结果通常会很圆满。因为旅游者大多是通情达理的,他们是来寻求轻松快乐的,因此他们的情绪是容易被扭转和调动的。

三、旅游者情绪和情感对旅游行为的影响

人的任何活动都需要一定程度的情绪和情感的激发才能顺利进行。情绪和情感对旅游

者行为的影响主要表现在以下几个方面:

(一) 对旅游者动机的影响

动机是激励人们从事某种活动的内在动力,人的任何行为都是在动机的支配下产生的。因此,要促使人们产生旅游行为,首先要激发人们的旅游动机。而喜欢、愉快的情绪可以增加人们活动的动机,增加做出选择决定的可能;消极的情绪则会削弱人们从事活动的动机。

(二) 对认知的影响

旅游者的情绪能影响和调节其认知过程。就旅游途中的旅游者的认知过程来说,不适当的消极情绪有干扰和破坏作用。它使旅游者的意识范围变得狭窄,认知评价能力无法正常发挥。对事件和他人的评价缺乏客观标准,对个人的评价往往以自我为中心或自制力减弱,遇事好冲动,心理反应过激,喜欢猜测或挑剔,有时产生攻击性,所以不可避免地会给旅游工作带来许多麻烦。

(三) 对活动效率的影响

人的一切活动都需要在积极、适宜的情绪状态下才能取得最大的活动效率。从情绪的性质来讲,积极的情绪如热情、愉快,可以激发人的能力,助长动机性行为,提高活动效率;而消极的情绪,如烦恼、悲哀、恐惧等则会降低人的活动能力,导致较低的活动效率。从情绪的强度讲,过高或过低的情绪水平都不会产生最佳的活动效率,因为过低的情绪不能激发人的能力,而过高的情绪会对活动产生干扰作用。

(四) 对人际关系和心理气氛的影响

人在良好的情绪状态下,会增加对人际关系的需要,对人际交往表现出更大的主动性,并且容易使别人接纳且愿意与之交往。因此在旅游活动中,旅游工作者应该细心观察旅游者的情绪变化,主动引导他们的情绪向积极方向发展,并利用情绪对旅游者行为的影响作用,协调旅游者与各方面的人际关系,创设良好的心理氛围,从而达到旅游服务的最佳效果。

四、旅游者情绪和情感的调节

(一) 激发有利的情绪和情感

1. 开发适销对路的旅游产品

这就要求旅游产品首先必须具有吸引力,其次必须具有多样性,以便满足各种类型的旅游者的需要,同时还必须对旅游产品及时更新或增加新的内容,以适应旅游者需求的变化。这样的旅游产品才会使游客在游览过程中始终保持积极的情绪和情感,尽情地享受风景。

2. 提供细致入微的旅游服务

旅游服务从细微做起,方能使游客觉得周到、感到温暖。在游客服务中因疏忽细枝末节而付出沉重代价的投诉屡见不鲜,因而细致入微的服务是旅游服务取胜的法宝。随着游客的需求越来越个性化,只有从细微入手、在服务中真正做到无微不至,才能长久地吸引游客的注意力,赢得游客的回头率。同时也只有在服务中尽可能地给游客惊喜、让游客满意,才能培养出景区的忠诚游客。

3. 传递正确有效的旅游信息

在做景区宣传时,一定要首先保证宣传的真实性,切忌通过虚假信息欺骗旅游者的感情;其次,宣传还要有针对性。如针对旅游者的访古心理,宜重点宣传历史文化和名胜古迹;针对旅游者的欣赏心理,宜重点宣传自然风光和旅游活动的趣味性;根据实用型旅游者的心态,要突出宣传旅游价格的合理性;根据表现型旅游者的心态,则要重点宣传旅游活动的参与性和体验性。这样才能真正从情感上打动旅游者,使其做出旅游决策。

(二)调控不利的情绪和情感

1. 补偿法

补偿法分物质补偿法和精神补偿法。

物质补偿法:在住房、餐饮、游览项目等方面若有不符合旅游合同规定的情况,应对旅游者予以补偿,而且替代物一般应高于原来的标准。

精神补偿法:因某种原因无法满足旅游者的合理要求而导致旅游者不满时,导游人员应实事求是地说明困难,诚恳地道歉,以求得旅游者的谅解;也可先让旅游者将不满情绪发泄出来,待消气后再设法向旅游者解释。

2. 转移注意力法

不良情绪产生以后,往往不能摆脱引起不良情绪的情境,久而久之不断弥漫,笼罩了整个身心。解决这个问题的方法之一就是有意识地转移注意力,设法尽快把引起不良情绪的情境忘掉,把注意力转向更有意义的事情上去。

3. 分析法

将造成旅游者消极情绪的事情的原委向旅游者讲清楚,并一分为二地分析事物的两面性。对于某些特殊要求得不到满足而情绪不佳的旅游者,导游人员要从合理和可能两方面加以分析。

五、旅游对旅游者情绪和情感需要的心理补偿

(一)通过旅游可以扩展和更新自己的生活,得到新鲜感

新鲜感是包括惊奇、喜悦、清新和振奋等多种成分在内的满足感。追求新鲜感符合人的本性,人是不会在丰衣足食后就感到幸福和满足的。人的本性就是要不断地为自己寻找更广阔的天地,不断扩展和更新自己的生活。心理学家弗罗姆认为,人最基本的选择就是爱生与爱死的选择。生意味着不断变化、不断发展;死则意味着发展的停止,意味着僵化和重复。而爱生是人的本性,所以人是不能忍受没有新鲜感的、单调的生活的。工业化所产生的单调而紧张的生活使现代人充满了对寻求新鲜生活的渴望,外出旅游可以接触到日常生活中接触不到的事物,做一些日常生活中没有条件做的事情,使自己得到日常生活中得不到的新鲜感的满足。

(二)通过旅游可以寻求广义的人类之爱,得到亲切感

人是自然中的人,在人们的内心深处满怀着爱的需求,渴望人与人之间相互关心、相互理解和相互尊重。但由于工业革命的发展,市场竞争日益激烈,人和人之间也受到了竞争的

威胁,市场竞争使人与人之间的关系变得异常冷酷无情,爱成了人类社会中一种十分罕见的东西。竞争的压力使每个人都不敢停下来喘口气歇歇脚,人际关系的紧张使人倍感疲倦。生活中人们更多的是与那些冷冰冰硬邦邦的机器打交道,即使有机会与活生生的人打交道也免不了尔虞我诈、处处设防,唯恐遭到竞争对手的明枪暗箭。此时,人与人之间的无情竞争和等价交换使得孤独感和失落感像瘟疫一样蔓延。人最真诚的爱的渴求因此受到压抑和克制,但这种埋藏于人的内心深处对爱的需求是不可磨灭的,一有机会人们就想方设法去寻求。

旅游这种日常生活之外的舞台能够为人们提供这样一种环境,旅游者之间没有直接的利益冲突,他们可以建立起淳朴、自然、坦诚、和谐的人际关系。同时,旅游业从业人员柔性的、富有人情味的服务使他们得到一种爱的满足。

(三)通过旅游可以提高自我评价,得到自豪感

旅游能帮助人们充分展示自我。在日常生活中,人要使自己被社会接受就必须处处自律自控,不能随心所欲地去做自己想做的事情,去充分地展示真实的自我。而旅游却能够提供一个展示自我的舞台,摆脱日常生活的常规束缚,自由自在地充分成为自己,让真实的自我透透气抬抬头。在日常生活中,人们常常感到自己渺小和无足轻重,能够登上生活舞台表演的机会不多,而能够赢得掌声和喝彩的机会更少。在旅游这个日常生活之外的舞台上,人们可以尽情地表现自己,通过享受贵宾般的旅游接待服务,使他们有机会摆脱渺小感,从芸芸众生中脱颖而出,从而获得自豪感和极大的心理补偿。

旅游正是通过上述种种方式满足了现代人求补偿的心理需求,帮助他们摆脱了日常生活中产生的精神压力和烦恼。通过满足旅游者生活单一性和复杂性的矛盾需求,使其找到了心理上的平衡点,促进了他们的身心健康,这也正是现代人热衷于外出旅游的根本动机所在。

教学互动

互动问题:

辩论 正方——旅游业是情绪性行业;反方——旅游业不是情绪性行业

(1)教师引导学生结合本节教学内容并就上述问题进行独立思考、自由发表见解,举例说明并组织课堂讨论。

(2)教师把握好讨论节奏,对学生提出的典型见解进行点评。

内容提要

本章讲述了情绪和情感的基本内容,旅游者的情绪和情感两个部分的内容。

本章首先介绍了情绪和情感的特性和分类;情绪和情感的功能;情绪和情感的外部表现

和作用。

然后讲述了影响旅游者情绪和情感的因素;旅游者情绪和情感的特征;旅游者情绪和情感对旅游行为的影响;如何进行旅游者情绪和情感的调节以及阐述旅游对旅游者情绪和情感需要的心理补偿。

> 核心概念

情绪;情感;内扩散;外扩散;快乐;愤怒;恐惧;悲哀;喜爱;心境;暂时心境;主导心境;道德感;理智感;美感;适应功能;动机功能;组织功能;保健功能;迁移功能;信号功能;表情;面部表情;身段表情;言语表情

> 重点实务

情绪和情感知识在旅游服务中的运用。

> 知识训练

一、简答题
1. 简述情绪和情感的特性和分类。
2. 简述情绪和情感的功能并举例说明。
3. 结合实际谈谈怎样通过表情来了解人的内心世界。
4. 简述影响旅游者情绪和情感的因素。

二、讨论题
1. 在带领旅游者旅游过程中,不同的旅游者对同一种旅游活动或有抵触感,或有积极参与感,利用所学知识,谈谈如何尽可能地消除抵触感和激发其积极性。
2. 结合实际,谈谈了解旅游者的情绪和情感对做好旅游工作有什么重要意义。

> 能力训练

一、理解与评价
如果旅游变成了"无接待旅游",那就是旅游业的自我毁灭。试对这一观点加以分析。

二、案例分析

浓妆淡抹总相宜

背景与情境:小林带着某海外旅游团游黄山,连续的阴雨天气致使游客情绪大受影响。在去一个著名景观的路上,泥泞湿滑的道路引来多数游客的抱怨,而原来神奇壮观的景色也因雨雾的遮挡大为逊色,加上索道也因天气原因暂停开放。种种的状况使得游客的情绪跌入谷底,连那些平时少语寡言的游客也纷纷说这趟行程算是白跑了。

（资料来源　黄明亮、刘德兵：《导游业务实训教程》，科学出版社，2007年版）

问题：

作为一名旅游工作者，如何在不同的外界因素情况下展现出感观不同的美的特征和如何把握旅游者的心理活动变化。

第六章
旅游者的个性心理特征

学习目标

通过本章学习,应当达到以下目标:

职业知识目标:学习和把握气质、性格和能力概念与特性,掌握气质的分类。

职业能力目标:运用本章专业知识研究相关案例,培养与"旅游者的个性心理特征"相关的旅游服务情境中分析问题与决策设计能力。

职业道德目标:结合"旅游者的个性心理特征"教学内容,依照行业道德规范或标准,分析旅游者的不同的个性心理,在不违背职业道德的前提下进行旅游促销。

引例:祝您早日康复,工作开心

背景与情境:初冬的衡阳刮着冰冷的风。住在华天大酒店1406房的客人天刚亮时便提着手提包出去了。中午匆匆忙忙回来一会儿又出去了,直到晚上10点左右才回来,一连两天,都是如此。客人看上去不苟言笑非常严肃,服务员小彭不禁对他注意起来。从入住单上得知,他是杭州一家知名企业的总经理,将在酒店住一个星期。在为客人清理房间时,小彭发现他的抽屉里有一瓶胃药,于是给他倒了一杯白开水并留言:"桌上的白开水是特意给您倒好的,请您放心使用,希望您注意身体,不要工作太久,多穿衣服,以免感冒,祝您早日康复!工作开心!"写完之后,小彭觉得一份留言太过单调普通,灵机一动,心想,何不再配上一朵亲手制作的小花呢?说干就干,小彭找来回收的花泥,用刀削成小方块,在中间插上一朵小花,用包装纸扎好。小彭将花配到客人的房间,并想象着他看到小花时微笑的样子。可第二天小彭依然没有看到客人的笑容,但小彭并不泄气,仍然每天仔细打扫房间,倒上一杯白开水,并为客人送上别致的康乃馨,一如既往地为客人送上自己真心关怀与真诚问候。一周很快过去了,客人要走了。临走前特意找到小彭,主动攀谈起来:"小彭呀,我这几天一直忙于工作,其实对于你们细心周到的照顾和关注我一直铭记在心,非常感谢你为我做的一切,这是100元人民币,请收下吧!"小彭说什么也不接,并对客人说:"我们的服务能得到您的肯定和赞扬,这就是您给我们的最大回报，欢迎您下次再来。"听了这句话，客人露出了难得的一笑。

（资料来源 http://www.docin.com/p-837869720.html）

案例中的客人性格内向，感情不外露，小彭对症下药，最终换来了客人的笑脸。个性是影响旅游者旅游活动的主要因素之一，作为旅游从业人员，要善于分析旅游者的个性特点，有针对性地提供服务。

第一节 气质与旅游活动

一、气质概述

（一）气质概念

"气质是一个人心理活动的稳定的动力特征。"[①]心理活动的动力特征主要指心理过程的强度和心理活动的指向性等方面的特点。比如有的人情感表现强烈，难过起来痛不欲生，悲伤起来撕心裂肺，高兴起来欢呼雀跃，幸福起来欣喜若狂；有的人情感表面平稳，内心却激荡不安；有的人情感变化幅度大，方才满面笑容，转眼就怒不可遏；有的人情感变化幅度小，积极和消极之间没有一个明显的过渡。在言语和行为的表现方面也有差异。有人说话粗声大气；有人说话则柔声细语；有的人行动敏捷灵活，有的人行动迟缓笨拙；有的人行为粗犷有力，有的人行为斯文轻盈。凡此种种，不一而足。人们这些差异很大的特点，都是气质特征的表现。

日常生活中所说的"秉性、性情、脾气"等都是气质的通俗说法。气质影响个体活动的一切方面。具有某种气质的人，在内容完全不同的活动中显示出同样性质的动力特征，它仿佛使一个人的整个心理活动都涂上个人独特的色彩。气质是描绘一个人在获取其目标时如何行动的"风格与节奏"，但气质不能决定人的社会价值，也不直接具有社会道德评价含义。如一个人的活泼与稳重不能决定他为人处世的方向，任何一种气质类型的人都既可以成为品德高尚、有益于社会的人，也可以成为道德败坏、有害于社会的人。气质也不能决定一个人的成就，任何气质的人只要经过自己的努力都能在不同实践领域中取得成就，同样，也可能成为平庸无为的人。心理学研究表明：人生下来就表现出某些气质特征。有些婴儿安静、平稳、害怕陌生人；有些婴儿好动、喜吵闹、不害怕陌生人。俗话说"江山易改，禀性难移"。一个人的气质类型和气质特征是相当稳定的。托马等人发现，在许多儿童中这些气质的原始

[①] 张树夫.旅游心理学[M].北京：高等教育出版社，2010.

特征往往在随后的20多年发展阶段中保持着。但是,气质又不是一成不变的,气质在生活和教育条件影响下发生着缓慢的变化,以适应社会实践的要求。可见,气质既有稳定的一面,又有可塑性的一面,是稳定性和可塑性的统一。

(二) 气质学说

人的气质受到普遍的关注。许多学者探讨了气质问题。学者们在定义气质时各有所侧重。有的着重个体的情绪方面,有的强调气质的生理因素,还有的重视个体在动作反应上的特征。下面介绍几种有影响力的气质学说观点。

1. 气质阴阳说

中国战国秦汉时期的《黄帝内经》中虽然没有直接提出"气质"一词,但在医学理论中包含着丰富的有关气质的论述。《黄帝内经》根据人体阴阳之气的比例将人分为太阴之人、少阴之人、太阳之人、少阳之人、阴阳平和之人;还运用五行学说将人分为木、火、土、金、水五种类型,再根据五行划分出一个主型和四个亚型,共得出二十五种类型。阴阳五态人和阴阳二十五型人的分类,不仅是观察的结果,而且也是我国古代哲学原理的发挥,就其内容的丰富和细致来说,完全可以与西方气质理论相媲美。

2. 气质体液说

古希腊医师希波克拉底的体液说认为人体内有四种液体:黏液、黄胆汁、黑胆汁、血液。这四种体液的配合比例不同,形成了四种不同类型的人。约500年后,古罗马医师盖仑进一步确定了气质类型,提出人的四种气质类型:胆汁质、多血质、黏液质和抑郁质。

德国哲学家康德认为,气质首先可以划分为感情的气质和行动的气质,每一种气质又可以与生命力的兴奋和松弛相联结而进一步分为四种单纯的气质:多血质的人是开朗的,抑郁质的人是沉稳的,胆汁质的人是热血的,黏液质的人是冷血的。

德国心理学家冯特以感情反应的强度和变化的快慢为基础,把气质分为四种:感情反应强而变化快的是胆汁质,感情反应弱而变化快的是多血质,感情反应强而变化慢的是抑郁质,感情反应弱而变化慢的是黏液质。

3. 气质体型说

德国精神病学家克瑞奇米尔按人的体格类型把气质分为三种:矮胖型的人,外向而容易动感情;瘦长型的人,内向而孤僻;强壮型的人则介于两者之间。

4. 气质血型说

日本的古川竹二根据血型把人的气质划分为A型、B型、O型和AB型四种。A型气质的人内向、保守、多疑、焦虑、富感情、缺乏果断性、容易灰心丧气;B型气质的人外向、积极、善交际、感觉灵敏、轻诺言、寡信、好管闲事;O型气质的人胆大、好胜、喜欢指挥别人、自信、意志坚强、积极进取;AB型气质的人,兼有A型和B型的特征。但是,许多学者认为这种理论没有多少科学根据。因此,气质与血型关系问题是个有争议和需要进一步研究的问题。

5. 气质调节说

波兰心理学家斯特里劳在巴甫洛夫学说的基础上,引入活动理论,又吸收了唤醒与激活研究的成果,从整体活动来探讨气质,提出了"气质调节理论"。他认为,气质是生物进化的产物,但又受环境的影响而发生变化。气质在人的整个心理活动中,在人与环境的关系中起着调节作用。他指出,气质可以在行为的能量水平和时间特点中表现出来。反应性和活动性是两个与行为能量水平有关的气质基本维度,它们对有机体起着重要的调节作用。

二、气质的生理基础

气质的生理基础是十分复杂的。气质不仅与大脑皮层的活动有关,而且与大脑皮层下的活动有关;气质不仅与神经系统的活动有关,而且与内分泌腺的活动有关。研究表明,整个人的身体组织都影响着一个人的气质。因此,不能把气质与高级神经活动类型等同起来,也不能以个体的某种生理亚系统(体液、体型、神经活动)作为气质的生理基础。但是,一般认为,高级神经活动类型与气质的关系较为直接和密切,高级神经活动类型是气质主要的生理基础。苏联生理心理学家巴甫洛夫用高级神经活动类型说解释气质的生理基础。他依据神经过程的基本特性,即兴奋过程和抑制过程的强度、平衡性和灵活性,将气质划分为四种类型。

兴奋过程和抑制过程的强度,是大脑皮层神经细胞工作能力或耐力的标志,强的神经系统能够承受强烈而持久的刺激。研究表明:在一定限度内,强刺激引起强兴奋,弱刺激引起弱兴奋。但是,刺激很强时,并不是所有的有机体都能以相应的兴奋对它发生反应,兴奋过程强的人,对很强的刺激仍能形成和保持条件反射;兴奋过程弱的人,对很强的刺激不能形成条件反射,并抑制和破坏已有的条件反射,甚至会导致中枢神经系统的病变。

神经过程的平衡性是指兴奋过程和抑制过程的强度是否相当,二者力量大体相同是平衡,否则是不平衡。不平衡又可分为两种情况:一种是兴奋过程相对占优势,一种是抑制过程相对占优势。

神经过程的灵活性是指个体对刺激的反应速度以及兴奋过程和抑制过程相互转换的速度。能迅速转化是灵活的,不能迅速转化则是不灵活的。

人与人之间在兴奋和抑制的灵活性上也存在差异,有人灵活性强,有人灵活性弱。实验表明:神经过程灵活性强的动物能够较顺利和迅速地将阳性条件反射改造为阴性条件反射,或者把阴性条件反射改造为阳性条件反射,或者把已有的动力定型改造为新的动力定型。在阳性刺激后紧接着出现阴性刺激,或者在阴性刺激后紧接着出现阳性刺激。神经过程灵活性强的动物也能以相应的反射来分别应答,但神经过程灵活性弱的动物就会发生困难,引起反射活动的混乱及大脑皮层机能的失调。

根据巴甫洛夫对神经系统特点的研究,结合古希腊医师希波克拉底对气质的划分类型,现代的气质学说将气质划分为典型的四种,即胆汁质、多血质、黏液质、抑郁质。它们的特征分别如下:

胆汁质(兴奋型):神经过程强而不平衡,感受性弱,耐受性强。情绪体验强烈、迅速,易冲动,急躁,心境变化剧烈,不善于控制自己。理解问题有粗枝大叶、不求甚解之倾向。在行动上生气勃勃,工作表现得顽强有力。概括地说就是,精力旺盛、表里如一、刚强、易感情用事,整个心理活动笼罩着迅速而突发的色彩。

多血质(活泼型):神经过程强而平衡,灵活,感受性较弱,耐受性较强。情绪易表露,也易变化,较敏感,思维灵活,反应迅速,但往往不求甚解;行动迅速,对工作表现有热情,想参加一切活动,但劲头不足,对环境易适应;喜交往,但兴趣情绪易转移。概括地说就是,多血质以反应迅速、有朝气,活泼好动、动作敏捷、情绪不稳定、粗枝大叶为特征。

黏液质(安静型):神经过程强,平衡而不灵活,感受性弱。心情比较平静,变化缓慢,心平气和,不易发出强烈的不安和激情。喜沉思,细考虑,能坚定执行已做出的决定,不慌不忙地去完成工作,往往对已习惯的工作表现出极大的热情,而不易习惯于新工作。概括地说就是,黏液质是以稳重、踏实但灵活性不足,较死板、沉着冷静但缺乏生气为特征。

抑郁质(弱型):神经过程弱,不平衡,不灵活,感受性强,耐受性弱。对事物有较高的敏感性,能体察到一般人所觉察不出的事,其情感体验很强烈,如果有什么波折体验,会感到很痛苦,并经久不息,很少表现自己,尽量摆脱出头露面的活动,动作缓慢、单调、深沉、执拗,不爱与人交往,有孤独感。概括地说就是,抑郁质的人以敏锐、稳重、体验深刻、外表温柔、怯懦、孤独、行动缓慢为特征。

在现实生活中,典型的气质类型人占少数,多数人属于以某种气质为主,兼有其他气质类型。如多血-黏液质、胆汁-多血质等。根据组合的规律,由四种典型气质类型可组合出十五种气质类型。

三、旅游者的气质与行为倾向

同步案例 剧院前的争吵

苏联心理学家达维多娃曾用一个故事形象地描述了四种典型气质类型的人在同一情景中的不同行为表现:

有四个不同气质类型的人上剧院看戏,但是都迟到了。急躁性的人和检票员争吵,企图闯入剧院,他辩解说是剧院里的钟表走快了,他进去看戏不会影响别人。据理力争,并且企图推开检票员进入剧院。活泼型的人立刻明白了检票员是不会放他进入剧场的,但是通过楼厅进场容易,就跑到楼上去了。稳重型的人看到检票员不让他进入剧场,就想:"第一场可能不太精彩,我到小卖部等一会儿,幕间休息时再进去。"忧郁型的人想:"我总是运气不好,偶尔看一次戏,就这样倒霉。"接着就回家去了。

(资料来源 http://blog.lyge.cn/wgyln/archives/350026.aspx)

问题:四种不同气质类型的人性格特点如何?

分析提示:根据气质的特征以及行为的表现,我们可把旅游者的气质特征划分为急躁型、活泼型、稳重型和忧郁型。气质不同,人们对旅游活动的选择倾向不同。

多血质(活泼型)和胆汁质(急躁型)气质类型的人,会较多地选择活动性强、有变化、新鲜奇异甚至带有探险性质的旅游活动。通过调查发现:具有胆汁质、多血质气质类型的旅游者,活跃、好奇心强、爱交际,和任何人都能交往;喜欢内容新颖、方式奇特的活动内容;喜欢探询异地的风土人情,喜欢新鲜的经历。只是,胆汁质类型的旅游者较多血质类型的旅游者冒险性更强。胆汁质、多血质类型的旅游者认为假期不能只是休息、疗养,而应该摆脱刻板

的日常生活,有全新的活动内容,体验更丰富多彩的人生经验。这类旅游者往往被不同文化的美术馆、博物馆、音乐会、传统戏剧和民俗风情所吸引,喜欢乘坐飞机、租赁汽车,乐于接触不熟悉的人和事,对陌生的文化有强烈的兴趣;并且对旅游日程和内容只愿意做一般的安排,乐于留有余地,表现出较大的灵活性。这类旅游者认为旅游活动应随时接触新的、可能难以预计的事物,在陌生而复杂的地方获得丰富多彩的旅游乐趣和旅游享受;此外,他们的行为特征往往使他们成为新的旅游景区的发现者和宣传者。针对这种类型的旅游者,旅游商品和宣传都必须围绕一个"新"字做文章。

　　黏液质(稳重型)和抑郁质(忧郁型)气质类型的人,大多数会选择安全舒适、活动性不太强、与自己原有的生活环境相差不大而有一定熟悉感的旅游活动。乐于选择正规的旅游设施和低活动量的旅游项目;喜欢日光浴和家庭式的气氛、熟悉的娱乐活动,并且喜欢自己开车前往旅游点,事先准备好齐全的旅行用品;希望全部旅游日程能事先安排好,希望所有活动都在计划之中。喜欢与熟人在一起旅游,尤其是抑郁质类型的人,常因是否有较熟悉或较满意的伴友而转移选择目标。黏液质、抑郁质气质类型的旅游者一般不先于别人做出选择,而是待别人决定之后再斟酌,大多数情况下会依从别人的意见。喜欢海水、森林、草地等和谐幽雅的环境,不大喜欢冒险,尤其是抑郁质类型的旅游者,行路前,总要把许多事情整理安排妥帖才行。他们一般会选择环境优美、幽雅宁静、气候宜人和具有保健功能的地方。希望旅游活动能够充分休息、娱乐而且安全。喜欢清新的空气、明媚的阳光、钓鱼以及其他户外活动。那些户外活动条件较好的、适宜于全家度假的幽静的湖滨、海岛、山庄等旅游景区,对这类旅游者的吸引力非常大。针对这类旅游者,旅游景区在开发建设、设计服务方式和宣传促销时,应注意利用幽静的户外活动,设计可以让全家一起度假、有利于孩子的教育、能充分休息和健身的项目,去吸引他们做出旅游决定。

第二节　性格与旅游活动

一、性格概述

(一)性格的概念

　　"性格"一词来源于希腊文,原为雕刻的意思,后来转意为印刻、标记、特性。广义指人或事物互相区别的特性。我国心理学界把性格理解为一个人对现实稳定的态度和习惯化了的行为方式中所表现出来的个性心理特征。比如诚实或虚伪、勇敢或怯懦、谦虚或骄傲、勤劳或懒惰,果断或优柔寡断等都是人的性格特征。

> **同步思考**
>
> 法国著名作家巴尔扎克在《欧也妮·葛朗台》中对人性的描写:"索漠城里的人相信葛朗台家里有一个私库,一个堆满金路易的密窟,说他半夜里瞧着累累的黄金,快乐得无法形容。""他从来不说一声是或不是,也从来不把黑笔落在白纸上。人家跟他说话,他冷冷地听着,右手托着下巴颏儿,肘子靠在左手背上,无论什么事,他一旦拿定了主意,永远不变。一点点小生意,他也得盘算半天。经过一番钩心斗角的谈话之后,对方自以为心中的秘密保守得密不透风,其实早已吐出了真话,他却回答到'我没有跟太太商量过,什么都不能决定。'给他压得像奴隶般的太太,却是他生意上最方便的遮身牌。""那时葛朗台刚刚跨过七十六个年头、两年以来,他更加吝啬了。正如一个人一切年深月久的痴情与癖好一样。根据观察的结果,凡是吝啬鬼、野心家、所有执著一念的人,他们的感情总特别灌注在象征他们痴情的某一件东西上面。看到金子,占有金子,便是葛朗台的执著狂。"
>
> 问题:上述描写刻画了葛朗台什么样的性格?
> 答:奸诈、阴险、贪婪、吝啬、没有人情味的典型性格。

性格是在现实生活中形成的。它反映着基本生活倾向并表现在该个体所特有的行为方式上。中国有句古话"积行成习,积习成性,积性成命"。性格表现了一个人的品德,并受人的价值观、人生观、世界观的影响,如有人大公无私,有人自私自利;有人刚正不阿,有人奸诈虚伪;有人干净整洁,有人懒惰肮脏;有人独立性强,有人依赖性强等。另外,勇敢、怯懦、情绪稳定或波动大,思维严谨或草率等,都是关于性格的描述。再比如,爱整洁、家庭观念强、喜欢舒适安宁的人,一般喜欢选择环境优美的地方,参与钓鱼、野营、日光浴、海水浴等轻松的活动。

人的性格并不是一朝一夕形成的,但一经形成就比较稳定,并且贯穿于他的全部行动之中。研究表明:性格是人在实践活动中,在与客观世界相互作用的过程中形成和发展起来的。客观事物的各种影响通过主体的心理活动在个体的反映机构中保存下来,构成一定的态度体系,并以一定的形式表现在个体的行动之中,构成个体所特有的行为方式,如上文中葛朗台的性格足以说明这一点。人的性格不仅在类似情境中,甚至在不同的情境中都会表现出来。因此,个体一时性的偶然表现不能认为是他的性格特征,只有经常的、习惯性的表现才能认为是他的性格特征。比如,一个人经常表现得很勇敢,偶尔表现出怯懦,那么不能认为他具有怯懦的性格特征,他的性格特征是勇敢。又如,一个人在某种特殊的情况下,一反机敏的常态,表现得呆板,那么也不能认为呆板是他的性格特征,他的性格特征是机敏。性格是在主体与客体的相互作用过程中形成的,同时又在主体与客体的相互作用过程中发生缓慢的变化。

(二) 性格和气质的关系

性格和气质都是人的个性心理特征,理学家把性格和气质都包含在人格之中,它们的关系十分密切,在西方,许多心理学家一般认为,性格和气质既有区别又紧密联系。

气质是个体心理活动的动力特征,与性格相比,气质受先天因素影响较大,并且变化比较缓慢;性格主要是在后天形成的,是在先天神经类型特点与生活经验影响下神经系统所形成的暂时神经联系(动力定型),具有社会性,变化较容易。气质是行为的动力特征,与行为的内容无关,因此气质无好坏善恶之分;性格涉及行为的内容,表现个体与社会的关系,因而有好坏善恶之分。

性格和气质相互渗透,彼此制约。气质的生理基础是高级神经活动类型特征,它更多地体现神经系统基本特征的自然影响,因而气质特征一出生就表现出来,如有些婴儿爱哭,有些婴儿爱笑。孩子早期表现出来的气质特征会影响父母或养育人对待孩子的行为方式,从而影响孩子性格的形成。气质按照自己的动力特点,影响性格的表现方式,使性格"涂上"一种独特的色彩。比较明显的是在性格的情绪性和表现速度方面。比如,同是具有勤劳性格特征的人,多血质的人表现为情绪饱满、精力充沛;黏液质的人表现为操作仔细,踏实肯干等。气质还影响性格形成和发展的速度以及动态。比如,黏液质和抑郁质的人比多血质和胆汁质的人更容易形成自制力的性格特征。

性格可以在一定程度上掩盖或改造气质,使之符合社会实践的要求,比如,从事细致操作的外科医生应该具有冷静沉着的性格特征,在职业训练过程中有可能掩盖或改造容易冲动和不可遏止的胆汁质气质特征。具有不同气质类型的人可以形成同样的性格特征;具有同一气质类型的人也可以形成不同的性格特征。

二、性格的结构特征与动力分析

(一)性格的结构特征

一般来说,性格的结构特征可以划分为以下四个方面:

1. 对现实的态度特征

对现实的态度特征,指人在处理各种社会关系方面表现出来的特征,包括以下几个方面。

(1)对社会、集体和他人态度的特征。

如公而忘私或假公济私、忠心耿耿或三心二意、善于交际或行为孤僻、热爱集体或自私自利、礼貌待人或简单粗暴、正直或虚伪、富有同情心或冷酷无情等。

(2)对工作和学习的态度特征。

如勤劳或懒惰、认真或马虎、富有创造性或墨守成规等。

(3)对自己的态度。

如自信或自卑、严于律己或宽以待己等。

以上几方面都是相互联系的。

2. 性格的情绪特征

性格的情绪特征,是指人在情绪活动时在强度、稳定性、持久性和主导心境等方面表现出来的特征。主要包括以下几个方面。

(1)情绪强度特征。

表现为个人受情绪影响程度和情绪受意志控制的程度。比如,有人情绪体验比较微弱,表现较为平静;有人情绪体验比较强烈,难以用意志控制。

(2) 情绪稳定性特征。

表现为情绪起伏波动的程度。比如,有人不论在成功或失败时,情绪都比较平静,对情绪的控制也比较容易;有人成功时沾沾自喜,失败时则垂头丧气,对情绪的控制也比较困难。

(3) 情绪持久性特征。

表现为个人受情绪影响时间长短的程度。例如,有人遇到愉快的事,当时很高兴,事后很快恢复平静;有人畅快的情绪则持续很久。

(4) 主导心境特征。

主导心境特征表现为不同的主导心境在一个人身上表现的程度,比如,有人经常愉快,有人经常忧伤;有人受主导心境支配的时间长(主导心境稳定性大),有人受主导心境支配的时间短(主导心境的稳定性小)。

3. 性格的理智特征

性格的理智特征,是指人在认知过程中表现出来的特征。人的认知活动特点与风格称为性格的理智特征。主要包括以下几个方面。

(1) 感知方面的性格特征。

比如在感觉和知觉方面属于主动观察型或被动观察型、记录型或解释型、罗列型或概括型、快速型或精确型等。

(2) 记忆方面的性格特征。

比如人在记忆方面属于主动记忆型或被动记忆型、直观形象记忆型或逻辑思维记忆型;在记忆上有快慢之分、在保持上有长短之分等。

(3) 想象方面的性格特征。

如人在想象方面属于主动想象型或被动想象型、幻想型或现实型等。

(4) 思维方面的性格特征。

比如独立型或依赖型、分析型或综合型等。

4. 性格的意志特征

性格的意志特征,指个体在对自己行为的调节方式和水平方面的特征。包括以下几个方面。

(1) 是否明确自己行为目的的特征。

比如目的性或盲目性、独立性或易受暗示性、纪律性或散乱性等。

(2) 对行为的自觉控制水平的特征。

比如主动性或被动性、有自制力或缺乏自制力等。

(3) 在长期工作中表现出来的特征。

比如恒心、坚韧或见异思迁、虎头蛇尾等。

(4) 在紧急或困难情况下表现出来的特征。

比如勇敢或怯懦、沉着镇定或惊慌失措、果断或优柔寡断等。

在以上四个方面的性格特征中,最主要的是性格的态度特征和性格的意志特征,其中又以性格的态度特征最为重要。因为它直接体现了一个人对事物所特有的、稳定的倾向,也是一个人的本质属性和世界观的反映。

性格的上述各个方面的特征并不是孤立的,而是相互联系着的,在个体身上结合为独特的统一体,从而形成一个人不同于他人的性格。这正是"性格"一词的本来含义。

(二)性格结构的动力特征分析

性格特征不是孤立地、静止地存在着的,而是相互联系、相互制约和相互作用,构成为一个统一的整体。在各种不同场合中,各种性格特征又有不同的结合,所有这些性格都具有动力的特性,具体表现为以下几个方面。

1. 各种性格特征之间存在着一定的内在联系

由于性格特征之间存在着内在联系,因此性格是一个统一的整体。人们有时还可以根据某人的一些性格特征去推知他的其他方面的性格特征。比如,对待工作的态度特征方面表现出勤劳、认真的人,一般在性格的理智特征方面表现出主动观察和认真分析的特征;在性格的情绪特征方面表现出平静和容易控制的人,在性格的意志特征方面表现出目的性和自制性等特征。

2. 各种性格特征在不同场合有不同的结合

性格具有稳定性,但并不意味着人在一切场合下都以同一模式一成不变地表现。美国著名的人格心理学家奥尔波特指出,人格特质除具有概括性和持久性外,还具有焦点性,即它与现实的某些特殊场合联系着,只有在特殊的场合和人群中才会表现出来。比如,一个攻击性强的人,不会在任何场合下对任何人都产生攻击行为,对他亲爱的朋友一般不会攻击。一个人在一定场合下,可以着重显露其性格的某一个侧面;在另一种场合下,可以着重显露其性格的另一个侧面。鲁迅先生说:横眉冷对千夫指,俯首甘为孺子牛。雷锋说:对待同志要像春天般的温暖,对待工作要像夏天一样的火热,对待个人主义要像秋风扫落叶一样,对待敌人要像严冬一样残酷无情。这些都是最好的证明。

性格在不同场合,以不同的侧面表现,不仅不能说明人类性格的分裂,反而说明人类性格的丰富性和真实性。由于性格在不同的场合会有不同的表现,这就要求我们在多种场合下,在各种不同的环境中多方面去考察一个人的性格。只有这样才能洞察一个人的性格全貌,发掘他的"内在性格"。

3. 性格的可塑性

性格是稳定的,但又不是一成不变的。它在主客观的相互作用中形成,又在主客观的相互作用中发生变化。比如,一个在家庭中遭到过分溺爱的孩子,养成了一些不良的性格特征,但进入幼儿园后,过上了集体生活,接受了良好的教育,不良的性格特征就可能逐渐得到改变。又如,生活中遭受了重大挫折可以使人的性格发生变化。性格的变化在很大程度上又取决于个人的主观努力。一般地说,儿童性格容易受环境影响,而成人性格趋于稳定,不易受环境影响。但成人可以通过主动的自我调节来塑造自己的良好性格特征,克服不良的性格特征。

三、性格类型学说

关于性格类型的研究学说较多,从大的方面划分,有性格的类型论和性格的特质论两种主要的理论。

类型论坚持用人的一种或少数几种主要的特质来说明人的性格;特质论同时用人的多种特质来说明人的性格。比如,类型论说某人是一个内向的人;特质论则说其人是沉静、较孤僻和处事谨慎的人。类型论是一种性格分类的理论,特质论是一种性格分析理论。现列出几种较为典型的学说观点。

(一) 性格的类型说

1. 我国古代学者孔子对性格的分类

春秋战国时期,第一个讲性格的应该是孔子。孔子说"性相近也,习相远也",意思是人性是在先天"相近"的自然本性的基础上,由于后天习得而发展起来的不同的社会本性。孔子把人的性格划分为"中行"、"狂者"和"狷者"三种类型。"狂者"进取,敢作敢为;"狷者"拘谨,什么事都不大肯干;"中行"介乎两者之间,是所谓"依中庸而行"的人,相当于中间型。孔子认为,中行性格最好,既不过分进取,也不过分拘谨。

2. 斯普朗格的类型论

德国教育家和哲学家斯普朗格用价值观来划分人格类型。他认为,社会生活有六个基本领域,即理论、经济、审美、社会、权力和宗教。人会对这六个基本领域中的某一个领域产生特殊的兴趣和价值观。据此,他将人的性格划分为六种类型:理论型、经济型、审美型、社会型、权力型和宗教型。这些类型是理论(理想)的模型,具体的个人通常是主要倾向于一种类型并兼有其他类型的特点。比如:理论型的人以追求真理为目的,认识成为精神生活的主要活动,情感退到次要地位,总是冷静而客观地观察事物、关心理论,力图把握事物的本质。对实用和功利缺乏兴趣,碰到实际问题时往往束手无策,缺乏生存竞争能力。经济型的人以经济观点看待一切事物,把经济价值提高到一切价值之上,以实际功利来评价事物的价值,重视人的能力和资历。审美型的人以美为最高人生的意义,对实际生活不大关心,总是从美的角度来评价事物的价值。社会型的人重视爱,以爱他人为人生的最高价值,有献身精神,有志于增进他人或社会福利。权力型的人重视权力,并努力去获得权力,凡是他所做的均由自己决定,有强烈的支配和命令他人的欲望。宗教型的人坚信宗教,生活在信仰中,总感到上帝的拯救和恩惠,他们富有同情心,以慈善为怀,以爱人爱物为目的。

3. 弗洛姆的类型论

德国出生的美国心理学家弗洛姆是当代新弗洛伊德主义的理论权威,精神分析社会文化学派的主要代表。他把性格分为两个部分:社会性格和个人性格。社会性格是性格结构的核心,为同一文化群体中一切成员所共有;个人性格是同一文化群体中各个成员之间行为的差异。人的性格主要是由社会性格所决定,在此基础上才表现出个人性格的差异。他指出,个人性格是由气质和体格受生活经验的影响所决定的。弗洛姆把文化与经济、政治、社会意识形态等结合起来,强调社会中的大的切面对性格的影响。弗洛姆将人类的性格划分为两大类型:生产的倾向性和非生产的倾向性。生产的倾向性是健康的性格;非生产的倾向性是不健康的和病态性格。一个人的心理是否健康,取决于个人身上积极的和消极的性格特征的比例。

4. 霍兰的类型论

美国职业指导专家霍兰提出性格-职业匹配理论。他认为,学生的性格类型、学习兴趣和将来的职业准备密切相关。人们在不断地寻求能够获得一技之长且发展自己兴趣的职业,经过几十年的研究和上百次的实验,他提出了系统的职业指导理论。他把人类的性格划分为六种类型:社会型、理智型、现实型、文艺型、贸易型和传统型。每一个人可以主要划为一种性格类型,每一种性格类型的人对相应的职业感兴趣。比如社会型的人具有爱好社交、活跃、友好、慷慨、乐于助人、易合作和合群等性格特征,适合从事社会工作,以及教师、护士等工作;理智型的人具有好奇、善于分析、精确、思维内向、富有理解力和聪明等性格特征,适合从事自然科学工作、电子学工作和计算机程序编制等方面工作;现实型的人具有直率、随和、重实践、节俭、稳定、坚定和不爱社交等性格特征,适合从事农业、制图、采矿、机械操作等方面工作;文艺型的人具有感情丰富、想象力丰富、富有创造性等性格特征,适合从事文学创作、艺术、雕刻、音乐、文艺评论等方面工作;贸易型的人具有外向、乐观、爱社交、健谈、好冒风险、支配和喜欢领导他人等性格特征,适合董事长、经理、营业部主任、营业员和推销员等工作;传统型的人具有务实、有条理、随和、友好、拘谨和保守等性格特征,适合办公室工作、秘书、会计、打字员和接线员等。

霍兰认为,如果职业类型与性格类型相重合,个人会感兴趣和有内在的满足,并能发挥自己的聪明才智;如果职业类型与性格类型相近,个人经过努力,也能适应并做好工作;如果职业类型与性格类型相斥,个人对职业毫无兴趣,不能胜任工作。

5. 培因的类型论

英国心理学家培因根据个体的智力、情绪、意志三种心理机能何者占优势来确定性格类型,他把人的性格类型划分为理智型、情绪型和意志型。理智型的人以理智支配行动,依理论思考而行事;情绪型的人不善于思考,凭感情办事;意志型的人目的明确,主动地追求未来的憧憬。此外,还有一些中间类型,比如理智-意志型等等。

6. 荣格的内、外倾型理论

瑞士心理学家荣格认为人在与周围世界发生联系时,人的心灵一般有两种指向:一是指向个体内在世界,叫内倾;另一种是指向外部环境,叫外倾。具有内倾性格特点的人一般比较沉静、富于想象、爱思考、退缩、害羞、敏感、防御性强;而具有外倾性格特点的人则爱交际、好外出、坦率、随和、轻信、易于适应环境。内倾和外倾实际上是个连续体,而不是各自独立的两个极端。大多数人处于内倾和外倾这一连续体中的某一位置上,绝对内倾或绝对外倾的人并不多见。

(二) 性格的特质论

1. 奥尔波特的特质论

美国心理学家奥尔波特是现代个性心理学的创始人之一,也是性格特质论的创始人。他认为,性格由许多特质所组成,特质是一种神经心理结构,特质除了反应刺激产生行为外,还能够主动地引导行为,使多种刺激在机能上等值起来,使反应具有一致性,即不同刺激能导致相似的行为。比如,具有谦虚特质的人,对不同的情境会做出类似的反应;相反,具有不同特质的人,对同一个刺激物,反应也会有所不同。一个具有谦虚特质的人和一个具有骄傲特质的人对客人的态度是不同的。

奥尔波特对特质进行了分类,他把特质分为共同特质和个人特质。共同特质是指同一文化形态下群体都具有的特质。它是在共同的生活方式下形成的,并普遍地存在于每一个人身上。共同特质被认为是一种概括化的性格倾向。个人特质为个人所独有,代表个人的性格倾向。奥尔波特认为,世界上没有两个具有相同特质的个人,只有个人特质才能表现个人的真正特质。

2. 卡特尔的特质论

英国出生的美国心理学家卡特尔是用因素分析法研究特质的著名代表人物。他认为，共同因素是人类所有社会成员所共同具有的特质，独特特质是指单个个体所具有的特质。卡特尔的主要贡献在于把许许多多的特质划分为表面特质和根源特质。卡特尔认为，表面特质直接与环境接触，常常随环境的变化而变化，是从外部可以观察到的行为；根源特质隐藏在表面特质的后面，深藏于人格结构的内层，它是制约表面特质的潜在基础，是人格的基本因素，是建造人格大厦的砖石。

卡特尔认为，根源特质各自独立，相关极小，并且普遍地存在于各种不同年龄的人和不同社会环境的人身上。但是，各个根源特质在每个人身上的强度是不同的，这就决定了人与人之间在性格上的差异。卡特尔及其同事经过长期的研究，确定十六种根源特质，并据此编制了十六种个性因素问卷，成为国际上通用的个性问卷。

3. 吉尔福特的特质论

吉尔福特指出，各个特质最后组成一个阶层式结构。在这个结构中，最基层的特质叫做基倾。一个基倾是个体在少数情景中表现某种一致性行为的倾向，例如，喜欢参加宴会、喜欢参加舞会等。中间一层叫基本特质，它位于基倾之上，每一个基本特质都是几种基倾的共同元素，因此涉及的范围比基倾要广很多。例如，社会性就是一种基本特质，而喜欢某种社交场合则是一种基倾。最高一层叫类型，它位于基本特质之上。在吉尔福特看来，类型就是涉及范围极广的特质。因此，一个人可以同时具有几种类型，每一种类型是多种基本特质的共同元素。

> **知识活页**
>
> **美国心理学家吉尔福特将人的性格分为12种特质**
>
> (1) 抑郁质（是否忧郁，容易悲伤）；
>
> (2) 循环性（情绪是否容易变化、不稳定）；
>
> (3) 自卑感（自卑感的大小）；
>
> (4) 神经质（是否容易担心某种事情或容易烦躁）；
>
> (5) 主观性（是否容易空想、过敏而不能入睡）；
>
> (6) 非合作性（是否信任别人、与社会协调）；
>
> (7) 攻击性（是否不倾听别人的意见而自行其是，是否爱发脾气、有攻击性）；
>
> (8) 活动性（是否开朗、动作敏捷）；
>
> (9) 乐天性（开朗还是不开朗）；
>
> (10) 思维外向性（是否喜欢沉思、愿意反省）；
>
> (11) 支配性（是否能当群众的领袖）；
>
> (12) 社会外向性（是否善于交际）。
>
> 在12种特质中，第1—4种特质是情绪稳定性的指标，第5—7种特质是社会适应性指标，第8—12种特质是向性指标。

四、性格的性别差异与双性化性格特质

(一) 性格性别差异的理论研究

人类是由男女两性共同组成的一个自然整体,从生物学的角度看,男女是有区别的。比如在解剖学上女人有两个相同的性染色体(XX),而男人有两个不同的性染色体(XY)。内分泌方面也有区别:男女虽然都分泌雄性激素和雌性激素,但在男人身上雄性激素所占比例较大,而女人身上雌性激素所占比例较大。由于激素既影响身体的发育,又影响某些行为方式,所以男人在身高、体重、体毛生长等方面都超过女人,力气也比女人大,身体结构及外表与女人也不一样。

从心理学的角度看,男女之间在个性特征方面是否也有差异?如果有,这些差异是先天的还是后天的?这个问题引起了心理学家、社会学家、生物学家等的广泛关注。早在100多年以前,达尔文在《人类的由来》一书中表明女子心理倾向与男子不同,显得更为温柔和不那么自私。在中国古代文化观念中一直认为"男优女劣、男尊女卑"。因此,男人的个性应该是勇敢、坚强、独立、进攻性强、雄心勃勃;而女人应该是柔弱、依赖性强、自信不足、没有野心与雄心。

同步案例 嘉姆布利族部落的男女

在一个叫嘉姆布利族的部落里,男女性别角色规范和我们现在的社会正好相反,这个部落的男人喜欢聊天,搬弄是非,喜欢布娃娃,每天总要花好多时间梳妆打扮,从头到脚缀满饰物是男子的特权,感情极其脆弱。而他们的妻子却"汉子气"十足,注重实际,精于生计,担负着渔猎农耕及家计、育儿、社交等活动,在经济生活中占据着十分重要的地位。女性主动求婚并鉴赏男子的竞技和演技,以此作为选择伴侣的标准。

(资料来源 http://nuoha.com/www/book/chapter.aspx?cid=15357403)

问题:上述案例说明了什么?

分析提示:男性或女性的人格特征并不依赖于生物学的性差异,而是特定社会文化条件的一种反映。

许多心理学家对于性别特征也做了大量研究,形成了一些理论体系,其理论主要有性别形成的心理分析理论、社会学习理论、认知发展理论等。

1. 心理分析理论的观点

该理论认为男女性别个性特点的形成是由于儿童时期无意中模仿和自己性别相同的成年人,特别是模仿父母的行为而产生自居作用的结果。在自居作用的过程中,男孩子抑制了本能的"恋母情结"转而认同自己的父亲,女孩子认同了母亲。孩子把以父母为代表的"准则"等纳入自我概念中,变成了自己个性的一部分。

2. 社会学习理论的观点

该理论认为儿童性别行为和态度的形成是直接"强化"的结果。当儿童学习与自己性别

类型相适应的行为时,就会受到奖励,而学习异性类型行为时就要受到惩罚。男女性别个性特征的形成是男女角色社会化的过程。男女角色的社会化是通过学校、家庭和社会的影响实现的。在儿童早期,父母会按社会对男女两性的要求塑造其个性行为,对男孩要求勇敢并能容忍其侵犯性的存在。而对女孩却加倍保护并充满柔情与温存。把男孩的哭理解为愤怒或伤心到了极点,而把女孩的哭解释为胆怯害怕。在社会化的过程中,母亲的赞扬与要求是性别角色特征学习的强化因素。另外,生活中其他同性别人的行为以及大众传媒所倡导的性别形象,也成为他们自觉学习和有意识模仿的对象。

3. 认知发展理论的观点

该理论认为男女两性性别个性特征的形成,关键在于个体对自己的性别及其活动特征的认识,是主体与外部世界在连续不断的相互作用中逐渐建立起来的一系列结构。性别角色学习在本质上是认知发展的一个方面,儿童在 4—6 岁时,就开始具备了恒常性和性别认同的基本概念,男女儿童的性别认同是儿童周围认同的组成部分。儿童对自我性别的认同决定了自己对自己和他人行为的基本评价,当这种评价与社会性别规范联系起来时,其行为便纳入各自角色的性别轨道。个体对同性性别角色的认同,是个体获得积极自我要领的一部分。男女两性性别认同的发展,不仅是外界作用的结果,也是个体自身内部动机的结果。

(二)双性化性格特征理论

对于男女性格特征差异形成的原因,心理学家、社会学家们都有自己的说法。但随着经济发展的多样化,根据性别规定的旧有分工正在不断被打破。女子受教育程度的不断提高,妇女进行社会劳动的范围的不断扩大,使男子作为唯一养家者的角色正在迅速被削弱,男子在家庭中的统治地位也随之被削弱,围绕着传统的性别角色定型化的讨论也开始分化。

20 世纪 70 年代,以贝姆为代表的一些心理学家认为,性别是一种生物学事实,是由男女的生殖能力和解剖生理特征决定的,这只是男女性别的本质,并不能决定其他。男女之间的人格特征基本是相同的。现实社会中的个体既有男性化的特征,又有女性化的特征,即指个体不仅具备男性化的个性特征,比如勇敢坚强、独立性强、进攻性强、雄心勃勃等,同时,还具备女性化的个性特征,如重感情、温柔、易同情人、感情脆弱等。像这种人格特征叫双性化人格特征。如一名男性在公司表现得勇敢、果断、独立,在家中对妻子和孩子温柔可亲、细致耐心、重视感情生活。贝姆认为,每个个体身上都既可能有女性特质也可能有男性特质。当男性特质明显高时可称之为男性化个体;当女性特质明显高时可称之为女性化个体;男性特质和女性特质都明显高时称之为双性化个体;当男性特质与女性特质都明显低时,称为未分化型个体。这样根据男性特征和女性特征程度的高低,个体可分为男性男性化、女性女性化、男性女性化、女性男性化、双性化、未分化六种人格特征。

双性化理论打破了男女两性人格特征极端分化的框框,平等地看待每一个个体,为人类正确理解男女两性个性差异提供了新的视角。

五、影响性格形成的因素

(一)遗传因素

中外心理学家对长期生活在不同环境或相同环境中的双生子的性格特征进行了研究,

发现性格的某些方面有相似之处。研究发现脑损伤或脑病变对人的性格有影响。一个额叶受损伤的人,性格会发生明显的变化:病人变得动静无常,有时爱说粗俗的话,对伙伴缺少尊敬,不能容忍约束,时而反复无常,时而犹豫不决等。这一研究说明,大脑皮层的额叶与人的性格有关。遗传因素是性格的自然前提。

(二) 环境

环境包括自然环境、家庭环境、学校教育环境、社会实践、主观因素。

自然环境包括母亲的子宫环境和地理气候等环境。研究表明:母亲的心理活动对胎儿的发育及性格的形成有很大的影响。常言道:北方人是"土性",坚硬;南方人是"水性",柔滑。"一方水土养一方人"等都说明了自然环境对性格的影响。

家庭是"创造人类性格的工厂",从出生到五六岁是人性格形成的重要阶段。因此家庭中,父母的教育态度和方式、家庭气氛和家庭成员的关系都会影响孩子性格的形成。如女孩子一出生,就给她穿花色的衣服,玩布娃娃,注重女孩的听话和逗人喜爱,这样的对待就易形成孩子的羞怯和顺从性格。即使是男孩子,如果从小过度保护或关注,不允许其冒任何风险或过度避免过分严厉的教育等,都易使孩子形成女性化特征。

在关于影响大学生性格形成的因素研究中发现:男性男性化特征较强的被试者几乎都认为小时候受父母男女性别观念影响较大;女性男性化特征较强的被试者一部分认为受母亲影响较大,其母亲男子气较强,一部分认为父母不大计较自己应像男孩还是女孩。女性女性化特征较强的被试者认为她们生来就较柔弱,父母格外呵护,父母认为这才像女孩子,文文静静,所以她们就更加柔弱了;男性女性化特征较强的被试者认为小时候体弱,较为胆怯,因此父母格外保护关注,凡事都依赖父母做主解决。双性化特征较强的被试者认为父母对他们的期望是不论男女,将来都应有所成就,要求他们既要学习好,还要有责任心,能帮助家人或他人。研究表明:双性化类型的个体会比较自由地表现男性化和女性化的行为,因此,在社会生活中自我概念更为完善,更具有灵活性和适应性。

"学校教育对学龄儿童的性格发展有重要的作用。"①因为教师具有一定的权威性,教师的品德、言行都是学生学习、模仿的榜样。教师的性格特征潜移默化地影响着学生。另外在学校的游戏生活中,男孩子总是扮演凶猛的进攻性强的角色,女孩子总是扮演弱小的、受保护的角色,这种游戏规则在潜移默化中影响着孩子性别角色的观念的形成。教师的态度也会影响学生性格的形成,比如在教学活动中,教师喜欢那些文静的、害羞的女孩子,而不喜欢那些风风火火、张扬的女孩子;喜欢那些淘气的有进攻性的男孩子,认为他们将来有出息等。长期从事某种职业或社会实践对性格的形成发展也有重要的影响。如飞行员冷静、沉着,科学家求实、严谨等。

性格是在人和环境相互作用的实践活动中形成和发展的,但任何环境都不能直接决定人的性格,它必须通过人已有的心理发展水平和心理活动才能发生作用。个体已有的理想、信念、世界观等对接受社会影响有决定性作用。因此,从某种意义上说,每个人都在塑造着自己的性格。

---

① 张树夫.旅游心理学[M].北京:高等教育出版社,2001.

六、旅游者的性格与旅游方式

前面的内容中讲了许多有关气质与性格特征的内容,我们可以总结一下:无论哪一个学派,尽管其研究的视角不同,理论依据不同,但他们都揭示了人类的一些共同特征。比如:气质与性格,具有黏液质、抑郁质特征的人,在性格的表现上基本上属于内向型,或是女性化特质(男性或女性);具有胆汁质、多血质气质特征的人基本上属于外向型,或是男性化、双性化特质(男性或女性)。这样我们可以借鉴前人的观点系统分析旅游者的性格与旅游方式。

(一)根据个性类型分析

理智型、独立型的旅游者,善于独立分析思考,思维内向、遇事镇静,出现什么意外也不慌张。这类旅游者喜欢自主型或自主团体型组织方式的旅游,喜欢不受约束地支配自己的旅游时间;或者也参加团体旅游,但只希望旅行社安排吃住行以及最重要和大众化的旅游活动就行,其他旅游活动则自己安排。他们会较多地选择具有认识和审美意义的社会文化对象或奇特的自然现象作为旅游对象,而不愿意选择单纯的娱乐或休闲性的旅游活动。

情绪型、文艺型的旅游者易被情绪所支配,易感情用事,不大计较利害得失,天真而重感情。喜欢具备多样性、趣味性的活动内容、活动方式和具有欢乐、愉快气氛及浪漫色彩的旅游。不太喜欢单纯的度假和专项旅游。

意志型的旅游者,做事目标明确,善于自我控制,一旦做出决定,不轻易改变,他们对那些目标明确、需要付出艰辛努力并能够发挥个人能力等挑战性的旅游活动感兴趣;而对漫无目标、轻而易举的旅游活动没有多大兴趣。

顺从型性格的旅游者易受暗示,经常受别人的影响,依赖性强,喜欢随大流,有意外事情时最易惊慌失措。这类旅游者喜欢参加团体旅游或旅行社组成的、有预定计划和陪同的团体旅游。

审美型的旅游者总是从美的角度来评价事物的价值。所以喜欢那些山川秀丽、风景优美的旅游地。这类主要是观光型游客。

经济型、现实型的旅游者以经济观点看待一切事物,把经济价值提高到一切价值之上,一般根据旅游价格的合理与否,旅游价值的存在与否选择旅游线路和景点。

(二)根据性格的向性分析

一般来说,内向型、女性化性格特征的旅游者喜欢选择低运动量、安全熟悉的旅游目的地,不愿意冒任何风险;喜欢正规的旅游设施,愿意选择海滨、海岛、山庄等旅游景区。希望通过旅游达到休息和松弛的目的。因此喜欢清新的空气、明媚的阳光;喜欢去狩猎、钓鱼、散步等。重视家庭生活,希望生活清静、安宁。他们生活有节制,注重饮食居住质量,从不暴饮暴食,注重身体健康。

外向型或男性化性格的旅游者活跃、外向、自信、易于接受新鲜事物,对新奇的经历感兴趣;喜欢新奇的、不寻常的旅游场所;喜欢主动与他人交往,自信,表情丰富;他们喜欢参加各种社会活动,认为旅游度假的含义不能局限于休息和放松,而应该把它看成是结交新朋友联络老朋友、扩大交往范围的良好时机。在旅游中热衷于社交活动、发表演讲、参加当地的集会或文体活动等。渴望旅游生活中出现一些意想不到的事情。喜欢远行,特别是环球旅行,喜欢到遥远的有异国情调的旅游目的地去旅游,喜欢获得新鲜经历和享受新的喜悦。每到一地都去品尝风味小吃、收集纪念品,对名胜古迹、民俗风情都有着浓厚的兴趣。他们中的一些人甚至热衷于到人迹罕至的地方进行探险旅游,对生活条件不苛求,追求新鲜感受,愿意坐飞机去旅游目的地。

在实际的旅游活动中,大多数人属于多种性格特征结合的类型,也是旅游市场上最活跃的人,在旅游项目的选择上也没有特别的区分。

第三节　能力与旅游活动

一、能力概述

(一) 能力的概念

能力是指人们成功地完成某种活动所必须具备的个性心理特征。

能力和活动紧密联系。一方面,人的能力是在活动中形成、发展和表现出来的;另一方面,从事某种活动又必须以一定的能力为前提。掌握活动的速度和成果的质量被认为是能力的重要标志。苏联心理学家克鲁捷茨基指出:如果一个人能迅速且成功地掌握某种活动,则比其他人更易于得到相应的技能和达到熟练程度,并且能取得比中等水平优越得多的成果,那么这个人就被认为是有能力的。成功地完成某种活动所需要的因素是多方面的,能力是个体成功完成某种活动的必要条件,不是充分条件。个人的知识经验、活动动机和身体健康状况等都是完成活动所必需的,所以能力是成功完成某种活动所必须具备的个性心理特征。才能与天才也是能力的表现。

才能:为了成功地完成某种活动,多种能力的完备结合称为才能。比如,数学才能包括对数学材料的迅速概括能力,运算过程中思维活动的迅速"简化"的能力,正运算过渡到逆运算的灵活性等。

天才:才能的高度发展就是天才,它是多种能力最完备的结合,使人能够创造性地完成某种或多种活动。单一的能力即使达到高度发展水平,也不能称为天才。例如,仅有非凡的记忆力不能称为天才。天才并非天生之才,它是在良好素质基础上,通过后天环境、教育的影响,加上自己的主观努力发展起来的。天才要受社会历史条件制约。社会的进步、时代的要求和实践的需要,会激发不同天才的发展。

（二）能力与知识的关系

当代心理学认为,能力和知识既有区别又有联系。

1. 区别

第一,它们属于不同的范畴。能力是人的个性心理特征,知识是人类社会历史经验的总结和概括。比如,关于音乐的概念属于知识范畴,而听音、辨音、节奏感和曲调感等属于能力范畴。又如,证明几何题时,所用的公理、定理和公式等属于知识范畴,而证题过程中思维的严密性和灵活性等属于能力范畴。第二,知识的掌握和能力的发展不是同步的,能力的发展比知识的获得要慢得多,而且不是永远随知识的增加而成正比发展。人的知识在一生中可以随年龄增长而不断地积累,但能力随年龄的增长则是要经历一个个发展、停滞和衰退的过程。

2. 联系

一方面,能力是在掌握知识过程中形成和发展的,在组织得当、方法合理地掌握知识的过程中,同时发展着能力。离开了学习和训练,任何能力都不可能得到发展。学生在掌握知识的同时,必然有一系列的智力操作,在不同程度上发展着自己的能力。比如,学生掌握了一定的语法知识和写作知识,就可能提高写作能力。另一方面,掌握知识又是以一定的能力为前提的,能力是掌握知识的内在条件和可能性。一个人的能力影响着他掌握知识的快慢、难易深浅和巩固程度。智力发展水平高的学生,掌握知识又多又快;智力发展水平低的学生,掌握知识时常常有较大的困难。能力既是掌握知识的结果,又是掌握知识的前提。能力和知识密切联系,相互促进。

应该说明,能力是人获得知识的基本条件,个人原有的知识基础、学习动机、性格特征等都影响着人们获得知识的速度、深度和巩固程度。

（三）能力的种类

人的能力种类很多,可以不同的标准对能力进行分类:

1. 按照能力的倾向性可以划分为一般能力和特殊能力

一般能力又称普通能力,指大多数活动所共同需要的能力,是人所共有的最基本的能力,它包括观察力、记忆力、注意力、想象力和思维力等。一般能力的综合体就是通常说的智力。

特殊能力又称专门能力,指为某项专门活动所必须具备的能力。它只在特殊活动领域内发生作用,是完成有关活动必不可少的能力。比如数学能力、音乐能力、绘画能力、体育能力、写作能力等都是特殊能力,一个人可以具有多种特殊能力,但其中有一两种特殊能力占优势。

一般能力和特殊能力密切联系。一般能力是各种特殊能力形成和发展的基础,一般能力的发展,为特殊能力的发展创造了有利的条件;在各种活动中,特殊能力的发展同时也会促进一般能力的发展。要成功地完成一项活动,既需要具有一般能力,又需要具有与某种活动有关的特殊能力。在活动中,一般能力和特殊能力共同起作用。

2. 按照能力的功能可以划分为认知能力、操作能力和社交能力

认知能力指接收、加工、储存和应用信息的能力。它是人们成功地完成活动最重要的心理条件。知觉、记忆、注意、思维和想象的能力都被认为是认知能力。

操作能力指操纵、制作和运动的能力。劳动能力、艺术表现能力、体育运动能力、实验操作能力都被认为是操作能力。操作能力是在操作技能的基础上发展起来的,又成为顺利掌握操作技能的重要条件。

社交能力指人们在社会交往活动中所表现出来的能力,组织管理能力、言语感染能力等都被认为是社交能力。在社交能力中包含有认知能力和操作能力。

3. 根据能力参与活动的性质可以划分为模仿能力和创造能力

模仿能力指仿效他人的言行举止而引起的与之相类似的行为活动的能力。比如,学画、习字时的临摹,儿童模仿父母的说话、表情等。美国心理学家班杜拉认为,模仿是人们相互影响的重要方式,是实现个体社会化的基本历程之一。

创造能力指产生新思想、新发现和创造新事物的能力。创造能力是成功地完成某种创造性活动所必需的条件,在创造能力中创造思维和创造想象起着十分重要的作用。

模仿能力和创造能力相互联系、相互渗透。创造能力是在模仿能力的基础上发展起来的。人们一般总是先模仿,然后创造。模仿可以说是创造的前提和基础,创造是模仿的发展。把能力划分为模仿能力和创造能力,这是相对的,模仿能力中包含有创造能力的成分,创造能力中包含有模仿能力的成分,这两种能力相互渗透。

(四)能力的个别差异

人与人之间在能力上存在着明显的个别差异。"世界上没有两片相同的树叶"。世界上也没有两个能力完全相同的人。这是因为人的先天素质不同,后天的环境、教育和从事的实践活动也不同。能力的个别差异主要表现在能力的类型差异、能力发展水平的差异和能力表现的早晚差异。

1. 能力的类型差异

能力有类型差异,如有的人言语能力较强,有的人逻辑抽象思维能力较强;在同一服务活动当中,有的服务员以责任心、事业心及坚强的意志力搞好了服务接待工作,而有的服务员以灵活性、敏锐的观察力同样完成了服务接待任务。

2. 能力发展的水平差异

能力发展有水平差异。如有的人智力超常,有的人智力低能。一般研究者把智商120作为划分智力超常的最低临界线。把智商在70以下的人称为低能。

传统的观念认为女性智力低于男性,所以有"女人头发长见识短"的谬论。心理学家通过调查发现:男女智力在总体水平上无显著性差异,只是在发展过程中,男女发展的速度不同,比如青春期后,男性智力发展速度超过女性。男女在智力发展的要素方面不同,如男性长于抽象思维能力、空间能力和操作能力;而女性长于形象思维能力、语言能力等。但是,男女在能力发展上所存在的局部或阶段性差异并非先天固有的,因而也不是一成不变的。

3. 能力表现的早晚差异

能力表现还有早晚的差异。如有些人的才能表现较晚,叫大器晚成。如我国医药学家李时珍在61岁时才写成巨著《本草纲目》;画家齐白石在40岁时才显露出他的绘画才能,50岁才成为著名的画家。在国外,达尔文在50多岁时才开始有研究成果,写出名著《物种起源》一书;摩尔根发表基因遗传理论时已经60岁了。

但也有人才能表现较早,叫早慧人才,我国古代称超常儿童为"神童"。比如,唐代诗人白居易,1岁开始识字,5岁开始做诗,9岁已精通声韵。西方国家称超常儿童为"天才儿童"。比如,莫扎特5岁时就开始作曲,11岁时已能创作歌剧。控制论创始人之一维纳4岁读专著,11岁写论文,14岁大学毕业,18岁获得哈佛大学哲学博士学位。

二、旅游者的能力与旅游行为

旅游者的旅游能力是指旅游经济能力、旅游时间分配能力、旅游审美观赏能力等。这些方面的能力因素在旅游活动中影响旅游者对旅游目的地的选择、旅游交通工具的选择、旅游时间的选择以及旅游审美效果。

(一)旅游经济能力

旅游是较高层次的消费产品,经济收入的高低直接影响着人们的旅游消费活动,是旅游行为产生的必要条件。随着我国经济的发展以及人民生活水平的提高,旅游需求日益普遍化,但是,各个不同经济水平的旅游方式、时间、地点、目的、消费等是有差别的。在实际旅游活动中,经济能力较强、收入较高的旅游消费者更多注意那些象征社会地位,表现活动能力、代表经济实力的旅游项目,如入住较高档次的饭店、选择舒服快速的旅游交通工具、关注能体现自我价值的旅游项目等。而中层收入水平的旅游者虽也选择较高层次的旅游项目,在力所能及的范围内表达向上的动机,但更乐于接受廉价实惠的旅游活动,经济收入较低的旅游者更欢迎物美价廉的旅游消费活动。

(二)旅游时间分配能力

往往是经济收入较高的旅游者,不会在旅游旺季选择出游,他们一般根据自己工作的时间安排旅游活动,不太计较旅游价格的高低。而大部分的工薪旅游者总是利用节假日出游,其他时间很难由自己支配,容易形成旅游的高峰期;经济收入较低的、较为闲散的旅游者,一般关注旅行社在旅游淡季的宣传,最为关注旅游价格的波动,当价格较低时,容易产生旅游动机。

(三)旅游审美观赏能力

无论哪一种经济收入水平的旅游者,其旅游观赏的能力直接影响旅游的效果、审美观赏能力是审美活动的一种心理功能,是审美主体对审美对象的总体感知、体验和把握,是审美活动的基础和通向更高审美境界的桥梁。除了生理、心理上的原因外,一个人对美的观赏能力决定着他对美的感受程度,从而也在某种程度上决定着他的审美素质。假如我们读律诗而不能感受到音韵之美,听交响乐而不能感受到其主旋律之美,在秀美如画的山水景物面前不能感受到迷人的湖光山色之美,那么,美感的深度和广度就会受到极大的影响,审美效果就极其不佳。因此,旅游者的审美观赏能力直接影响旅游活动的效果。

教学互动

互动问题:不同的人有不同的个性。

1. 个性是先天形成的吗?
2. 影响个性形成的因素有哪些?

要求:

1. 教师不直接提供上述问题的答案,而引导学生结合本节教学内容就这些问题进行独立思考、自由发表见解,组织课堂讨论。
2. 教师把握好讨论节奏,对学生提出的典型见解进行点评。

本章小结

内容提要

本章讲述了气质、性格、能力及旅游活动三部分内容。气质影响个体活动的一切方面。具有某种气质的人,在内容完全不同的活动中显示出同样性质的动力特征。性格是在现实生活中形成的。它反映着基本生活倾向并表现在该个体所特有的行为方式上。能力和活动紧密联系。一方面,人的能力是在活动中形成、发展和表现出来的;另一方面,从事某种活动又必须以一定的能力为前提。掌握活动的速度和成果的质量是能力的重要标志。

核心概念

气质;性格;能力;天才;才能

重点实务

不同性格在旅游服务中的运用;因才用人在旅游服务中的运用。

本章训练

知识训练

一、简答题

1. 什么是气质?四种气质的主要表现有哪些?
2. 气质是怎样形成的?气质能否变化?气质有好坏之分吗?
3. 试述不同气质旅游者的主要表现。
4. 如何理解旅游者的能力对旅游行为方式的影响?

二、讨论题
1. 气质有好坏之分吗？
2. 能力的差异性对人际交往有什么借鉴意义？

> 能力训练

一、理解与评价
一些旅游企业在招聘财会人员时，曾有这样的要求出现：性格内向者优先。请给以解释？

二、案例分析

生气的女领队

某日傍晚，一香港旅游团结束了"广州一日游"，回到了下榻的饭店。然而，不到十分钟，旅游团的一位中年女领队就光着脚来到大堂，怒气冲冲地向前台投诉客房服务员。原来，早晨出发时，这位女领队要求楼层客房服务员为房间加一卷卫生纸，但这位服务员却只将这位客人的要求写在了交班记录本上，并没有向接班服务员特别强调指出。结果，下一班次的服务员看到客房卫生间内还有剩余的半卷卫生纸，就未再加。结果，这位客人回来后，勃然大怒。无论前台的几个服务员如何规劝、解释，她依旧坚持光着脚站在大堂中央大声说："你们的服务简直糟透了。"引来许多客人好奇的目光。值班经理和客房部经理很快赶到了，看到此情此景，他们一边让服务员拿来了一双舒适的拖鞋，一边安慰客人说："我们的服务是有做得不够好的地方，请您消消气，我们到会客室坐下来谈，好吗？"这时客人态度渐渐缓和下来。

（资料来源　http://www.shangrenxiu.com/Z284386822/53823.html）

问题：
1. 运用所学的心理学理论分析女领队的气质类型，这种气质类型有哪些特点？
2. 对这类客人的投诉处理应特别注意哪些问题？

第七章
旅游审美心理

学习目标

通过本章学习,应当达到以下目标:

职业知识目标:通过对旅游审美心理相关知识的学习,了解美学的一些基本概念及相关的美学流派,熟悉审美心理要素的基本内容,及其与旅游审美的关系。

职业能力目标:运用本章专业知识研究相关案例,培养与"旅游审美心理"相关的旅游服务情境中分析问题与决策设计能力。

职业道德目标:结合"旅游审美心理"教学内容,依照行业道德规范或标准,分析企业或从业人员如何从审美的角度出发更好地为旅游者提供服务。

引例:神奇的西藏

背景与情景:西藏自治区位于青藏高原的西南部,雪域高原的人好像就为给众生祈福而生,每天念经、转经筒、磕长头,日复一日,年复一年,这就是他们的生活习惯。这片土地的山水与人们的宗教信仰赋予了西藏神秘的色彩,所有的人向往这里,人们想去接触它,了解它,融入它。西藏旅游资源丰富,雄奇壮观的布达拉宫、日日被信徒膜拜的大昭寺、热闹的八廓街、世界第一高峰珠穆朗玛、圣湖纳木错、神山冈仁波齐。所有的一切,使西藏成为独一无二的旅游胜地,对于许多旅游者来说,前往西藏旅游是其他任何地方都无可替代的。西藏旅游热门城市以拉萨为主,而拉萨周边的日喀则、山南、林芝,都各具特色,不可错过。如果你有幸来到这里,不必匆匆忙忙去看著名的景点,走马观花去看一些景点,不仅让身体吃不消,也让你永远都只能作为来西藏观光的一名游客,看不清神秘面纱背后真正的西藏。尝试着把自己当做西藏人,在拉萨,用当地人的方式去生活,走走每个地方的大街小巷,学一学简单的藏语,毫无顾虑地与当地的陌生人去友好地交流,与藏族的小孩子玩耍,走在路上你也会收到陌生人的微笑与热情的招呼。仰望布达拉宫的时候,去问问藏族人眼里的布达拉宫,去了解它的故事;看纳木错圣湖时,去听听它的传说；站在珠穆朗玛峰脚下时，探索一下除了高之外的其他魅力。

（资料来源 http://lvyou.baidu.com/xizang/? from＝zhixin♯♯％23）

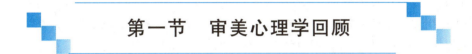

人们在旅游过程中，往往为旅游目的地独特的风光所吸引，越是与众不同的景区往往具有越高的审美价值。旅游者的审美态度会直接影响他们的旅游行为。而这种审美态度的形成与旅游者的需要、个性、情绪等因素密切相关。因此要注意引导旅游者，使得他们形成对旅游目的地正确的审美态度。

第一节 审美心理学回顾

一、审美心理学的思想渊源

（一）审美心理学的萌芽

美学的历史源远流长，但真正充分地从心理学角度探讨美学问题的历史并不久远。审美心理学作为一门独立学科，首先兴起于西方，但就其思想渊源来说，则不仅限于西方。我国古代哲人的论著中蕴含着极为丰富的审美心理方面的思想见解，虽然缺乏系统性，却有着极强的深刻性和独到性。这方面的代表是庄子和孔子。庄子和孔子的审美心理观点相互对立，以庄子为代表的是"至乐无乐"说，以孔子为代表的是以理结情、情理结合的"平衡"说。

1. 无为观点

庄子的"至乐无乐"，实质上就是指审美快乐。庄子认为，这种在忘我状态中达到的快乐，不同于生理欲望满足后的快乐，生理快乐只是身体需要暂时得到满足的快乐。要想达到快乐的境界必须清心寡欲，达到无为境界，"吾以无为诚乐矣"。

在古代西方也有一个人持有类似观点，这就是毕达哥拉斯。毕达哥拉斯把能获得审美快乐的人称为"旁观者"。他说："生活就像是一场体育竞赛，有些人充当角斗士，还有些人成为调停者，而最好的位置却是旁观者。"

这种观点与庄子的"无为"说是一致的。只有抛开功名利禄做生活的旁观者，不带任何偏见地看人生和自然，才能看到全面、生动、美丽和壮观的景象，最终达到一种极其快乐的审美心理感受。这就像我国历史上许多隐士，如名士陶渊明，他们就持有这种人生态度，所以才能获得"采菊东篱下，悠然见南山"的快乐和境界。

柏拉图也持类似观点。正如庄子把美归之于"道"，柏拉图认为"理念"是一切美的事物之所以美的源泉。他认为，美感与生理欲望的满足是无关的，美感是一种精神境界，一种真正的快乐。柏拉图在解释人怎样才能体验到美时认为，一个人如果受到尘世欲望的污染，

"把自己抛到淫欲里,像牲畜一样纵情任欲,违背天理,既没有忌惮,也不顾羞耻",就永远别想享受到美的快乐。一个参与人世纷争过多的人,只能使自己对美的感受迟钝。只有那种"像一个鸟儿一样,昂首向高处凝望,把下界一切置之度外"的人,才能感受到美。对这种超脱生理欲望和尘世纷争的精神状态,他称之为"迷狂",而美感恰恰就是灵魂在"迷狂"状态中对于美的理念的回忆。

2. 平衡观点

孔子的"平衡"说强调的是一种内在和谐或"情理调和"。他认为,通向人的最高境界之路是"兴于诗、立于礼、成于乐",以理节情,合情合理,美就是"善",强调生理与道理必须平衡,而不是无关。

与孔子持有类似观点的是西方的亚里士多德。他认为,"美是一种善,其所以引起快感正是因为它是善"。在他看来,艺术品之所以能唤起愉快的审美情感,除了对情感的作用外,并不排除它对理性在起作用。

中国传统文化在审美方面有着极深的功底,其文化历史要比西方的"距离说"源远流长得多,但为什么中国古代的先人没有创造出这方面的系统理论呢?原因有二:一是古人身上浓烈的"出世"态度,把自己与现实拉开的距离太远,只求"共存"、"合一",没有明确解释世界的目的,即注重研究"应该是这样的",而忽视"为什么是这样的"问题。二是古人过分"诗化"的思维特点,即灵感式、顿悟式、片段式和非逻辑化。以上原因使得古人即使对事物有了正确认识,也不能形成解释世界的系统的逻辑化的理论。我国民族文化的特点,人文领域是这样,科技领域也是这样,在我国古代有很多领先于世界的技术发明,却极少有科学发现。

(二)审美心理研究发端

在西方,现代美学始于18世纪。在18世纪之前,西方美学的研究中心是探讨形成美的条件,只有到了18世纪后期,人们才开始对审美反应的心理状态感兴趣。较为系统的心理探索始于英国的经验主义,在经验主义美学家看来,对美的把握既不是由理性能力完成的,也不是靠一种低于理性认识的感性认识完成的,而是靠一种"趣味"能力完成的。

早期审美心理研究认为,"趣味"是人的本性中天然存在的一种专门欣赏美的器官。当人们用这种特殊的"趣味"感官去感受自然和艺术中的美时,就会随之产生一种特殊的愉快情感。此后又有人提出进一步看法,认为审美趣味或许是普通认识能力和内在情感以一种独特的方式活动起来所产生的一种功能,而不一定存在着什么专管审美的特殊器官。这种特殊的活动方式就是联想。人只要有了丰富而又适度的联想,任何事物都可以变成美的。18世纪的英国经验主义者休谟提出了审美标准问题,认为审美趣味能力存在可以找到的标准,而18世纪德国的先验哲学家康德则认为审美判断力是美和美感的共同本原,把趣味判断的客观性归结为人们的"先验的共同感"。

实际上,审美趣味作为一种有别于生理趣味的高级心理能力,它不只是由遗传和本能决定的,个体后天的生活经验和心理能力也共同参与获得。一个人的审美趣味是否发达,取决于他的文化修养和知识水平。

二、现代审美心理理论研究

现代心理学理论对美学研究产生了较大的影响,主要的心理学流派有精神分析学派、格式塔学派、行为主义学派和人本主义学派。这其中以精神分析学派和格式塔学派对美学研究的影响最大。

(一) 精神分析学派

19世纪末20世纪初产生的精神分析学派用精神分析法来阐述关于人性、人格、人的本质等心理问题,主要代表人物是弗洛伊德和荣格。

精神分析美学又称心理分析美学流派,是精神分析理论应用于艺术和美学领域中时形成的。弗洛伊德和荣格并没有完整的精神分析美学的理论体系,他们的美学思想主要体现在他们的心理学、哲学思想中。

1. 弗洛伊德的"无意识"

弗洛伊德的精神分析理论由心理结构论、人格结构论、生命本能论三大理论作为基石。首先,他认为一切精神过程实质上都是无意识的,人的心理是由各种不同成分构成的聚集物,这些成分的性质是有意识、无意识和潜意识的,这三个部分构成精神生活领域。在此基础上,他认为人格是由"本我"、"自我"和"超我"组成。人的一切潜在驱动力来自本能,本能又分为生本能和死本能。本能说中,性本能是弗洛伊德研究的比较多的问题。他的审美快感理论就是建立在该理论上的。

弗洛伊德对产生审美经验的根本动力做了这样的描述,他认为,审美经验的源泉和艺术创造的动力均存在于无意识领域之中,也就是本能欲望。这些本能主要是性本能。由于本能欲望不为社会所接受,它不得不寻找为社会所接受和赞许的方式以表现出来,这就是升华,艺术想象就是一种升华。正如弗洛伊德所说:凡是艺术家,都是被过分的性欲需要所驱使的人。性欲的替代性满足,是艺术品和其他审美对象赋予人的真正快乐,是美之所以美的源泉,是艺术品真正意味之所在。欣赏各种艺术品和美的时候把它们当成情人的代替者,借助于它们对自己逝去的爱发出慰藉。通过艺术所得到的替代性满足,会在相当长一段时间内使那种在现实层次中追求满足的冲动起到一种净化作用。

2. 荣格的"集体无意识"

弗洛伊德的学生瑞士心理学家荣格创立了自己的"分析心理学",在许多方面修正和发展了弗洛伊德的学说。他把"里比多"由性力扩展为生命力,把无意识分为个人无意识和集体无意识。由这些理论作为基础,他认为艺术的本质就是通过艺术幻觉表现人类的原始经验。他还把人的心理类型分为内倾和外倾,由此提出"内倾型艺术"与"外倾型艺术"对立的观点,内倾和外倾见之于审美活动,就形成了抽象与移情两种审美态度。而他的"情结"理论也对旅游审美心理的研究有重要启发。

荣格反对他的老师关于性本能决定艺术创造的观点,他提出了"集体无意识"说。他认为决定人的一切行为,包括艺术在内的根源是心灵的某种秩序或结构,它不是性力所能涵盖得了的,也不是个人的经验所能说明的。正是这种深层结构,把个体的种种经验组织成了美的形式。人的深层次的结构是一种审美的结构,这种结构的出现并不是偶然的,进化过程本身就是筛选和淘汰相结合的过程。"集体无意识"是人与自然以及人与生活发生关系的不可缺少的因素,它兼有社会性和生物性,也是理性和智能的本原。它积存于人类心理底层,不为意识所知,但决定着人的情感、知觉、想象、理解等心理行为。

3. 精神分析在旅游审美中的体现和应用

精神分析的审美快感理论应用到旅游审美中,可以做如下解释:旅游审美可以给旅游者带来审美快感,相对于其他形式而言,旅游审美能够获得全方位的审美感受,因此具有别具一格的魅力。这个全方位从横向来说,是多种感官的全面调用(眼、舌、耳、鼻、触觉等);从纵向来说,是从浅层的悦目直到深层的悦神悦志的统一。

移情这种审美态度在旅游审美中也经常运用。旅游者在进行旅游审美的时候,常常会把自己融入景色之中;在听传说故事的时候,常常设身处地地为故事里的主人公提心吊胆。真正的投入会使他们的感受提升,因此,在规划设计旅游项目的时候,应该设计更多的能够让旅游者们移情的项目,旅游工作者也应该在这方面起到一定的引导作用。

情结理论更是有应用价值。一个旅游者如果对某地产生了某种情结,那么他的重游率肯定会非常高。旅游中情结的产生一方面是和旅游者本身的经历、心情等因素有关;另一方面是和旅游过程中接触到的人和事有关。

(二)格式塔学派

格式塔心理学是德国现代心理学的一个重要派别,诞生于1912年。主要代表人物有韦特·海默、柯勒和考夫卡等。韦特·海默的《关于运动知觉的实践研究》一文标志着格式塔心理学的形成和确立。"格式塔"是德语的译音,得名于其德文发音(Gestalt),它的中文含义是"形成"、"形状",最早由奥地利心理学家艾伦菲尔斯在研究音乐的时候提出。

格式塔心理学实际就是一种反对元素分析,强调整体组织的心理学理论,就是"完形"。它主张以整体的动力结构来研究心理现象。该学派有一个著名论点:"部分相加并不等于整体"。另外,格式塔心理学还用某些现代的数理概念来解释心理现象及其机制问题,提出了"心理场"、"物理场"、"行为场"、"生理场"、"人心物理场"、"环境场"等新的概念。将"场"的概念引入心理学研究是这一流派的主要理论贡献。因此,格式塔心理学美学就是在格式塔心理学的基础上发展起来的。

1. 格式塔心理美学的同形同构论

格式塔心理学美学是现代西方美学思潮中的一个重要流派,产生和形成于20世纪30年代末40年代初,成熟于50至70年代。其主要代表人物有德国的考夫卡、美国的鲁道夫·阿恩海姆等。格式塔心理学美学也称为完形心理学美学。它最基本的理论特征在于:它运用格式塔心理学的方法和理论研究美学和艺术现象。格式塔心理学美学主要研究了艺术与知觉及其表现性,提出了大脑力场说和同形同构(或异质同构)理论、视觉思维理论等,这些理论对旅游审美心理的研究有借鉴作用。

格式塔学派用同质同构(或异质同构论)来解释审美经验的形成。这种理论认为,在外部事物、艺术式样、认识和知觉组织活动以及内在情感之间,存在着根本的统一。它们都是力的作用模式,而一旦这几个领域的力的作用模式达到结构上的一致时,就有可能激起审美经验。无论物理世界、生理活动和心理活动,本质上都是力的作用。一个心情十分悲哀的人,其心理过程也是十分缓慢的,他的一切思想和追求都是软弱无力的,既缺乏能量,又缺乏决心,他的一切活动看上去也都好像是由外力控制着。既然外部事物所展示的力的式样可以与人的内在感情达到异质同构,它们就可以表现人类的感情。该理论认为审美知觉是一种生物本能。

格式塔心理学派对审美心理的解说观点是片面的,实际上,审美知觉是人的生物本性融合了理性和时代精神的一种更加高级、更加复杂的感性直观活动。

2. 格式塔心理美学在旅游审美中的体现和运用

格式塔强调整体,在旅游审美中体现得很突出。对于旅游者而言,他们的审美,是建构在整个大的旅游环境氛围中,即旅游审美场。在其中的事物,都可能成为审美对象。也只有当所有的审美对象给予旅游者和谐统一的审美感受,才能使他们达到最大限度的满意。因此,在旅游规划者进行规划设计的时候,不仅要强调景区景点的建设,而且要全面考虑整个旅游目的地的环境建设,大到环境的绿化美化,小到卫生间的建设与清洁,都不能忽视。对于旅游工作者而言,应该知道自己有可能成为审美对象,要提高对自己言行举止美、仪表仪态美、心灵美的要求,使景与人构成一种和谐之美。

第二节　旅游审美心理状态

一、审美心理来源

心理学美学上承实验心理美学,下启格式塔(完形)心理学美学,经历了一个相当长的发展时期。其中具有代表性的学说主要有"移情说"、"内模仿说"、"距离说"、"异质同构说"和"集体无意识说"等。这些理论观点对分析旅游审美心理来源,解释旅游观赏的心理特征和确立有效的旅游观赏方法具有不可忽视的启迪作用。

(一) 审美趣味说

"18世纪以前西方美学研究的中心是探讨造成美的条件,即探讨客观存在的一面。"[①]18世纪后期,人们开始转向对审美反应的心理状态的探索,即主观"审"的一面。较为系统的审美心理探索始于英国经验主义,即审美趣味说的建立。

审美趣味说认为,审美是人的本性中天然存在的一种专门欣赏美的特殊器官,即"趣味"器官的能力来完成的。后来,有人进一步提出,不是专管审美的特殊器官来完成,而是一种特殊的活动方式"联想",只要有适度的"联想",任何事物都可以变成美。此后,休谟提出了审美标准问题,认为审美趣味能力存在可以找到的标准。而康德则把趣味判断的客观性归结为人们的"先验的共同感"。

(二) 审美态度说

审美态度说与审美趣味说一样久远,是早期的关于审美心理来源的观点,是继审美趣味

---

① 马谋超,高云鹏.消费心理学[M].北京:中国商业出版社,1988.

说之后,兴起的另一个有影响的审美心理学说观点。该观点认为,所谓审美态度是指唯有审美时才出现的一种奇特的心理状态,而且外物美与不美,或能否发现外物的美,都由这种态度所决定。这一学说,在东方可追溯到庄子,在西方最早可追溯到柏拉图。而在现代最具代表性的,影响较大的观点之一是美学家布洛的距离说。

(三) 审美移情说

移情说被认为是立普斯的首创。历史地看,"移情说"主要是受休谟的"同情说"和叔本华的"静观说"以及诺瓦利斯的"魔幻唯心说"的影响。立普斯的贡献在于直接从心理学和价值论出发研究美学,认为美学是一门关于美和审美价值的心理学学科,其首要任务是科学地描述和阐释审美对象及其审美价值所引发的特殊效果与相应条件。

知识活页

> 移情说认为审美价值是"客观化的自我价值情感",因此在审美关系上强调物我同一或情景交融。在这种"同一"的状态中,人把自己的感情移入到对象中,借此将原本隐含在心灵里的情感志趣"外射"到对象中,使其得以寄托和表现,构成"象征性移情作用"。简言之,"移情"是一种立足于主体心理活动的物我交流过程。根据性质,"移情"分为"审美的移情"与"实用的移情"。两者的区别在于前者以审美观照为前提,而后者则以实用态度为前提。审美观照要求观照者超然物表,把对象的内容从现实联系中脱离出来,在纯化的移情作用中深刻把握表现人的价值的东西。

移情作用就是把自己的情感意趣"寄托"到对象之中,使其对象化为客观的自我,在这里,自我和对象的对立于瞬刻之间便消失了,由此构成了主观情感色彩的"有我之境"。如此一来,美感好像是对一种对象的欣赏,实质上是对自我的欣赏。说到底,美与审美价值,又如唯心主义美学所认为的那样,完全发乎于心,完全是主观的东西了。另外,按其形态,立普斯把"移情作用"分为"积极的"和"消极的"两种。前者产生愉悦性情感(快感),其对象是"美";后者产生非愉悦性情感(不快感或痛感),其对象是"丑"。

(四) 审美内模仿说

内模仿说是移情说的一个变种。这一学说的倡导者谷鲁斯不仅受到立普斯的影响,而且受到席勒及其"游戏说"的影响。他认为人具有游戏和模仿的本能,这两者在一般审美活动中总是密切联系在一起的。人只有以游戏的态度观赏对象时,才能有审美的欣赏或模仿。这种模仿大半内在而不外显,是一种"内模仿",有别于大半外现于筋肉动作的一般知觉的模仿。"内模仿"就是人在内心里模仿外界事物精神上或物质上的特点。在此过程中,人会体验到一种并不外显的运动感觉。

表面看来,谷鲁斯把"内模仿"视为审美活动的主要内容,立普斯把"移情作用"视为审美活动的主要内容。但在实际上两者并不互相排斥,是一种"你中有我,我中有你"的关系。

(五)审美距离说

在移情说的启示下,瑞士美学家布劳提出了著名的审美距离说。布劳从心理学角度研究美学,从根本上否定美的纯粹客观性,放弃对美的本质及其客观因素的追究。

1. 审美距离

布劳在1912年出版的《心理距离》一书中,着重论证了两种不同的距离概念,即"空间距离"和"心理距离"。"空间距离"又分为"现实的空间距离"和"象征的空间距离"。前者是指观赏者与观赏对象之间保持的实际距离,后者是指观赏对象之间的空间距离。而审美则主要依赖于"心理距离"。这种距离出现在观赏者与能够打动人心的观赏对象之间。它作为一种审美原理,使审美对象超出实用的功利范围,使其审美价值有别于实用的或功利的、科学的或社会(伦理)的价值,同时又使观赏者的情感意趣通过移情作用外化为客观现象的特征,借此引发出审美活动与众不同于快感的美感。距离丧失导致审美丧失,可能出于如下两种原因:或失之于距离太近,或失之于距离太远。距离太近是主体方面常见的通病;而距离太远则是艺术的通病。所以只有"距离"适当,才能获得美感。

2. 审美距离与旅游

距离说对人为什么需要旅游的问题,在经济、社会、教育等方面的动机以外找到了原因。从审美心理学来看,旅游可以拉开人与现实的距离。一是暂时改变了自己的社会角色,从利害关系的参与者变为没有什么利害关系的旁观者,使自己与生活在其中的现实世界拉开了一段距离,获得能够观察到美、享受到美的角度。二是建立了临时的新的人际关系,这种新的关系给人们带来了轻松和美感。这种新的,有些虚拟的关系,能使人放松、解放,表现出人性美好的一面,从而给人带来快乐。"距离说"对旅游规划和开发具有重要的参考和指导价值。在景观、景点的规划、开发设计时要为旅游者营造"距离感"。为此,除了要处理好时空上的距离关系外,关键是要处理好以下三个距离关系:一是真与假的关系。比如对古迹的全真恢复就不妥当,太真实、太现实反倒可能诱导旅游者只去关注其真与不真,在这个方向是很难获得成功的。二是自然与人为的关系。在看待自然美景上,中国传统文化注重"可游可居"之美。只"可游"不是美的最高境界,那样是无人的、太遥远的,要把它拉近,使之"可居",但又决不消灭其"可游"性,做到"天人合一",这才是美的最高境界。三是静与闹的关系。在中国园林艺术中,通过造居以达到身居闹市而享受山林之美的效果,这就是在刻意营造静味与闹味的距离感。

同步案例 距离产生美

中国古代有一个女孩终年生活在优美的景色中,感觉不到它的美。有一次,她离开家乡,乘船在江上行,极目远眺家乡时,她才发现家乡的景色非常美。薄雾、帆影、夕阳、落霞,好一派令人心驰神往的湖光山色。于是这个女孩即兴作了一首诗:"侬家住在两湖东,十二珠帘夕照红。今日忽从江上望,始知家在图画中。"

(资料来源 http://www.mofangge.com/html/qDetail/08/c2/05skc20835577.html)

问题:从审美距离的角度分析本案例。

分析提示：这个女孩在日常生活中，每天与家乡的景物接触，与它们主要从功利的角度发生关系，所以无法发现家乡的美。一旦外出，抛开利害关系，拉开心理距离，她就发现了美。

（六）审美异质同构说

格式塔心理学（完形心理学）对美学的研究成果认为，部分相加不等于全体或大于整体之和，强调"似动运动"和"场效应"等概念。该学派将这些基本理论具体而系统地运用于艺术的分析研究。在解释视觉艺术中的似动现象时，认为绘画作品或静物中的运动感觉并非由联想或移情作用引起，而是由艺术作品的形象结构所唤起的鉴赏者大脑皮层中的场效应引起的。在论述真正的观赏活动或艺术经验时，认为那不再是一种对外部事物的纯粹认识活动，而是一种将观赏者卷入其中的激动的参与状态。因为，人在观赏时，对象的主要式样并没有被他的神经系统原原本本地复制出来，而是在他的神经系统中唤起了一种与对象的力的结构同形的力的式样。这种不同质而同形的力的结构便是审美观赏活动的心理基础，也就是著名的"异质同构说"。

（七）审美集体无意识说

现代精神分析美学惯于把精神分析的一些观念和原理应用于艺术和艺术批评，如"无意识"、"俄狄浦斯情结"、"本能欲望"、"抑制"、"发泄"、"白日梦"、"移情"、"转化"和"补偿"等，认为艺术创造动力来自本能欲望（如性欲），或那些被抑制的但想得到发泄的愿望。

追随弗洛伊德而后来修正其有关理论的荣格首倡"集体无意识说"。艺术在本质上是某种超过个人、象征和代表人类共同命运的永恒的存在，能够纠正时代偏向、补偿和调节人类生活，因此在现代社会生活中起着类似宗教的作用。荣格反对用本能欲望或性欲来解释艺术创造的激情。认为创造激情来源于崇高的理想和伟大的抱负，即一种超出艺术家个人能力的创造自发性或"自主情绪"。自主情绪植根于无意识原型，一般人意识不到其存在。只有当人对外部生活的兴趣减弱，越来越沉醉于自己的内心生活，越来越返回到远古或人类的童年状态，自主情绪才能获得动力乃至形成，进而暗中制约或影响意识，最终通过艺术得以象征性地表现。

远古或人类的童年状态也就是原型，是我们在无意识中发现的那些不是个人后天获得而是经由遗传具有的性质，一些先天的固有的直觉形式，是一切心理反应的具有普遍一致性的先验形式，或者说是心理结构的基本模式。在荣格看来，这种模式是人类远古社会生活的遗迹，是重复了亿万次的那些典型经验的浓缩或沉淀的结果。所谓"原始意象"（"原型"），从科学和因果的角度可以将其设想为一种记忆蕴藏、一种印痕或记忆印痕，它来源于同一种经验的无数过程的凝缩。"集体无意识"是通过"原型"或"原始意象"及其赖以产生的心理背景和心理土壤推导出来的。

二、旅游审美心理要素

旅游者在旅游过程中发生的审美过程主要涉及四种心理要素：感知、想象、情感、理解。这些要素构成了审美经验的基石，它们之间的相互作用最终构成了审美经验。

(一) 审美感知

在审美过程中,感知因素通常起着先导作用,这在很大程度上是由审美对象的感性特点所决定的。当人对某些色彩、质地或单个的音符进行感受时,会自动地产生愉快的感受,它们与复杂的形式或思想没有关系,个别的色彩、质地和音乐本身就给人带来快感。这些快感虽然是生理层次上的,却构成了审美知觉的出发点。

所谓审美知觉,泛指审美对象刺激人的感官而引起的各种感觉与随之而来的知觉综合判断活动。在审美知觉中视觉和听觉是主要审美器官,其他知觉在审美过程中居次要地位。这在审美心理学的研究上体现为对视觉的研究较多、较深入。法国心理学家弗艾雷通过实验发现,在彩色灯的照射下,肌肉的弹力会增加,血液循环加快,其增加的程度以蓝色最小,并依次按绿色、黄色、橘红色、红色的顺序逐渐增大。其他心理学家研究发现,凡是波长较长的色彩,都能引起扩张反应;而波长较短的色彩,会引起收缩性反应。

审美知觉较简单的感觉要复杂得多,从知觉本身的特性看,它具有选择性、整体性、理解性和恒常性等特性。在审美过程中,知觉的这些特性同样表现出来。而旅游审美知觉与普通知觉的区别在于由于彼此出发点的不同,造成知觉结果的不同。这是由知觉者的心理准备、目的性不同造成的,审美感知与个人的生活经历、个人偏好、知识修养有关。

感知就是感觉与知觉的总称。感知是一切认识活动的心理基础,也是审美感受的心理基础,只有通过感知才能了解和把握审美对象的各种属性和感性外貌,才能引起审美感受。人的感知越细腻、敏锐,审美体验也就越深刻。

同步思考

"邂逅西湖"品牌概念由西湖风景名胜区管委会打造,是一款以各类文化、景观、互动体验为一体的多元化特色旅游产品,推出订制式的12种类型(14条)创新旅游线路,深度探寻西湖文化内涵。这些线路的共同特点就是:不再只是印象中走马观花式的闲逛,而是彻底颠覆传统游览方式,打造个性化游览线路。这些新产品,除了将西湖景区与历史文化、互动体验相结合,更是深度整合景区资源,充分挖掘景区内涵。其中在西湖文化中,就深挖了禅茶、南宋、道家、名人、廉政、龙井茶6方面的文化内容;在景观方面,将西湖与大运河结合的双遗产线路、西湖特有的赏花线路等列入其中。同时,根据不同游客群体的需求,设计了亲子游、爱情游等多条个性化线路,让游客体验西湖文化,深度感受西湖魅力。比如,"邂逅西湖"旅游产品中的美味不是传统的杭式地方菜,而是专门结合线路主题进行打造,如相亲游中的袁枚"随园食单"套餐,南宋游中的城隍阁南宋点心宴,禅茶游中的大碗斋面等,都可以感受舌尖上的特色西湖,凸显景区文化个性。

问题:"邂逅西湖"表明了旅游审美的哪个要素?

答:感知。

(二) 审美想象

构成审美经验的第二个心理因素是想象。想象是人的大脑在条件刺激物影响下,以从知觉所得来的而且在记忆中所保存的回忆的表象为材料,通过分析与综合的加工作用,创造出曾知觉过的或是未曾知觉过的事物的形象的过程。

审美想象可以分为两种,即知觉想象和创造性想象。知觉想象一般不能完全脱离开眼前的刺激物,在眼前的刺激物基础上,在人的大脑中再创造出新形象。而创造性想象则是艺术家创作过程中的想象,它脱离开眼前的事物,在内在感情的驱动下产生的全新的映象。

知觉想象必须有现实的刺激物存在,这是前提条件。而审美形象的产生依赖于对刺激物的加工整理,这种加工过程受到观赏者知识、经验、情感、兴趣等主观因素的影响,而后者对整个知觉想象过程起到至关重要的作用。审美知觉想象是这样的过程:外部自然是一种死的物质,而想象却赋予它们以生命;自然好比一块未经冶炼的矿石,而心灵却是一座熔炉。在内在情感燃起的炉中,原有的矿石溶解了,其分子又重新组合,使它的关系发生了变化,最后终于成为一种崭新的形象在眼前闪现出来。而创造性想象对于旅游者而言并不是非常重要的,它更多体现在具有艺术气质的人身上。

在大多数情况下,旅游审美需要旅游者发挥想象的参与作用,没有想象的参与,旅游审美是不可想象的。想象力的培养不是一朝一夕的事,平时的知识、经验、情感的储备是必不可少的。

(三) 审美情感

情绪和情感都是人在进行各种活动的过程中所获得的一些主观的体验,是人脑的产物。不同的是,情绪主要和无条件反射联系,具有显著的生物性;情感却主要和条件反射联系。情感是事物的刺激作用在人的大脑内所引起的神经过程。对于审美情感的研究有两种主要的观点。

一是移情观点。审美情感最重要的表现是移情。移情是主体的一种主动的投射,是主体暂时抛开实用或功利的目的,把自己的人格和情感投射或灌注到对象中,与对象融为一体。因此,事物的情感的表现性不是事物本身的特性,也不是由联想和回忆引起的,它是自我本身的一种活动,或是自我面对着外物采取的一种态度,把自己的心情、情感灌注到外在事物之中,产生了这种审美体验。

旅游者要想获得某种情感体验,首先自己要有相应的情感准备。许多景物的欣赏需要主体的参与和投入,旅游经历的获得如果完全仰赖于外在景物,效果可能无法尽如人意。

二是客观性质观点。审美情感的重要来源是客观性质。客观性质观点认为,一个眼神、一种姿态、一种旋律能够直接展示出疲倦、严肃、欢乐或悲哀的情绪。一个简单的线条被我们说成是温柔或活泼的,一首乐曲被认为是悲哀的,这都是由其自身的客观结构性质所决定的,而不是由主体的联想或移情所决定的。

(四) 审美理解

审美经验中的理解因素是最高层次的心理因素,审美理解是审美欣赏中的理性认识阶段。审美理解功能在审美活动中是一种潜在的因素,它是一种认识活动。不同的欣赏者可以从同一形象中理解出多种含义。审美理解包含以下的三个层次。

1. 对现实状态和虚幻状态区分理解

在审美时,要把真实生活中的事件、情节和感情与审美态度中或艺术中的事件、情节和感情区别开来。只有在感受中含有理解,才能把感受导向审美上来。

2. 对审美对象内容的理解

对审美形象内容的理解是指对于审美对象的象征意义、题材、典故、技法、技巧程式等的理解。对审美形象内容的理解是进行审美的不可缺少环节。

3. 对形式中融合着的意味的直观性把握

这个层次的理解是审美心理活动中最主要的因素。它集理性于感性之中,融思索于想象和感情之中,通过审美对象的形式本身直接表达出想要表现的情感、思想,而不需要概念性的语言。按中国传统审美文化解释,就是所谓意境、意味。这是审美的最高级形式。

三、审美心理要素与旅游审美

(一)感知觉与旅游审美

"感知是人们对审美对象获得印象的直接手段。"[①]在生理层面,是通过人的感官,如眼—视觉,耳—听觉,鼻—嗅觉,舌—味觉以及身体的触觉、皮肤的温觉等,进行审美活动,获得生理美感。在心理层面,笔者认为是通过感知觉传达到心理,经过想象、联想等复杂的心理活动而产生的。

1. 眼睛—视觉—色彩美

所谓"眼睛—视觉—色彩美",是指不同的颜色作用于人的视网膜,可以给人以不同的生理或心理感受。自然景观能给旅游者带来色彩美的审美享受。

(1)地文景观。

地文景观中的山岳型景观,以其绿色植被为主要色调,给人清雅、幽静、生机勃勃的感觉。在高大山岳中,还能很好地体现垂直自然带谱现象,使得不同自然带的色调有所变化,更有审美价值。东北的白山黑水,西北的黄土高原,西南的红土高原,从大的地形尺度给人以色彩美的享受。以黄龙、白水台为代表的钙化现象以及丹霞地貌景观,它们的颜色就是首要的欣赏对象。

(2)水域风光。

水体的色彩美或波光粼粼,或湛蓝深邃,有名的如青海湖、洞庭湖、鄱阳湖,云南的滇池、洱海,贵州黄果树瀑布,以及滨海型的青岛、大连、北戴河、厦门的海滩等。而长江、黄河则或以烟云为托,或以碧空为衬,另有一番茫茫空阔、高远涵虚之美。另外,还有数量众多的冰川,洁白无瑕的颜色,又吸引了无数旅游者的眼球。

(3)生物景观。

色彩美或以树木枝叶花果而取胜,或以动物而感人。如北京的"居庸叠翠"、"香山红枫",武汉的"宝塔岳松"、"珞珈林海",杭州的"黄龙吐翠"。如"天苍苍,野茫茫,风吹草低见牛羊"的内蒙古大草原,一群群牧羊犹如朵朵白云,给人一种辽阔之美。以花卉为主体的色彩美,如云南的山茶花、洛阳的牡丹花、东北的君子兰、广东的木棉花等,都给人带来了纯美的享受和美好理想的寄托。

---

① 马谋超,高云鹏.消费者心理学[M].北京:中国商业出版社,1988.

(4) 天象与气候景观。

日月星辰、光环、海市蜃楼、雨、雪、霜、露、雾、云、彩虹等都会形成色彩美。在某些旅游风景区的特定景点及特定时节或时辰,日光和月光能给审美主体一种或明媚、或朦胧、或神秘的感受。如北京的"卢沟晓月",泰山、黄山的日出等;雪景给人琼楼玉宇之美感,如杭州西湖的"断桥残雪";云雨形成的美感,如广州的"双桥烟雨"、三峡的"巫山云雨"等。

2. 耳朵—听觉—音响美

耳朵—听觉—音响美是指各种不同的音响作用于人的耳鼓膜,给予人们不同的生理或心理的音响感受。音响既有自然界产生的,也有人类创造的和动植物发出的。自然界中的高山流水、潺潺小溪、泉水叮咚、婉转鸟语、虎啸猿啼、澎湃波涛、拍岸湖水,以及春天的绵绵细雨、炎夏的滂沱大雨、秋夜的蛙声、昆虫的曲鸣、百鸟的啼唱、雨打芭蕉声等,这些大自然的天籁音响,在特定的环境里都会让旅游者觉得是一种难得欣赏到的音响美。

而人类创造的音响如各种管弦乐、打击乐、交响乐,各种音乐如江南丝竹以及各少数民族的山歌、民歌、剧种等,这些人类创造的音乐是高雅而文明的音响,给人们带来了极大的乐趣和精神享受。其他人为的音响,如古寒山寺的钟声、西安的"雁塔晨钟"、九华山的"化城晚钟"等,也可成为旅游者欣赏的音响美。

此外,在我国的古建筑设计中还有运用声学原理而产生的音响美,如北京天坛的"回音壁",山西永济普救寺舍利塔(又称莺莺塔)的蛙音回声等。

3. 鼻舌感官的嗅觉—味觉美感

嗅觉—味觉美感,就其本源来说是各种物体所发出的特有气味作用于人的嗅(味)觉的生理过程。例如,鲜花散发着的馨香,山村或海滨的清新空气,原野泥土的芬芳,都是大自然赋予人类的嗅觉美感对象。还有一些人为的嗅觉美,如印度的香料等。另外,还有人工酿造的酒香和烹调美食佳肴的香味,如各种风味食品、土特产品等都会在烹调中通过鼻、舌带给人们以美感和精神的愉悦。

(二) 想象、联想与旅游审美

在进行旅游审美的时候,要充分发挥想象、联想等审美心理因素。

想象对于审美而言是很重要的主观因素,很多时候不是因为某些东西本质是什么而成为什么,而是因为审美主体觉得它像什么而成为什么。例如在游石林的时候,有很多造型石,是要经过想象才会觉得它们像某些动物、人物、植物等。如果没有想象的翅膀,在旅游者眼里就只是一块块没有生命力的石头。

在旅游活动中,必要的联想才能使旅游者和所欣赏的风景有机地融合在一起,从而达到悦志悦神的最高审美境界。比如看到阿诗玛,联想到关于她的美丽传说故事,从而不仅仅是欣赏一块石头,而是觉得她是活生生的人,为她开心为她难过。

(三) 美学原则与旅游资源开发规划

在进行旅游资源开发规划的时候,应该遵循一定的美学原则,因地制宜,因时制宜。

1. 形式美法则

就是对形式构成及其韵律的审美标准,是人们经过长期审美实践,概括出来的能引起审美快感的形式的共同特征。主要有整齐、对称、比例、节奏、韵律、调和、对比、和谐、统一等。

(1) 对称与均衡。

两者都是视觉平衡的形式,前者是中心点两边对应的关系。后者则是不对称形态上的视觉平衡。在规划设计的时候,要充分掌握好两者之间的关系。

(2) 对比与调和。

在规划的时候,要把握好对比和调和的关系。对比可以形成鲜明的对照,使主次分明,但要使用的时候应该慎重,因为对人而言,和谐的感受更容易接受。尤其应该重视自然与人文资源的调和。

(3) 多样与统一。

多样体现的是不同事物个性的差别,统一是多种事物共性的协调或整体、局部之间的融合。在进行项目规划设计的时候,要考虑的必然是很多环节,各个环节都有各自的特点,即使是同样性质的东西,也可以设计成多样的风格,以满足不同旅游者的需求。而在多样化之中,又应该寻找到他们内在的一致性或者是可融合的地方,努力做到丰富而不杂乱。

(4) 过渡与呼应。

通过渐变把强烈对比的部分形成和谐自然的形态,就叫过渡。呼应则是将某些相同或相似的形式要素恰当地放在不同部位,形成互相呼应、照应的效果。在规划设计的时候通常要进行功能区的划分,在各个功能区之间,应该有比较好的过渡,才不会使旅游者产生难以适应的变化。在行程设计上,也应该有过渡,不可能时时高潮,更不能处处平淡。这样才能使旅游者得到最好的旅游审美效果。在某些景区,适当的设疑、呼应能够提高旅游者游览兴致,使审美心理更好地发挥作用,获得美好的旅游审美体验。

2. 意境美法则

这是对形象之间及形象与环境、社会、文化之间的比较抽象的描述。规划者在进行旅游资源开发和产品设计的时候,从形象的东西入手,要充分挖掘资源、产品的内涵,创造优美、深远等美好的意境,从而使旅游者得到更高层次的精神熏陶。

第三节 旅游审美意识

一、旅游审美需求

旅游审美需求是审美主体对于审美客体内心缺乏的心理状态,促使人们从事旅游观赏活动的内在心理倾向。

在现代生活中,人的审美需求经常贯穿在所有不同层次的需求之中。审美需求作为人的一种统摄性和精神性需求,是改善人的生活质量的重要杠杆之一。诚如马斯洛所言:"美的理解和创造以及美的高峰体验,是人类生活以及心理学和教育的核心部分,而不是边缘部分。"所谓"高峰体验",是指"最高快乐实现的时刻"。比如审美的直觉、创造的时刻、智力的顿悟和情欲的高潮,等等。该体验是向健康前进,是瞬间的健康,是对生活的确认,使生活富有价值。人之所以面临各种艰难困境而不全都以自杀了结,很大程度上是由于这种体验价值普遍存在的缘故。

其实,无论从人类文明的历史沿革来看,还是从现实生活的具体内容来看,审美需求由于审美判断本身的自由愉悦性和鉴赏性而成为其他各种需求的内在动因。至于那些乘坐"空中客车"、下榻宾馆饭店、睡席梦思和喝香槟酒等游山逛水的旅游者,其审美需求几乎泛化为其他需求的"指令性原则"。他们要求一切物品和活动应具有审美价值,应符合"美的规律",从房间的色彩、餐桌的摆台、饮食的器皿到卫生间的设备,甚至于一条领带或一枚纽扣……都应符合他们的审美需求和与其相关的其他需求。在许多国家和地区,"美、感、游、创"的生活新概念已广为人们所接受,并被奉为追求生活质量的重要依据。旅游者在旅游活动中把旅游观光看成生活的组成部分和精神的润滑剂,抑或视为高技术条件下高情感缺乏症的一种调节手段或能量补充,抑或当做开阔眼界和提高文化认同感的有效途径。

总之,随着物质生活的丰富、个人可支配收入与闲暇时间的增多、旅游商品信息的多渠道高效率的流通以及社会生活审美化的深入发展,大众旅游审美需求的强度自然会不断增大,处于日益突出和相对优势的地位。

二、旅游审美动机

旅游审美动机泛指一种激发旅游审美行为的心理趋向,是旅游审美需求过渡到旅游审美行为的心理中介。对前者(需求)来讲,旅游审美动机是外界因素(旅游信息流程和旅游地的审美价值等)和内在因素(个人的趣味爱好和情思意向等)交替作用下而产生的结果。它具有一定的指向性,即对旅游目的地有着相对明确的偏爱与选择。但对后者(行为)而言,旅游审美动机还只是一种心理刺激或促发动力。因为,旅游审美行为能否最后实现,通常涉及主客观方面的一些条件或变量,比如主观的身体、经济和时间等条件,客观的交通、住宿和接待等条件。旅游动机是多种多样的。概括起来,有商务、观光、文化、宗教、蜜月和探险等不同内容。从广义上看,它是笼统的,是指向所有旅游观赏对象。但在狭义上,它似乎又因人而异,各有侧重。

从游客的偏爱和选择角度分析,旅游审美动机可分为以寻访景观名胜为导向的景观审美型、以鉴赏各种艺术表现形式为导向的艺术审美型、以审视社会劳动创造和风俗民俗为主的社会审美型以及以品尝美食佳肴为主的饮食审美型。各种旅游审美动机没有完全界限,互相是包容的。

三、旅游审美态度

审美态度是指唯有审美时才出现的一种奇特的心理状态,而且外在景物美与不美,或能否发现外在景物的美,都由这种态度所决定。

审美态度观点在西方最早可追溯到柏拉图,在东方可追溯到庄子。庄子的名言"至乐无乐",说的就是审美态度与审美快乐的关系。庄子认为"无为"境界为达到"至乐"提供了条件和可能性,换句话说,只有抱着"无为"的人生态度,才能体验到美的快乐。柏拉图在解释人怎样才能体验到美时认为,一个人如果受到尘世欲望的污染,"把自己抛到淫欲里,像牲畜一样纵情任欲,违背天理,既没有忌惮,也不顾羞耻",就永远别想享受到窥见美的快乐。一个人参与人世纷争过多,只能使自己对美的感受迟钝。只有那种"像一个鸟儿一样,昂首向高处凝望,把下界一切置之度外"的人,才能感受到美。对这种超脱生理欲望和尘世纷争的精神状态,他称之为"迷狂",而美感恰恰就是灵魂在"迷狂"状态中对于美的理念的回忆。

旅游者的审美态度,是指旅游者在旅游活动中对旅游商品及有关事物在审美层面上形成的心理反应倾向。旅游者的审美态度一旦形成,就会导致他们在审美上的某种偏爱或某种方式的行为倾向。这种偏爱和行为倾向的形成会影响旅游决策,进一步还会影响旅游者的审美体验。

旅游者的个性特点、知识、经验、文化、需求、组织群体等因素都会影响旅游者的审美态度的形成。

个性:个性开朗的旅游者也许能从雄美、壮丽的景色中获得审美愉悦;而个性比较内向的旅游者也许更能从幽美、灵秀的景色中获得审美愉悦。

知识:旅游者的知识结构对旅游审美态度的形成也是显而易见的。因为人们比较倾向于感知他们熟悉的事物。旅游者在审美的时候对自己熟悉的东西也会特别关注,也特别容易从中获得美感。

经验:对某一旅游地有所了解、有很多旅游审美经验的旅游者,相对于对旅游地一无所知、没有太多审美经验的旅游者而言,对旅游地美感的感知会更容易,因为前者在旅游之前就对该旅游地形成了一定的印象,甚至是一定的态度。

文化:旅游者的文化对于他们的审美态度的影响范围更广,旅游者的文化背景影响到其旅游需求及旅游偏好。

需要:人们往往对自己需要的东西感兴趣。旅游者自身的心理需求决定着其欣赏旅游景观的类型。

> **教学互动**
>
> 互动问题:不同旅游者的审美需要是有差别的。
> 1. 审美需要的层次性是什么?
> 2. 审美需要有超越性吗?
> 要求:
>   1. 教师不直接提供上述问题的答案,而引导学生结合本节教学内容就这些问题进行独立思考、自由发表见解,组织课堂讨论。
>   2. 教师把握好讨论节奏,对学生提出的典型见解进行点评。

内容提要

旅游审美心理是旅游服务心理学中的重要研究内容,本章对审美心理学的一些概念及相关审美心理流派进行了概括和总结。在审美心理要素中阐述了感知觉、表象、情绪与情感、想象与联想以及理解在审美中的作用,并讲述了旅游审美意识。

核心概念

审美知觉;审美想象;旅游审美需求;旅游审美动机

重点实务

旅游审美知识在旅游服务中的运用。

知识训练

一、简答题

1. 简述审美心理要素与旅游审美的关系。
2. 旅游者的审美态度对其旅游活动有什么影响?
3. 影响旅游审美态度的因素有哪些?

二、讨论题

1. 不同的旅游者对同一个观赏对象的评价不同,运用原理说明。
2. 旅游审美心理对旅游企业有什么指导意义?

能力训练

一、理解与评价

一个到杭州旅游的法国人说西湖给他以塞纳河的感觉,请给以解释?

二、案例分析

中国最美的乡村——婺源

婺源是江西省一个具有悠久历史的古县,历史上属安徽管辖。是古徽州一府六县之一,也是南宋著名理学家朱熹的故里和"中国铁路之父"詹天佑的家乡。这里民风纯朴、文风鼎盛,名胜古迹遍布全县。有保持完美的明清古建筑,有田园牧歌式的氛围和景色。这里山明水秀,松竹连绵,飞檐翘角的古民居蜿蜒于青山绿水之间:或依山,隐现于古树青林之间;或傍水,倒映于溪池清泉之上;与层层梯田、缭绕云雾相映成趣,如诗如画。四季景色各呈千秋,尤其是春秋两季,漫山遍野的映山红和满山的红枫叶犹如一簇簇火苗争奇斗艳。置身于这样的景色之中,让你感觉到心旷神怡和流连忘返。婺源以山川之灵秀,土地之肥沃,物产之丰富,贤俊之广众而著称。县境内纵横密布、碧而清澈的河溪山涧与怪石奇峰、古树茶亭、廊桥驿道融雄伟豁达与纤巧秀美于一体。著名景点有西北的大鄣山与灵岩洞群,东北的浙岭与石耳山,中部的福山和西部的大游山,唐宋以来就是游览胜地。苏东坡、黄庭坚、宗泽、岳飞、朱熹等在此留下了不少赞美的诗文。"两水夹明镜,双桥落彩虹",因袭唐诗而得名的宋代古桥彩虹桥,是婺源廊桥的代表作。这里四周青山如黛,桥下绿水长流,桥的两旁有廊亭,廊亭的两旁有石桌石凳,在这里或品茶弈棋,或浏览风光,让你感受到世外的悠闲和宁静。离县城西南30公里左右的文公山有朱熹回乡扫墓时亲手栽植的古杉24棵(寓24孝之意),至今逾800年,长势依然旺盛,古杉之巨,为国内所罕见。生态环境优美的鸳鸯湖,成群成对的鸳鸯,如鲜花绽开于湖泊之中,形影不离。

婺源不仅景色优美,更富有深厚的文化内涵,历来享有书乡之誉。这里人杰地灵,名人辈出,一门九进士,六部四尚书,足见其文风之盛。婺源物产丰富,有誉名中外的茶叶"婺绿",可谓中国绿茶中之上品;味道鲜美的荷包红鱼,被誉为"人间天物";石冠群山的"龙尾砚"(歙砚)为中国四大名砚之一。婺源以山、水、竹、石、树、木、桥、亭、涧、滩、岩洞、飞瀑、舟渡、古民居为组合的自然景观,有着世外桃源般的意境,犹如一幅韵味无穷的山水画,形成一个独特而美丽的田园风光游览区,给人们一种回归自然和超凡脱俗的感觉。对那些久经都市嘈杂喧闹的人们和爱好旅游、美术、摄影的艺术工作者来说,到婺源一游或收集创作素材,不能说不是一种美的享受和明智的选择。

(资料来源 http://www.diyifanwen.com/daoyouci/jiangxidaoyouci/912.htm)

问题:

1. 为什么婺源被称做"中国最美的乡村"?
2. 运用旅游审美心理的相关理论说明婺源的旅游资源有哪些审美价值。

第八章
旅游服务人员的心理素质

学习目标

通过本章学习,应当达到以下目标:

职业知识目标:熟悉旅游服务人员应该具备的个性心理、角色意识、情绪情感的特征;掌握了解旅游者心理状态的方法。

职业能力目标:运用本章专业知识研究相关案例,培养与"旅游服务人员的心理素质"相关的旅游服务情境中分析问题与决策设计能力。

职业道德目标:结合"旅游服务人员的心理素质"教学内容,依照行业道德规范或标准,提高服务意识与水平,更好地赢得旅游者的肯定与满意。

引例:导游的语言

背景与情景:为了营造愉快、轻松的氛围,有时旅游服务人员要使用一些赞美的语言。可是赞美的语言也不是随便拿过来就说的,而是要考虑到被赞美对象的各种因素,包括其职业身份、文化程度、性格爱好、处境心情以及与赞美者的特定关系等。同时还要考虑到赞美与表达时的语境,并且能够选择最佳的表达方式,以取得最佳的效果。一个旅游团的一位女团员身体比较胖,导游赞美道:"×小姐,你的身体真健壮!"这位女团员听后十分不高兴,反唇相讥说:"你的身材真苗条。"导游赞美引起了消极的反应,主要是用词没有看对象。还有一位导游对一位老人说:"老人家,您身体不大好,上下车时请慢一点。"老人听后很不高兴,说:"谁说我身体不好了,我年轻的时候……"因为老人最不爱听别人说他身体不好,即使老人的身体真的不好,导游也不能这样说,应该回避一下,采用其他的表达方式或者完全不提这类话题。另外,老年人最爱提起当年的勇猛,所以导游应该顺着这个思路赞美他年轻时,以获得他们的好感。

(资料来源 http://3g.exam8.com/a/2695137)

旅游业在国际上被称为"无烟工业",旅游业出售的产品主要是无形产品——服务,所以旅游业被称为"出售服务和风景的行业"。旅游业的服务工作主要的是面对具有丰富而复杂的心理活动的各类游客来进行的,因此,良好的服务态度是提高服务质量的思想基础,高超的技术水平是实现高质量服务的技术保证;而所有这些又都与人的心理素质有关。因此,如何提高旅游服务人员的心理素质,掌握了解他人心理状态的方法显得至关重要。

第一节 旅游服务人员的心理素质

"心理素质是人类在长期社会生活中所形成的心理活动在个体身上积淀的心理倾向、特征和能动性,是个体的先天和后天心理条件的总和。"[①]它涵盖了人的心理现象的几个方面,如个性心理特征、情绪过程、认知过程、意志过程等。良好的心理素质是旅游服务人员综合素质的重要组成部分。一个情绪不稳定、性格孤僻、人际关系紧张的旅游服务人员,不可能为顾客提供热情、友善、亲和的服务。随着社会对旅游服务人员的要求不断提高,作为旅游服务人员,应该具备健康、稳定的心理素质。

一、旅游服务人员应具备的个性特征

任何一种专业活动都要求人们具有与该专业内容相联系的几种能力的结合。就一次完整的旅游活动或旅游经历而言,旅游者对旅游的需求仍是为了满足精神上的享受。这就要求旅游服务人员必须具有与之相适应的能力特征、气质特征和性格特征。

(一)旅游服务人员应具备的能力特征

服务员的意志、能力不一样,其服务水平也完全不一样,有高有低。在其他条件相同的情况下,旅游服务人员服务水平的高低,主要取决于个人的观察力、想象力、记忆力、思维能力、表达力、注意力、交际力以及本身业务熟练程度。想要成为一名受欢迎的旅游服务人员,就必须具备较好的言语表达能力、组织管理能力、人际关系协调能力及多才多艺的能力等。

1. 良好的言语表达能力

良好的言语表达能力有助于创造和谐的旅游气氛,促进旅游者的消费行为和购买后的满足感。文明礼貌、真挚和善的言语能引起旅游者发自内心的好感;明确、简洁、适当、中肯的言语能增强旅游者的信任感;富于情感、生动形象的言语能激发旅游者的兴趣;灵活变换的言语,能给旅游者以亲切感,使旅游者获得心理上的满足。

旅游服务人员在日常工作中,常常会遇到意想不到的新情况或意外变故,必须迅速适应,并快速说出适合于新情况下的得体的话。这就要求每个服务人员在日常口才训练中进行必要的"应变"训练,注意语言的净化,纠正不良的说话习惯,做到"五不讲":低级庸俗的口

---

① 雷国营,韦燕生.旅游服务心理学[M].天津:天津大学出版社,2011.

头语不讲,生硬唐突的话不讲,讽刺挖苦的话不讲,粗鲁侮辱的话不讲,不耐烦地催促客人的话不讲。在坚持用普通话的同时,应努力学习外语、地方方言及哑语,使自己的语言表达更加丰富、完善,能适应顾客语种多,来源广的客观需要。

2. 灵活的服务应变能力

服务应变能力,对于旅游服务人员是一种十分重要的能力,是指能冷静、灵活地处理突发情况或意外情况的能力。导游员常常会面对一些意外情况,这就需要把原则性和灵活性结合起来,能够遇事不慌,顺利解决各种棘手问题。

同步案例 抢劫案

某旅游团夜晚入住酒店后,大多数人回房间休息,也有部分旅游者外出游夜市。约23时,导游小王接到506房间客人的求助电话,说刚才他们逛夜市时,遭到3名持刀歹徒抢劫,手机、钱包被抢走。

(资料来源 http://www.doc88.com/p-1406163678723.html)

问题:小王该怎么做?

分析提示:第一步,立即打110报案,介绍案件发生的时间、地点、经过,提供作案者的特征,受害者的姓名、团号、损失物品的名称、型号、特征等;第二步,及时向旅行社报告,请求批示;第三步,安定旅游者情绪,继续旅游行程;第四步,写出书面报告,写明案件性质、应变措施、受害者的反应及要求;第五步,协助有关部门做好善后工作。

当出现一些突发性和意外性的事件,需要导游在比较短的时间内拿出解决问题的对策,有时一种解决方案不行,有可能需要几种不同的解决方案。如果导游具有比较强的应变能力,就往往能够将一些突发事件妥善地处理好,从而赢得游客的理解与尊重。

对于餐饮业服务人员,对在工作中可能出现的各种情况要有充分的准备,包括特殊情况的处理:如对年幼客人的接待,对醉酒客人的处理,对残疾客人的接待,对客人投诉的处理,对停电事故的处理,对衣冠不整的客人的接待,对带小动物进餐厅的客人的接待,对服务员不慎弄脏客人衣物事故的处理等。

3. 较高的组织协调能力

组织协调能力,主要包括在进行管理工作中的计划布置、组织分工、人际沟通协调等活动的能力,是为了完成一项或一个方面的计划任务所要具备的宣传发动、团结带领、指挥协调、沟通联系、总结推广的素质水平。作为一个合格的旅游服务人员,在组织协调能力方面应该做到以下几点:

其一,组织协调能力的提高。最基本的途径,就是理论与实践相结合,是将多门学科知识在工作中综合运用。要提高这种能力,必须使自己的知识面不断扩大,绝不能只局限于精通有限的知识。管理科学的丰富知识和技能,是提高管理人员组织协调能力的源泉和基础。因为专才只能做好分内业务工作,只有通才才能既熟悉业务又善于管理和协调。

我们通过人类科技史上著名的"曼哈顿工程"——选定由二流科学家成功地领导世界一

流科学家群体的故事——可以充分说明这一点,1942年,美国开始组织实施研制原子弹的"曼哈顿工程",工程经理的选任是个令人头疼的问题。参加该工程的科学家和工程技术人员共15万余人,其中有世界第一流的、诺贝尔奖获得者物理学家爱因斯坦、康普顿、费米等。这些人都是"专才",不适宜担任领导工作,经过反复考虑,美国总统罗斯福选中了奥本海默为这项工程的经理。与爱因斯坦等著名科学家相比,奥本海默只能算是个二流的物理学家,罗斯福为什么要选择他呢?原因在于他不仅是科学家,而且知识面广,有组织管理能力,善于协调科学家们共同工作。事实证明,罗斯福的选择是正确的。

其二,组织协调能力的核心问题是解决与人打交道的问题。旅游服务人员必须面对旅游者,学会与他们交往,处理好与不同性格的人的关系,这样,工作和管理起来才会更加得心应手。

对喜欢唠叨的人不要轻易表态,有些游客在本单位的工作中,已养成无论大事小事都喜欢请示、汇报,唠唠叨叨,说话抓不住主题的习惯,因此在旅游过程中,当遇到一些情况时,也会将这一习惯带进来,这种人往往心态不稳定,遇事慌成一团,讲究特别多。跟这样的人交往,在他唠叨时,轻易不要表态,这样会让他感觉到他的唠叨既得不到支持也得不到反对,他也就不会再唠叨了。

对喜欢争强好胜的人尽量满足他。这种人狂傲自负,自我表现欲极高,还经常会轻视别人甚至嘲讽别人。作为旅游服务人员,遇到这样的人,不必动怒。也不能故意压制他,越压制他越会觉得你能力不如他。在旅游过程中,旅游服务人员首先自己要做到正确地分解工作目标,制订出切实可行的周密的计划,把自己管辖范围内的事统筹安排,并适当地让这种人承担一些任务,实施合理有效的组合,给他一个表现的机会,使之争强好胜的心理得到满足。

4. 较强的人际交往能力

人们为了彼此传达思想、交换意见、表达情感和需要等目的,运用语言符号而实现的沟通称为人际交往。人际关系的协调能力指在工作中如何协调与顾客、与同事的关系,从心理学角度讲,人人都有合群的需要,希望在人际关系中得到爱与被爱、理解与被理解、尊重与被尊重。由于人际交往能力不强而产生的人际关系失调会使人产生寂寞感、孤独感和悲伤感,甚至导致心理变态。

旅游服务人员所服务的领域涉及方方面面,如餐饮、客房、接待、营销、外联等,旅游服务人员要具备较强的协调人际关系的能力,应做到以下几点。

(1) 要有诚信,尊重人的交往态度。

因为交往最基本的心理保证是安全感,没有安全感的交往是难以发展的。只有交往双方以诚相待,视对方为知己,才会使安全感不至于受到威胁。诚信的交往态度表现为真诚地尊重、关心游客,真诚地理解游客的情感、需求,由此赢得游客的信任。诚信的交往态度还包括有良好的交往技巧,例如,对游客热情友好、客观公正、尽力而为,并尊重他人意见,避免直接指责。每个人都希望受到他人的尊重,希望自我价值得到他人的认可与赏识。人们对威胁自我价值的人总是有强烈的排斥情绪。在旅游活动中,旅游服务人员要以支持他人的自我价值、尊重对方意见的方式与游客相处,发现游客有明显错误时,要学会提醒他,使游客感到旅游服务人员并不认为他不聪明或无知。

(2) 要懂得游客的心理特点。

旅游从业人员与游客交往的过程中,只有善于把握游客的心理活动特点,才能协调处理各种人际关系。比如,与游客个别交谈要善于从对方感兴趣的话题入手,谈话要大方,人际称呼要适当,以免带来负面影响。在与客人交流时,要注视对方,集中注意力,认真倾听,切不可左顾右盼,由于客人个性的差异,要求旅游服务人员对不同类型的客人要采取不同的交往方式。如对慎重型的客人,服务人员要采取温和态度,耐心回答询问;对怀疑型客人,服务人员态度应真诚、耐心,以取得客人的信任;对挑剔型的客人,服务人员应宽容,多听取意见,避其锋芒,解释应婉转,总之,应避免争论。从维持良好人际关系的角度来说,争论没有胜利者。因为一方的胜利常常直接伤害另一方的尊严,威胁另一方的自我价值。而且,这种争论可能会演化成直接的人身攻击,这对于人际关系而言显然是极为有害的。

(3) 要增强旅游企业内部员工的交往。

优秀的服务人员不仅要协调好服务人员与游客、企业与游客的关系,还要善于协调与同事之间的关系,以达到提高工作效率的目的,有的时候,同事之间关系紧张、不愉快,会直接影响到客户服务的工作效果,同事之间交往应掌握的技巧主要包括诚信、热情,理解,相互尊重帮助、不搞个人小圈子、不卷入是非漩涡。

5. 较强的推销开发能力

推销开发能力是旅游服务人员理论与实践相结合而产生的一种能力。旅游服务人员只有充分地了解旅游者的个性消费特征,才能不断提高推销开发能力。

由于旅游者的情趣和爱好不同,所以每个旅游者的消费兴趣的倾向性是不一样的,如有的旅游者喜爱人文旅游景点,有的旅游者则喜爱自然旅游景点;有的喜欢选择团队旅游,有的则偏好个人游览。有些人有多种多样的兴趣,但是不能持久,一种兴趣会迅速被另一种兴趣所代替。缺乏稳定兴趣的旅游者在选购旅游产品时,容易见异思迁、喜新厌旧,而兴趣稳定的旅游者,对旅游产品了解细致深入,购买活动有条不紊。有的人的兴趣只停留在期望和等待状态中,不能积极主动地努力满足这种兴趣。如果没有一定的推动力量,不能产生实际的效果。

旅游者的消费兴趣不同,对旅游产品的偏好也不一样。在旅游开发和旅游营销中就必须针对旅游者的兴趣来确定重心。对于喜爱清静安宁生活的旅游者来说,宣传的重心应该强调身心健康,突出清洁和宁静,体现自然和放松,主题则紧扣孩子和家庭;对于追求猎奇型生活的旅游者来说,宣传的重心应该强调经历和体验,突出新奇和刺激,体现创见和神秘,主题紧扣理想和时髦;对于喜欢交际的旅游者来说,宣传重心应强调交际和应酬,突出地位和名誉,体现自信和理想,主题紧扣活泼和成就;对于爱好历史文化的旅游者来说,宣传中应强调教育和见识,突出价值和意义,体现历史和文化,主题紧扣真实和生动;对于信仰宗教的旅游者来说,宣传重心应强调信念和信仰,突出神秘和神圣,体现虔诚和庄重,主题紧扣教义和教理;对于追求时尚潮流的旅游者,宣传重心应强调超越和解放,突出魅力和浪漫,体现方便和安全,主题紧扣时尚和潮流。

6. 掌握执行政策的能力

旅游服务工作也是一项民间外交工作,是一项政策性很强的工作,尤其是对不同国家、不同地区、不同民族的政策要十分清楚、明白,要认真掌握,坚决执行。否则,就容易出问题,就会给我国外交工作和旅游工作带来不应有的损失。

（二）旅游服务人员应具备的气质特征

旅游服务人员面对不同的服务对象，既不能任性，也不可过分刻板，旅游企业对旅游服务人员的气质有特殊要求。服务人员必须具有较强的可塑性、适当的感受性和灵敏性、较好的忍耐性和情绪兴奋性。

1. 较强的可塑性

可塑性是指旅游服务人员的气质对服务环境中出现的各种情况及其变化的适应程度。由于不同国家、不同地区、不同民族有不同的文化习俗和要求，特别是在"客人是上帝"的服务宗旨下，优质服务就是体现在满足各类客人的需要上。一般来说，美国人个性自由开放、幽默、爱开玩笑，荷兰人粗犷，法国人感情丰富，澳大利亚人直爽，日本人沉着，注意礼仪细节，英国人则绅士派头十足。因此，对美国人言谈要爽快，别太拐弯抹角；对英国人要讲点外交辞令，用词考究；日本人则要特别注意礼节；等等。对国内的游客，也要了解各地的风土人情和性格习惯，这样才能更有针对性地为客人服务。因此，决不能以服务员自己的气质去选择同样气质的旅游者，或者要旅游者的气质来适应自己。服务人员若没有较强的可塑性就很难适应不同客人的需要。如果服务员抱着"我天生就这脾气，宁折不弯；我没错，为什么要把'对'让给客人呢"等的态度对待客人的话，是不适合干服务行业的。

2. 适当的感受性和灵敏性

感受性是个体对于外界刺激的感觉能力达到多大强度时才能引起反应。感受性并不是一成不变的，由于某些因素的作用，感受暂时会提高或降低。灵敏性是指个体心理反应的速度和动作的敏捷程度。

在旅游服务工作中，旅游服务人员所从事的工作与一般工作不同，不管是导游服务还是饭店服务、交通服务，客人总是处于不断变化之中，然而服务人员的服务工作基本上是长年不变的。另外，游客的素质、修养、文化层次不一样，要求也不一样。如果旅游服务人员感受性太高，稍有刺激就会引起心理反应，势必会造成精力分散，情绪不稳定，影响服务表现；如果感受性较低，对周围发生的一切麻木不仁、毫无反应，会使游客对服务工作及整个旅游业不满。为了保证旅游服务人员能处在一个热情饱满、有序的工作状态之中，在工作中还必须具有一定程度的灵敏性。如果灵敏性低，反应速度太慢了，会延误服务时机，使客人感到受冷落。但服务人员过于敏感，反应速度过快，又会使客人感到服务员不稳重或过急。因此要保持正常的灵活性。

3. 较好的耐性和情绪兴奋性

耐性就是个体在遇到各种刺激和压力时的心理承受能力。情绪兴奋性是指个体遇到高兴或扫兴的事情时，是否能控制住自己情绪波动，始终处在遇喜不骄、遇挫不馁的状态。

按照单一性需要理论，过分持久的单一性工作必然会引起厌倦，产生一种不同寻常的压力，会使人难以再继续承受这种工作。旅游服务人员在不同的服务工作岗位上长年重复着同一类型的工作，而旅游企业对服务人员的要求，一批批新来的旅游者的需要，都期望各种旅游服务人员把旅游服务工作做好，把众多的旅游者的兴致和情绪调动起来，这就要求服务人员有忍耐巨大心理压力的本领，并精神饱满地将单一的服务工作搞好。旅游服务人员具

备了忍耐性,就可以调动情绪兴奋性,克服巨大的心理压力,进而更好地控制住自己的情绪波动,把工作做得更好。

(三)旅游服务人员应具备的性格特征

我们都知道,会计比较细心,科学家喜欢精确的数据,律师逻辑推理能力强,长期从事某种职业的人,就会一点点养成该种职业的性格。每个人在活动过程中对客观现实给予他的种种影响,特别是社会环境的影响,都有其独特的、各不相同的对待方式和与之相应的行为方式。如果这些方式在他的生活中是经常的、稳定的,那么这些态度和行为方式就成了一个人的性格特征。

在旅游服务工作中,服务人员的性格品质相当重要,具有谅解、支持、友谊、团结、诚实、谦虚、热情的良好性格特征,就能够与客人建立和谐的人际关系,保持最佳的服务状态,使客人感到亲切,乐意接受服务,否则,就容易导致人际关系的紧张,工作热情降低,使客人产生不满。服务人员要有独立性、适应性、事业心、责任心和恒心,只凭小聪明,没有好的性格品质,工作绝不会产生高效率。

在实际的旅游服务工作岗位上,具体工作不同,其性格要求是有所差异的。一般说来,导游员应具有乐观外向、冒险敢为、有恒负责、想象力丰富、独立能力强、果断等性格特征,前台服务员应具有热情、外向、沉稳、灵活、麻利干练等性格特征,客房服务员应具有有恒负责、勤恳踏实、自律严谨等性格特征;餐厅服务员应具有热情外向、顺从、敏感、安详、沉着、自信、当机立断等性格特征;从事材料保管工作的服务员应具有负责、自律、严谨、现实、合乎常规、心平气和等性格特征。

二、旅游服务人员应具备的角色意识

旅游服务人员作为旅游活动的组织者、服务者,所扮演的角色自然要符合旅游服务工作的职业要求。旅游行业的特殊性和复杂性决定了旅游从业人员必须认识角色理论,树立正确的角色意识,明确扮演的角色,才能做好本职工作。

(一)树立正确的角色意识

角色是指个人在社会关系中的特定位置和与之相关联的一整套权利、义务和行为模式。它反映了社会赋予个人的身份和责任。每个社会成员在某一时刻都处于某种社会位置上,这时他便充当着某一社会角色。社会、组织或个人对在这个组织中占有特定位置的人的行为都持有相应的期望,这就是所谓的角色期望;符合角色期望的个体行为会受到社会的认可和赞许。当一个人认识到自己在某一时刻所担当的社会角色和角色期望时,便产生了角色意识。角色意识会调节和控制个人行为,使之表现出符合某一社会角色的行为。个人按其特定的地位和所处的环境,遵循角色期待所表现出来的一系列行为,即为角色扮演。

在旅游服务工作中,有不少旅游服务人员认为服务低人一等,是伺候人的,与游客(这是另一种社会角色)相比,感到不平等,内心很不平衡,于是产生自卑感,尤其是当游客在言语与行动上稍有不当时,他们心里更不平衡,甚至与游客发生冲突。造成这一原因的关键是服务人员不能正确理解和处理角色与角色之间的关系,以及充当角色的人和角色之间的关系。社会心理学研究认为,社会角色具有"非个性"特征,也就是说,不管任何人,也不管他有什么样的个性,只要他充当了某种角色,他就须按照角色所赋予的规范去行动。

社会上的每个个体都承担着一定的社会角色,并按照角色定位进行着角色扮演,而且每一个人都可能同时承担着多个不同的角色,随着情境的不同,角色也会变化,如一个教师,在家是妻子、母亲,去旅游时是游客。在社会生活中,每个成员在特定的职业岗位上工作,便充当着特定的职业角色。某一职业的特点,决定了社会对这一职业的角色期望,而从事这一职业的个体,就应该形成与之相符合的角色意识,表现出符合其职业的行为。作为一名旅游从业人员,社会期待他能具备旅游行业所需的相应的心理素质,以便能胜任旅游从业人员的角色。

在旅游服务行业中,买方与卖方的关系决定了服务者与被服务者之间是一种角色的不平等关系,因此,作为旅游服务人员必须意识到自己在旅游服务工作中扮演的是服务员的角色,要摆好与客人的角色位置,尊重客人。同时,还要正确认识社会角色的不平等是合理的不平等。这并不意味着人与人之间人格品质的不平等。很多游客出来旅游就是为了放松,通过旅游而得到一种愉快的体验,他们潜意识里最在意的是旅游服务人员对他们的尊重和关注,而不是花钱买罪受。由于顾客的性格特征、喜好、年龄、经历等各不相同,不同的顾客沟通方式和处事习惯有所差异,因此作为旅游从业人员就要在脑海里强化"我一定要为顾客服务好"、"我如何才能让顾客满意"等意识。

(二) 旅游从业人员的角色扮演

社会对旅游从业人员的角色期望,决定了旅游从业人员在工作中的角色应该具有多重特征。旅游从业人员的这种多重性决定了旅游从业人员一职多责的角色扮演。旅游从业人员要常常扮演以下几种角色:

1. 宣传员

旅游从业人员的首要角色是要让游客感觉到组织的团队特色,及时做好组织的宣传工作,维护组织形象,展示团队风采。同时,既要"眼观六路,耳听八方",及时收集旅游途中的逸闻趣事,增添旅途的情趣,还要充分利用自己的专业知识和人格力量,传播旅游地区的文化和人文精神,让游客在直观地感觉到旅游地的风土人情的同时,陶冶自己的情操。

2. 管理者

旅游从业人员既要为游客旅游观光献计献策,还要科学安排与协调游客的具体活动,同时还要从容应对景点的人和事。当发生意外事故时,还要充分利用已有的相关知识当机立断,妥善应对和处理意外事故。

以导游为例,如当嘱咐游客多穿衣服或明天爬山要穿合适的鞋时,导游就像母亲对自己的孩子一样细心体贴,呵护和照顾身边的游客。亲和力对于导游人员来说显得尤为重要。它要求导游平易近人,亲切温和。如果一名导游知识渊博、能力强,但他不苟言笑、面部表情麻木,不与游客交流,那么这个团队的服务质量可想而知,导游一定要从言行举止、态度等方面提高自己的亲和力。导游在带团时,要着重塑造自己的职业形象,形成一种比较轻松的风格和热情的个性,理智地行使领导权,才能充分发挥自己的人格魅力。

3. 服务员

旅游从业人员应该在掌握和了解游客心理状态的基础上,用扎实的专业知识、诚信友好

的态度和热情开朗的个性品质构建出别样的风景,陪伴游客完成愉快的旅游,发挥个人的人格魅力,妥善处理好游客与团队及个人的关系。

随着人们旅游意识的增强,游客对旅游服务需求的提升和市场竞争的加剧,服务意识应贯穿旅游企业的业务流程之中,根植于每一个旅游从业人员每一天的行动之中。有些旅游从业人员可能会觉得游客很难得到满足或游客的要求很高。可是旅游从业人员是否曾审视过自己的思维和意识,在向游客提供最好的产品或服务时,旅游从业人员是否想真心地向所有的游客提供自己最优质的服务呢?服务意识和服务能力的区别在于,服务能力是能不能做好的问题,而服务意识是愿意不愿意做好的问题,服务意识是满足游客潜在需求的服务能力。为了能及时、准确地识别游客的潜在需求,就需要服务人员主动关注游客。察言观色,通过主动与游客沟通来发掘游客的潜在需求,从而尽可能满足游客的需要;只有在内心深处拥有强烈的服务意识,旅游从业人员的一举一动才能打动游客,游客才能回报旅游从业人员,才会产生对旅游企业的信任和忠诚。

三、旅游服务人员应具备的情绪情感特征

在日常生活中,正是有了喜与悲、苦与乐、爱与恨,生活才变得丰富多彩、充满意义。看到自然界的美好景色,我们会感到高兴;工作中取得成绩,我们会感到满足与自豪;对别人遇到不幸,我们会深表同情,这些都是一个人情绪、情感的体验和表现。情绪和情感是人对所反映的客观事物的态度体验和相应的行为,是由于客观事物是否符合自身的需要、意愿而产生的;人的情绪态度直接影响人的生活态度和工作方式。从一定程度上来说,旅游从业人员是游客情绪的引领者,旅游从业人员的情绪情感直接影响游客的情绪,也同样影响工作效率。

旅游从业人员积极的、稳定的、平和的情绪,是旅游从业人员和谐、妥善解决和处理各种各样的一般事件、突发事件以及危机事件的重要保证。假如旅游从业人员的情绪不稳定,控制力差,容易激动而表现出冲动的言行,那么势必与公众发生冲突,而旅游从业人员与公众的任何冲突都是不可原谅的。它既是团队职业道德不允许的,也是个体职业道德和职业技能所不允许的,因此,积极稳定的情绪体验、良好的情绪状态是旅游从业人员所必需的。稳定的情绪体验包括以下几个方面:

(一)保持良好的心境

心境是指一种具有渲染性的、较微弱而又有持续作用的一般情绪状态。每一个旅游从业人员都有自己的个人生活,都有喜怒哀乐、七情六欲,重要的是在投入工作状态时,应善于控制自己,因为心境具有弥散性的特点,所以如果旅游从业人员的心境是消极的,他将会用这样的情绪与公众交往,甚至影响游客。反之,他用饱满的情绪回应游客,并与游客友善合作,这样他与公众的交往就能取得满意的效果。可以这样说,保持良好的心境是旅游从业人员心理素质的核心内容,一方面要经得起游客的赞扬而不自我陶醉,另一方面要随时准备承受某些误解、委屈,甚至打击。

人是有感情的、有个性的。而感情和个性又会随着环境的变化而变化,一个人外出旅游时,这种变化更加明显。作为旅游从业人员,只有热爱本职工作,正确地认识旅游服务行业的重要性以及游客的心理,并具备良好的职业意识,才能在工作中产生极大的热情,始终以

良好的情绪和精神状态出现在工作岗位上。由于受中国传统思想的影响,长期以来,人们对服务业的认识比较狭隘,认为这是低人一等的行业,没有什么发展空间。所以,旅游服务业的水平提高较慢。但如今,旅游业已成为一个新兴的朝阳性行业,而且在以后的社会发展中,它将发挥越来越重要的作用。

(二)要有稳定而持久的情绪情感

有人说服务行业是一个"情绪行业",是靠服务人员热情、周到的服务去赢得顾客,赢得效益的。稳定而持久的情感是与情感的浓厚性联系在一起的,是在相当长一段时间内相对不变化的情感。具有稳定而持久的情感的旅游服务人员,常常会将其定位在对服务工作的热情上,积极的工作态度始终如一,这就要求旅游服务人员要有浓厚的情绪情感基础,具有浓厚情感的服务人员是情感倾向性高尚的服务人员,他们在服务工作中的热情不是凭空偶发的因素,他们对游客的热情也不是靠一时冲动,而是能够在服务工作的方方面面表现出来。

(三)提高抗挫折的心理能力

抗挫折的心理能力是指人在遭受挫折产生痛苦、焦虑、内疚等情绪时,个体能采取积极乐观的态度来减轻或消除内心的痛苦、焦虑、内疚等情绪,并努力改变现实,求得心理平衡的能力。旅游从业人员所承担的旅游从业角色的多重性和职业的特殊性,使旅游从业人员不可避免地会在工作和生活中遇到各种各样的不尽如人意的事件。

提高抗挫折的心理能力,要求旅游从业人员采用积极的心理防卫机制,如升华、补偿、幽默等。升华是指一个人在受到挫折后,将自己不为社会所认可的动机或需要转变为更高级的、社会能接受的目标或动机,进行各种创造性活动。补偿是指由于主客观条件的限制和阻碍,个人目标无法实现时,设法以新的目标代替原有目标,以现在的成功体验去弥补失败的痛苦。幽默是指一个人在遇到挫折、处境困难或尴尬时,用有趣或可笑而意味深长的方式来化解困境,维护自己的心理平衡,提高抗挫折的心理能力。升华、补偿、幽默的合理运用,将有助于旅游从业人员保持稳定的情绪和良好的心境。

(四)学会自我调节情绪

情绪的自我调节主要包括两个方面,即保持愉快的情绪与克服不良情绪。旅游从业人员学会情绪的自我调节是指在旅游服务过程中保持愉快的情绪体验,并与游客共同创造快乐。宽容对人、忍让处事、广交朋友、热心助人等都是有效的方法。同时,及时排遣不良情绪、转移注意力、自我放松等,也都是克服不良情绪的良方。这就要求旅游从业人员要有较强的自制力。这种对个人感情、行为的自我约束力,体现在谦让忍耐,无论在什么情况下,都能镇定自若,善于把握自己的言语分寸,不失礼于人。同时还能克制、调节自己的行动,遇到困难、繁重的任务不回避,不感情用事。

比如一名服务人员,某一天要同100位顾客打交道,可能第一位顾客就把他批评了一顿。他因此心情变得很不好,情绪很低落,但不能回家,因为有99位顾客还在那儿等待着你。这时候,如果你是那位服务人员,你会不会把第一位顾客带给你的不愉快转移给下一位顾客呢?这就需要服务人员及时调节自己的情绪。因为对于顾客,你永远是他的第一个,你应该以热情周到的服务迎接每一位顾客。

第二节　了解旅游者心理状态的方法

旅游服务心理以旅游者为研究对象,在旅游业的主要工作范围内,旅游从业人员只有了解旅游者的心理特征和行为特点,明其所思、知其所想,才能提供令旅游者满意的各种服务,从而做好旅游工作,如何了解旅游者?一般来说,可以通过下面几个步骤进行。

一、从旅游者的外部特征入手

旅游者的外部特征,主要是指他们在相貌、体型、肤色、发型、服饰等外观上的差异;它既包括总体形象,也包括局部特征。

(一) 通过表情判断

千差万别的相貌,充满着生动的、有神韵风采的、具有丰富内涵的表情。观察旅游者的相貌,主要是观察表现出的表情。因为人的面部表情的变化,不仅能反映一个人在某一特定时间或场合下的情感状态,而且在一定程度上还可以反映一个人的性格特征,关键在于如何解释。

相貌是静态的,表情是动态的。因为,表情是一个人情绪情感的外部表现:一个人的面部肌肉如因长期受某种情绪影响,成为一种"固态的表情"后,也会成为相貌的一部分,并反映出其性格特征。长期郁郁寡欢的人,其眉心和嘴角就会形成较多的皱纹;一贯开朗乐观的人,其面部肌肉也将平滑松弛;一个善于用脑的人,可能反映在眼睛锐利、前额开阔等外貌上。可见,人的相貌不仅具有生物性功能,同时也具有表现情感的社会性功能。相貌虽不等于表情,但表情通过相貌来表现。表情本身就是旅游者个体心理的反映。只要能做到通过观察相貌,大体了解其性格特征或情感状态,就会使服务工作更具有针对性。

事实上,人类的惊奇、愤怒、憎恶、高兴、悲伤、害怕等复杂感情不仅基本一致,而且都可以从面部表情反映出来,因为情绪情感的产生会导致有机体内部和外部的变化。当情绪情感产生时,大脑皮质的兴奋过程就由皮层传导到皮下中枢,而皮下中枢管理着呼吸、血液、循环、消化、分泌等中枢,因此,皮下中枢的兴奋就会引起许多内脏器官活动的加强:当情绪好时,呼吸正常,内分泌均匀,面部肌肉顺畅,平缓;否则,呼吸短促,心脏剧跳或缓慢,面部皮肤由于内分泌紊乱而显出扭曲、僵硬、头昏、消化不好等明显或不明显的表现,这样就会有表情的产生。

表情有非习得和习得的成分,它包括面部表情、声调表情和体态表情等。

1. 面部表情

在通常情况下,人们的目光与面部表情是相一致的,都与内在的心理态度相对应。眼睛在惊奇时睁大,轻蔑时眯缝,小看时斜视,高兴时闪光,感兴趣或想获得时目光专注。谈话时,双眼注视远方,表示对讲话者的谈话不感兴趣或在考虑别的事情;讲话者若两眼注视对方,表示他说话的内容为自己所强调或希望听者更能理解;目光躲闪或有意避开目光接触,说明某人缺乏足够的信心,怀有自卑感,或表示羞怯害怕;有时也可能表明内心有不高兴或痛苦的事情;眼睛直直地盯着对方,嘴唇紧闭,表示抗议或愤怒;不住地眨眼睛和较多地舔嘴唇,表示心情很紧张。还有古人说的"眉目传情"、"望穿秋水"等都是用眼神表达情绪情感的。这就是为什么说"眼睛是心灵的窗户"。

> **知识活页**
>
> ### 不同的目光
>
> 不同的目光显示不同的心理状态:"看"一般是指没有感情色彩的;"扫"、"瞟"则代表不在意或是看不起;"盯"表示痛恨;"瞄"、"眦"、"窥"则意味着害怕或是难为情;"盼"、"顾"、"望"都可以代表期待的心情;"觑"意味着无奈;"瞠"则表示惊奇;"瞪"代表生气;"炯炯有神的目光"说明身心健康、朝气蓬勃、积极进取;"目光呆滞"则代表情绪抑郁、无望无助。

在特定的情况下,如情境要求人们做出特殊的表情,以便控制自己留给别人的印象时,人们的眼神与表情会出现分离。在这种情况下,透露人们内心真实状态的有效线索是眼神,而不是表情。因为表情是可以伪装的。实际上,眼神与表情相分离这一事实本身,就是人们作假的有效信号。只不过在一般的情况下,人们只去注意容易觉察的大肌肉运动,而不去注意眼神的变化。

科学家对动物的研究也证实,猫在看到感兴趣的食物和猎物刺激时,它有瞳孔扩大反应现象。心理学家的研究证实,人的情绪变化,首先也反映在不自觉的瞳孔改变上:当人的情绪变得兴奋、愉快时,瞳孔会不自觉地变大。一位男子看到迷人的女郎,或一个女性看到潇洒的男子,都会有瞳孔放大的反应,有人研究过人们打扑克时的瞳孔反应,发现如果抓到了自己期望的好牌,情绪兴奋就会陡然上升,并出现瞳孔放大。

更进一步的科学研究还揭示,对于令人厌恶的刺激物,人们的瞳孔反应不是扩大,而是明显缩小,当人们的情绪从愉快转向不愉快或突然出现令人不快的人或事情时,瞳孔会不自觉地缩小,并伴随程度不同的眯眼和皱眉。可见,人的眼睛是其内心情感状态的良好指示器。

我们的鼻子、眉毛、嘴巴甚至耳朵都能够流露出某种心境。如鼻子——皱表示厌恶,抽表示有怪味,哼表示排斥等;眉毛——眉高眼低、眉飞色舞;嘴巴——龇牙咧嘴等。

2. 声调表情

声音更能表达心意。如诉衷肠时,声音柔软,慢速,低音,含糊;愤怒时,粗声大嗓,声音颤抖;不满时,冷淡,轻蔑;悲哀时,喉头哽咽;讽刺时尖刻等等。有这样一个事例:一位著名的悲剧演员去异国访问,在宴席上即兴表演,演员悲悲惨惨的声调、悲痛欲绝的面部表情使在座的虽听不懂他的语言,但仍洒下同情的泪水,只有翻译忍俊不禁,笑出声来。原来,此演员是在声情并茂地念菜单上的菜名。

3. 体态表情

体态表情是指四肢活动时通过全身姿态实现的,如欢乐时手舞足蹈、捧腹大笑;悲痛时号啕大哭、捶胸顿足;爱护时拥抱相抚;仇恨时摩拳擦掌等。初次与人相见,握手有力,可知此人比较自信、豪爽;相反,见人恭敬有礼,非常客套并躲开别人的视线,说明此人谨慎小心,自我防卫心理较重;坐姿随便,跷着二郎腿,两个胳膊占据很大位置,可见此人性格开朗;坐下时双腿紧闭,只坐半个椅子,手规规矩矩地放在膝上,说明此人性格内向、拘谨;斜着身子,抱着胳膊,表明拒绝和排斥的态度。双方坐得非常近说明关系亲密,谁也不会与自己不喜欢的人亲密无间地坐在一起;坐在椅子的边缘,并将手搁在膝盖上的人是表明对对方的尊敬;双手抱着头而斜靠在椅子上,表明对谈话内容已感到厌烦;坐在房间最里边并注视房间入口的人,多半有强烈的权力欲;背对着房间入口或坐在边角的人,一般比较自卑;居中而坐的是有信心的表现。

手势也流露人的内心思想活动以及素养与态度,如竖起大拇指表示称赞、夸奖、了不起、老大的意思,竖起小拇指表示轻蔑、贬低、差劲的意思等。交谈时,当说到自己时,不要用手指自己的鼻尖,而应将手掌按在自己的胸口上以示端庄大方、谦虚文雅。讲到他人时,不能用手指指点点,尤其是在别人背后这样做是最不雅观、最不礼貌的表现。介绍别人时,应掌心向上,由内向外自然地伸开手掌,这样让人感觉恭敬、礼貌、谦和。

几十年前,美国爆出了政治丑闻——"水门事件",之后,尼克松总统在接受记者电视咨询时,手有抚弄脸颊、下巴、鼻子等动作,这是他以前接受记者采访时所没有的动作,而这些动作说明了他内心的紧张和不安,使人们由此判断总统可能涉足此事。最后调查证明了这一点,尼克松因此被迫辞职下台。

人的每种情绪情感都有自己所特有的在面部、语调或姿势方面的表现方式。通过表情不仅能够了解旅游者的情绪情感状态,还可以了解其思想意图。一皱眉、一微笑,则某人对某事的态度一目了然。表情传达人的思想情感表现得淋漓尽致与微妙,甚至于语言都无法相比。

然而,表情的产生又与人的文化知识、性格涵养有关。一般来说,正常成年人的表情是可以有意识控制的,是可以随意调节变化的。如王熙凤"满面含春威不露,丹唇未启笑先闻"。人的表情的多样性可以掩饰相貌,对人的相貌的推断还有许多主观方面的偏见因素。所以,通过相貌了解旅游者的心理只能作为一种参考因素。

(二)通过肤色判断

肤色可提供旅游者的国籍、民族、职业方面的信息。西欧、北美等地区的白种人居多,非洲、南美等地区的黑种人居多,亚洲多为黄种人。脑力劳动者在室内时间较多,与农民及长期在野外工作的人相比,一般说来前者的皮肤要白些。但是,切不可仅凭肤色了解游客,还需要从体貌、服饰、语言等几方面进行综合了解,这样才能较准确地知觉对方。

同步思考

一天，某星级饭店来了一位先生入住某房间，服务员小李一看是黄皮肤的客人，赶忙端上热茶，用中文说："您好！先生，欢迎光临，这是欢迎茶。请！"她把茶放在茶几上。小李见客人从自己一进门就茫然地看着自己，一句话也不说，挺纳闷儿。当小李快要出房间门时，那位先生说话了，他用英语说他不是中国人，是日本人。这时小李心想明明是一张中国人的面孔，想不到不是中国人，立即感到十分尴尬，原来自己认错了人，非常不好意思，立即用英语向客人道了歉，又解释了自己刚送的是欢迎茶等。客人听明白后，小李这才愧疚地与客人道别，退出了房间。

问题：小李犯错的原因是什么？

答：简单地只凭肤色相貌判断。

大多数客源国的外宾是很易于识别的，如欧洲、非洲等地区的客人，其特征是明显的。但也有与我国邻邦的亚洲的一些客源国的客人，外表形象与中国人近似，如日本、韩国等国客人不易区别。遇到这种情况应细心观察，客人一入店，服务员应首先了解入店客人的国籍、性别、年龄、身份，以便使用恰当的礼节与语言来接待。

（三）观察发型服饰

与相貌、体型、肤色不同，发型与服饰是可以自由选择的。头发的造型是与每个人的工作性质、脸型、头型、体型、年龄以及季节变化等因素相适应的。一般说来，喜欢流行发型的人，性格活泼开朗，适应力强；蓬松的发型、爆炸式发型，意在突出自己，吸引他人的注意；将头发剪成适合某社会集团的需要，表示对所隶属团体的忠诚。

"服饰主要包括服装、化妆、携带品和装饰等方面，其中服饰是主要方面。"[①]服饰不仅反映着一个人的性别、年龄、职业、地位，也反映一个人的社会角色、性格以及情绪倾向，因而服饰在交往过程中也是一种无声语言，显示着说话者的相关信息，甚至是说话者的真实意思。服饰往往表明你是哪一类人物，它代表你的个性、喜好。一个和你会面的人往往自觉不自觉地根据你的衣着判断你的为人。追逐时尚的人总是穿着流行服装，注意自身修养的人会根据自己的喜好选择适合自己的衣服。

化妆也是一种特殊的身份语言和表现方式，是为了更好地向别人展示自己。佩戴首饰本质上也是化妆的延伸。一个人的化妆风格直接反映着一个人期望向他人表露自己的某些信息，反映着一个人的审美情趣与性格特点。有强烈的吸引他人注意欲望的人会不顾自身的特点，一味地浓妆艳抹。而性格稳重、知识修养较好的人往往是淡妆。首饰的佩戴不仅能显示一个人的性格，也能反映一个人的品位。有人只用一个小巧精致的首饰便可尽显自己的高雅气质与独特品位，有的人十指钻戒却让人感觉俗不可耐。所以，与人交往不仅要注意

[①] 雷国营, 韦燕生. 旅游服务心理学[M]. 天津：天津大学出版社, 2011.

自己的衣着、化妆和饰品,同时也应通过观察他人的服饰、化妆和首饰来判断其特点。

一般来说,性格外向的人喜欢明亮的颜色与流行时髦的样式;性格内向的人喜欢深沉的颜色与四季通行的样式,不过分追求装饰自己。现在戴戒指等装饰物的旅游者越来越多,当他们在总台伸手填表,或在餐厅伸手接菜单,或在与你握手的时候,都可以明显看到。这样,你还可以根据女士所戴戒指的质地与部位,判断她是已婚还是未婚,准确地称呼她为"太太"或"小姐"。

(四) 持证人与照片的比对

对持证人与照片的比对,主要是以证件的照片为准进行直观的比对,看持证人什么地方与照片不相符,其步骤是:

1. 头部骨骼的比对

人的面部特征的不同,首先决定于头部骨骼的形态。因此,检查人员要抓住持证人面部突出的骨点(如颧骨、前额骨、眉弓骨、下颌等部位)特征,用照片骨点去比对持证人的面部轮廓是否相符。因为人面部的软组织部位可胖可瘦,可化妆改变其形态,但骨点是无论如何也改变不了的。

2. 五官特征的比对

第一,看眼眉有何特征,是哪种类型,眼眶的形状大小,眉毛的形状是粗还是细,颜色是浓还是淡,走向是上翘还是下垂。第二,看嘴的类型,嘴是大还是小,嘴唇是薄还是厚,牙是外露还是内收。第三,注意观察鼻子,特别要注意其特征,是高是平还是勾。第四,注意耳朵的形状。第五,要注意脸上有无明显特征,如黑痣、伤疤等。至于胡须、发型、发色、衣服、鞋帽等是可以改变的,只在鉴别时作参考。

二、通过言语、动作观察

(一) 言语

常言道"言为心声"。言语,是了解一个人内心世界和性格特征的有效途径。例如,文化修养较高的人,说话都比较文雅,并注意修辞;说话节奏快的人,自信心都较强;无视他人话题、爱抢话头的人,支配欲较强;故意提高嗓门的人,是想压倒对方。从说话的内容可以判断他们的职业,从口音可以判断他们是哪个地方的人。但有的人,有时根本不愿意别人知道他是怎样的一个人,常用沉默或模棱两可的言语进行遮掩。所以,听话也是一种艺术。听话不仅要听懂对方已说出来的话,而且还要善于根据说话的情境、言语的表达方式、音量、音速等,揣测对方的言外之意,又要善于认知说话者的心理。古人说:"听话听音,锣鼓听声",就是这个道理。

(二) 动作

手势动作是极其丰富复杂的符号,它更能直观地反映人的内心世界。握手已成为旅游服务业不可缺少的礼节,通过握手的方式与力感,可以反映客人的心理特点。性格外向、自信心强的旅游者常主动伸出手,而且力度很大,像一把铁钳子;如果是男士,一面握着你的手,一面注视你的面孔,他一定是位不易妥协的人;如果是女士,是力求引起你的注意,获得你的好感的表示。如《牛虻》一书中的主人公亚瑟每逢情绪激动时,就会把手旁的东西撕碎,以此缓解心绪的起伏。

不同的民族文化用不同的体态表情来表示相同的意义。如打招呼是一种普通的交往行为,中国人过去相互见面是打躬作揖,欧美人则用握手、拥抱、接吻等方式。西方国家的旅游者发表意见时爱用手势,而且有些手势的含义与我们的习惯很不一致,因此对他们所使用的手势要有所了解。

但也有许多基本动作是属于全人类的,比如以鼓掌表示欢迎、感谢,挥手以示再见等。

走路,是健康人生活中不可缺少的身体动作,但每一个人都有不同的走路姿势。走路的快慢与一个人的年龄及健康状况有关。但一般说来,高兴时步履轻盈,甚至手舞足蹈;沮丧时,走起路来脚步沉重,两肩下垂,驼着背,弯着腰;有的将双手探入口袋中,很少抬头往前看,纵使眼前出现万丈深渊好像也不顾。走路还反映人的身心健康状况。无论是否有急事,总是步履匆匆,这种人性格外向、急躁;步伐缓慢、上身向前微倾的人,性格内向平和。这些则说明走路反映性格。

动作还包括头姿、站姿、坐姿等身体的各种姿势。心理学家们在警告人们不要为动作的假象所迷惑时,提出了四条原则:

(1) 离脸部越远发生的动作越为真实;
(2) 越不自觉的动作越为真实;
(3) 越不明显的动作越为真实;
(4) 越不自然的动作越为真实。

用以上四条原则来检验人们的动作,更能使我们达到准确地认知旅游者心理的目的。

三、通过行李、用具、生活习惯观察

(一) 观察客人的行李用具

在住店客人中,行李很多,吃穿用都有的,多属回原籍探亲旅游的华侨、港澳台同胞;行李很少,若随身带有摄像机、照相机的,多属作家、记者以旅游者身份收集写作素材;若只有一对青年男女,多属蜜月旅游等。这些都是很容易观察出来的。

(二) 观察客人的生活习惯

由于国籍、民族、职业、性别、年龄、身体素质等的不同,每个人都有由于长期生活所形成的风俗习惯和生活特点。例如,回族人饭前饭后要洗手,室内也要求洁净,日常喝水不动别人的杯碗;不但不吃猪肉,就连与"猪"的同音字也避讳;维吾尔族人有时喜欢送一些吃食东西给服务人员,如果坚决拒绝,他们会不高兴,如果实在拒绝不了,要用双手接受,忌用单手或左手;西方人忌"13"这个数字,还有的连"3"也忌讳。有的客人喜欢喝早茶,有的客人喜欢吃夜宵,有的客人用餐时喜欢佐醋;有的客人习惯早睡早起,有的客人又习惯晚睡晚起等——对这些情况服务员不要无礼地打听。

教学互动

互动问题:旅游者的心理状态各不相同。

1. 如何了解旅游者的心理状态?
2. 心理状态对旅游有什么影响?

要求:

1. 教师不直接提供上述问题的答案,而引导学生结合本节教学内容就这些问题进行独立思考、自由发表见解,组织课堂讨论。
2. 教师把握好讨论节奏,对学生提出的典型见解进行点评。

内容提要

旅游服务人员应具备较好的个性特征,还应具有较强的可塑性,适当的感受性和灵敏性,较好的耐性和情绪兴奋性。旅游服务人员应树立正确的角色意识,扮演好宣传员、管理者、服务员等服务角色。旅游服务人员应具备好的情绪情感特征,要了解旅游者的心理状况,应从旅游者的外部特征入手。

核心概念

可塑性;感受性;忍耐性;角色;心境

重点实务

角色意识在旅游服务中的运用。

知识训练

一、简答题

1. 旅游服务人员应具备哪些能力特征?
2. 旅游服务人员应具备怎样的气质特征?
3. 旅游服务人员应扮演什么样的角色?
4. 旅游服务人员应具备的情绪情感特征有哪些?

二、讨论题

1. 旅游服务人员有些受旅游者欢迎,有些则相反,请运用相关知识加以分析。
2. 观察客人的生活习惯对宾馆服务人员有什么意义?

> 能力训练

一、理解与评价

一些国际饭店在招聘员工时,曾有这样的要求出现:"对中外民俗比较了解者优先"。请给予解释。

二、案例分析

不顺利的住宿

背景与情景:某学校在某三星级饭店为单位的客人预订了两个标准间。三位客人下午6点由校方陪同入住该酒店。来到总台,服务员要求客人填表并出示身份证,而三位客人的身份证不便取出,这时学校外联人员提出:"我是通过公关销售处预订的,能否先请客人进入房间,然后由我在此办理手续。"因为外联人员只有一个身份证,服务员不同意。双方在僵持不下时,过来一位饭店主管,了解此情况后,同意留下外联员一人办理手续,并用其身份证为其他客人担保,让行李员带领客人先进房间。由于入住得不顺利,又耽误了很长时间,使预订方非常不满。

(资料来源 http://www.docin.com/p-35322370.html)

问题:

1. 按照饭店规定,每位客人入住都应填写住宿登记表,并出示身份证,这是常规,似乎没有错,但客人为什么不满意?

2. 前台服务员缺乏哪些品质?

第九章
导游服务与饭店服务心理

学习目标

通过本章学习,应当达到以下目标:

职业知识目标:学习和把握旅游者在游览活动过程中的心理特点及导游的心理素质;熟悉应该如何针对旅游者的心理特点做好导游工作。学习和饭店服务中前厅服务心理、客房服务心理、餐厅服务心理、会议服务心理、康乐服务心理、购物服务心理等内容;掌握满足旅游者在不同场合下心理需求的服务策略。

职业能力目标:运用本章专业知识研究相关案例,培养在与"导游服务心理"、"饭店服务心理"相关的旅游服务情境中分析问题与决策设计能力。

职业道德目标:结合"导游服务心理"、"饭店服务心理"教学内容,依照行业道德规范或标准,分析导游应该如何更好地提高带团效率;提高饭店人员的服务意识,强化职业道德素质。

引例:当机立断的全陪

背景与情景:西安某旅行社在7月份组织了一个旅游团前往桂林游览,安排了一名全程陪同人员,整个行程都比较顺利,但在返回的那天,由于火车晚点12小时,当时全部游客都要求返回酒店,推迟返回西安,但当时全陪坚决要求当日返回西安,回到西安后的第二天桂林就发生了洪灾,因此他们都很感激全陪的当机立断。在本例中,该旅游团在7月份去桂林旅游,时逢南方多雨的季节,而广西的地形以山地丘陵为主,突降的暴雨和可能的塌方会给整个旅游团的行程造成诸多不便,严重的还可能给旅游者和旅行社造成经济损失。假如全陪不能当机立断,却采纳了游客的意见,很可能会几天甚至一个星期滞留桂林,而接下来的问题和要做的工作可能会更多。

(资料来源 http://www.docin.com/p-628869802.html)

随着旅游业的发展,旅游活动大众化的特点日趋明显。越来越多的旅游者不断地从"茫然不知所措"逐渐走向成熟,因此,旅游者对旅行社导游人员的服务要求也越来越高。作为联结旅游者与旅游景点、沟通旅游者和旅行社的导游人员,就肩负着了解旅游者的心理需求,选择恰当的导游服务方式,运用高超的导游艺术的任务。了解了游客的心理需求,提供有针对性的导游服务对于提高旅行社的旅游产品质量就显得尤为重要。一般认为,导游服务是一种为旅游者提供旅游便利,并以获取交换价值为目的的以活动形式存在的特殊产品。导游服务是人类旅游活动的产物,随着旅游业的发展而发展,并始终是旅游产品中最具生命力的因素。

第一节 带队服务心理

一、导游人员应具备的心理素质

导游是完成旅游游览活动的关键人物,旅游者购买的旅游经历中应该包含有优质的导游讲解服务。导游的素质如何,直接关系到旅行社的声誉,直接影响着旅游者对旅游地的形象认知。

世界各国对导游都有严格的要求,因为导游不仅代表着自己的旅行社,而且还代表着自己国家的形象。日本导游专家大道寺正子认为:"优秀的导游最重要的是他的人品和人格。"他认为导游的基本条件是健康、整洁、礼貌、热情、笑容、毅力、胆大、勤奋、开朗、谦虚;具体条件是掌握丰富的知识,灵活地运用经验,理解游客的心理,掌握说话的技巧。

"导游的心理素质包含一般的心理素质和特有的心理素质。"[1]一般的心理素质是指任何行业的从业人员都必须具备的心理素质,是完成大多数工作的前提条件,主要包括一定的敬业精神、良好的职业道德(当然,不同的行业有不同的职业道德)等;而特有的心理素质是指当一个人欲从事导游这一工作时所必须具备的心理素质或能力,也可以认为是成功的、优秀的导游所共有的心理素质。

优秀的导游应该具备的特有的心理素质包括以下几种:

(一) 良好的感知力和观察力

旅游者在游览的过程中,会随着自己的需要是否得到满足而产生不同的情绪体验。当旅游者的需要得到满足时,就会产生愉悦、满意、欣喜、欢乐等积极的、肯定的情感,反之则会产生不快、懊悔、烦恼、不满甚至愤怒等消极的、否定的情绪体验。

因此,导游应该善于观察旅游者的言谈、举止、表情的变化并从中感知到他们的情绪变化,及时调整自己的讲解内容的详略、节奏的快慢等,使旅游者得到身心满足、感到愉悦。优

---

[1] 刘纯.旅游心理学[M].北京:高等教育出版社,2009.

秀的导游和一般的导游的差别就在于此。

(二) 广泛的兴趣爱好

首先,每一位旅游者在外出旅游的过程中,好奇心一般非常强烈,总喜欢问这问那,上至天文地理,下到鸡毛蒜皮;大至国家方针政策,小到风土人情、特色小吃、交通状况都是旅游者所关心的。因此,要成为一名好的导游,广泛的兴趣爱好、广博的知识就成为一种必要的基本素质要求,对于导游而言,永远没有用不上的知识。

例如,在游览三峡大坝的过程中,就曾有客人向导游询问三峡大坝会不会导致库区血吸虫病的流行、是否会导致上海市的地下水变咸以及大坝是否会诱发地震等诸如此类的问题,甚至有的游客还要求导游比较三峡大坝与埃及阿斯旺大坝和美国的大古力大坝的区别。可以说,以上任何一个问题的回答,都要求导游对三峡大坝乃至世界上其他的巨型水电工程有足够广度和一定深度的了解。这就要求导游平时注意知识的积累和广博兴趣爱好的培养。

此外,由于导游服务的对象——旅游者是来自于不同的国家和地区,来自不同的社会阶层,所受的教育水平也有很大的差异,具有不同的兴趣和爱好。对于同一景点、同一事物的感知、注意的重点是千差万别的,这也要求导游具有广泛的兴趣爱好,为客人提代优质的服务。由此可见,具有广泛的兴趣爱好也是成为一名好的导游的素质要求和前提条件。

(三) 外向乐观的性格特征

有心理学的研究表明:人际交往中短时间相遇所留下的印象,大多数是外现的性格特征(形式)起主要作用;长期相处则是内在的性格特点(内容)居主导作用。一般而言,旅游者和导游的人际交往都是短时间的、暂时的接触。因此,在旅游游览的途中,具有外向乐观性格特征的导游往往比较容易获得游客的认同,也容易与旅游者形成良好的人际关系。我们通常所说的"路遥知马力,日久见人心"用来描述在旅途中旅游者和导游的认知关系,也许并不是太合适,所以具有外向乐观的性格特征更适合于做导游工作。

(四) 处危不惊的意志品质

导游的工作实际上是一项服务性的工作,具有面广、事杂、时间长、单调重复等特点。在大多数的旅游过程中,都是导游一个人单独进行的。游览活动中随时可能会出现一些无法预料的突发事件,例如在爬山的途中客人受伤,划船的时候游客落水或者预定的航班被取消等此类事件。

导游陪团的另一个突出的特点就是体力的高消耗和精神的高度紧张,要不断地克服困难、不断地解决各种问题。出现突发事件后,如果导游能够非常镇定、沉着,那么就比较容易控制住局面,稳定客人的情绪;否则,将会在旅游者中间引起极大的恐慌,导致局面失控,变得无法收拾。

(五) 良好的言语表达能力

语言是导游和客人沟通的媒介,没有良好的语言能力,导游就无法与游客沟通、交流信息。良好的语言表达能力是做好导游工作的关键一环,是导游提供优质服务的基本前提。正如有人曾经说过导游是"说"的职业,导游通过语言的表达帮助游客观赏和理解景点、提供有关的生活服务等。

首先,导游的语言一定要规范,用词要准确。准确的用词,不仅可以生动地表达出自己要讲解的内容,而且可以防止产生歧义。用词不准确会让客人百思不得其解,是导游讲解的大忌。外语导游不得使用中国式的外语,一定要按规范的语法结构、用词来讲解。否则,客人会认为导游的语言能力差,导致对导游讲解内容的正确与否产生怀疑。中文导游则可视游客的文化层次而决定采用何种语言形式,尤其要引起注意的是,导游千万要避免读错字音,这会使游客怀疑你的水平,从而对你整个讲解内容、服务水平产生怀疑。不管是中文导游还是其他语种导游,一般要多用口语,少用书面语,便于客人理解你所讲解的内容。

其次,导游的语言一定要严谨,来不得半点夸张和随意,否则可能会导致严重的后果。

(六)灵活机动,有一定的预见能力

在旅行游览的过程中,随时可能遇到一些计划中没有考虑到的情况,在这种情况下,就要求导游具有非常灵活的处事能力和一定的预见性。只有这样,才能取得好的导游效果,得到客人的认可。

同步思考

> 7月的某一天,导游小李送一个5人团的小型团队从宜昌到武汉,按预定计划是当天下午抵达武汉,住一晚后于第二天上午游览黄鹤楼,吃午饭后送客人搭乘飞往北京的航班,任务结束。当天抵达武汉时是下午4点。导游小李预见到由于马上就要结束旅游的行程,客人在一起免不了要互相劝酒,可能第二天起床比较晚,游览黄鹤楼的安排极有可能受到影响。小李敏锐地注意到当时客人的精神状态和情绪都还不错,而整个黄鹤楼的游览大约只需花2个小时,况且在夏季天黑得晚,而且接近傍晚气温相对较低,比较适合游览。在考虑到这一系列的情况和征得游客同意后,下午4点30分开始游览黄鹤楼。当天晚上客人喝酒比较多,第二天一直睡到11点左右才起床,吃过午饭后客人就前往机场,时间非常充裕,后来客人对导游小李表示非常满意。
>
> 问题:小李成功的原因是什么?
> 答:机动灵活。

二、旅游气氛营造

旅游者在外出旅游的时候,会把旅游过程当做一种享受,对于旅游气氛的注意往往特别多,导游的任务就在于为旅游者营造出一种不同于日常生活的环境氛围,只有这样,旅游者才会觉得"不虚此行"。一名好的导游会利用一切机会让旅游者觉得自己是在享受人生,被一种与众不同的旅游氛围所包围。导游对旅游氛围的营造离不开对旅游者旅游行为的正确认识。

(一)旅游是惯常生活的暂时"逸出"

人们在外出旅游时,一般都希望能有许多有趣的经历,许多的旅游者在实际的旅游活动中往往扮演着一个脱离了原来的生活环境和圈子的角色,比如有的研究者用"游戏者"、"小孩子"、"违规者"等词来描述旅游者的行为。也许一个平时并不怎么爱说话的人会在旅游的

途中变得滔滔不绝、口若悬河;这些旅游者会将日常生活中被压抑的一面显露出来,但也有可能出现相反的情况,即一个平时很活泼开朗的人也会在旅游的途中玩一把"深沉",变得不苟言笑。这一切都是因为旅游者意识到自己脱离了熟悉的环境、没有熟人和往常的规矩的约束。因此,导游要充分认识到旅游者从惯常生活中暂时"逸出"后的心理需求,提供能满足他们的表现欲望的机会和舞台。

(二) 旅游是享受的、愉悦的

旅游者的消费观念处于不同的阶段会有不同的需求,但追求愉悦与享受也许是每一个外出旅游的人都会有的,旅游者绝不是花钱来看导游和饭店服务员的"脸色"的,他们希望每一个人都尊重他们。因为,不管怎样,在绝大多数人的心目中,旅游应该是惬意、优雅、富有、地位的象征,旅游者会花出他们认为非常值得花出的钱,不愿意因为经济上的窘迫而破坏这次美好行程的回忆。正因为如此,旅游者的消费水平一般会高于他们平时在居住地的消费水平,原本吝啬的人也会变得慷慨起来。这是与他们把旅游看成是享受的、愉悦的有关。导游应该尽可能创造出形成旅游者这种观点的条件,形成满足他们求尊重心理需求的活动氛围。在导游的过程中,如果导游员强调有多少"名人"曾经游览过此地,又有多少显要也品尝过此道上的佳肴,都会帮助旅游者形成旅游是享受的、愉悦的观点。

三、游客的心理需求差异

(一) 不同的游客,具有不同的心理需求

首先,在一名导游接待的旅游团之间存在着差异。如旅游者在同一餐厅中就餐时对背景音乐的选择会有比较大的差异,一般来说,国内客人喜欢通俗流行乐,而欧美客人偏向舒缓的古典音乐。导游应该注意到这一点,在自己的讲解中也应该针对不同的游客团队,有不同的侧重点。由老年人组成的旅游团一般喜欢清静,希望导游能够更多地尊重自己,讲解的速度要慢一些;由中年人构成的旅游团很注意旅游产品的象征性,对于导游的要求也比较高,希望能对旅游地有更多、更深刻的认识;而青年人一般希望导游员的讲解有趣味性,喜欢节奏稍快的活动,很愿意和导游交朋友。

导游在为游客安排餐饮时,有时候会因对游客的不同心理需求、餐饮观念和习俗重视不够,受到一些批评。我们东方人,无论待客或举行宴会,一想到吃总是山珍海味、鸡鸭鱼肉,对水果却不重视,更不视其为一道菜。在西方的游客看来,菜可少一道,鸡鸭可以不要,水果却一定不能少。西方人的早餐,大多要抹果酱、吃水果、饮各种各样的果汁,正餐也必须以水果沙拉开始,饮苹果酒、葡萄酒等,就是一些西方有名气的大菜,也都由水果作辅料,如英国的菠萝大虾、美国的苹果烤鹅、德国的苹果排骨等。除此之外,不少菜中还配有苹果泥,这是他们的餐饮习惯。西方人对水果的喜爱,几乎达到迷信的程度。他们家喻户晓的谚语是:一天一个苹果,大夫不来啰唆。我们的导游若了解西方人的以上生活习惯和心理需求,就能提供更加有针对性的服务而不至于让客人不满意。此外,一些游客到异国他乡游览,由于生活环境的改变,往往胃口欠佳,吃一些水果是有利于消化的,特别是女士多的旅行团更应如此。应当说明的是,这里所指水果是应时水果、新鲜水果,而不是罐头水果,罐头水果不受西方人欢迎,他们一般认为它不是健康食品。

其次,在同一时间地点,在基本上由相似的客人组成的一个旅游团队中,旅游者的个性和心理需求也是千差万别的。旅游者的个性的差异包含气质的差异和性格的差异两方面,气质是表现在人的心理活动和行为的动力方面的、稳定的个人特点。这些特点是一个人内在的、固有的特点,不受具体的活动目的、动机和内容的影响,在任何活动中都表现出来。由于气质不同,每个人所表现出来的"脾气"、"秉性"就不相同。性格是指人对现实的稳定的态度和相应的习惯化的行为方式。它是个性心理特征当中一个重要的成分,反映了个人的本质属性,是人与人相区别的主要方面。尽管这些客人是来自于同一个国家和地区、同一文化背景,但由于存在气质和性格的差异,同一个旅游团中不同的客人会有不同的服务需求。

知识活页

四种游客

多血质的游客对旅游活动中一切吸引他的东西,都会有兴致勃勃的反应,他们的性格外向,比较容易和导游合作,建立良好的人际关系,在旅游活动中精力充沛;不喜欢平淡的旅游活动项目,愿意尝试新的风味食品和旅游活动。

具有胆汁质气质类型的旅游者在旅游活动中反应速度快,希望自己能受到导游的重视,在他们觉得自己被忽略时反应强烈,脾气暴躁;但性格直率,精力旺盛,他们不能容忍导游安排的活动缺乏新意、节奏缓慢,对旅游活动是否满意从面部表情就可以观察到。

而黏液质的客人在旅游活动中往往反应速度慢,情绪不易外露,即使是可能引起情绪波动的一些风景或旅游活动,也未必能使他们激动,但是一旦对某位导游或某种参观游览项目有了兴趣和爱好,形成了肯定或否定的态度,并较为稳定;他们有较强的自制力和持久性;他们可塑性差,不灵活,所有这些使他们可冷静地处理一些问题。

抑郁质气质类型的旅游者对旅游活动具有较高的感受性,但敏捷性低,对一些景点的精妙之处感受和领悟较慢,动作迟缓;多愁善感,对导游内在品质关注较多,在碰到困难和危险时,常寄希望于导游;一旦不为导游重视,而他自己又非常希望导游重视自己时,极易产生消极情绪,并且会持续很久。

认识到旅游者之间是存在差异的,就认识到了个性化服务的重要性。只有意识到旅游者的个性差异,才可能在导游服务中真正尊重他们的个性化要求。是否能够提供个性化的服务是未来旅行社竞争的重点,因为旅游者对大众化的旅游产品的热情越来越淡,旅游者更多地愿意将旅游看成是自己个性张扬的机会,导游的任务之一就是为他们提供表现自我、凸现个性的机会,旅游者对给他们提供表现机会的导游和旅行社有比较高的忠诚度。

(二)同一游客,在不同的时间和地点、不同的场合有不同的心理需求

人的一般心理需求是多变的,在旅游途中,在不同的时间和地点,同一客人的服务需求侧重点不同。如旅游者白天需要新奇刺激的活动项目,夜间则需要舒适安静的环境。在旅

游活动中,旅游者的需求是不断地发展变化的,旅游者的需要不会因为暂时的满足而停滞或消失。当旧的需要得到满足之后;新的需要会随之产生,新的需求和旧的需求是存在差异的。旅游者的不断求新、求异促进了旅游产品的不断推陈出新。基于此点,导游应该对同一名游客的需求的变化有一定的预测能力,以便更好地提供导游服务。导游只有在深刻理解了人们对旅游活动多样化的需求后,才能体会同一游客在一次旅游中的各种特殊要求的合理性。

应该注意的是,不同性格的旅游者,其需求的变化幅度是有差异的。一般而言,外向型旅游者的需求变化幅度要大于内向型的旅游者,内向型的旅游者在不同的时间和地点、不同的场合有不同的心理需求的可能性更小,他们更倾向于少有变化的旅游活动项目。

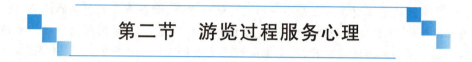

第二节 游览过程服务心理

一、游客在旅游过程中一般的心理需求与特征

(一)初到旅游目的地时旅游者的心理需求

此阶段是指旅游者到达旅游城市后的第1—2天,此时旅游者是处于兴奋、新奇和迷惑、不安交织在一起的心理状态。因为外部世界一方面对他极具诱惑力和强烈的吸引力;另一方面,陌生的国家、城市、不熟悉的人、全新的社会文化环境等都会在旅游者的心理上造成不安全感,所以旅游者的行为同时又会表现出比较谨慎、小心的特点。因此,这一阶段的旅游者最急需别人在心理上对他的关怀和帮助,所以对导游的期望最高、依赖感最强烈,也比较服从导游的安排和指挥。

正因为如此,所以此阶段是导游树立和塑造自身良好形象的至关重要的时机,导游要给旅游者形成良好的第一印象,以便在随后的游览活动中更好地利用晕轮效应。只有如此,方可获得旅游者的认同、接受,吸引和团结旅游者听从自己的指挥。在旅游者初到某一地时,导游应该注意以下几点:

1. 安排的活动要轻松、愉快

由于旅游者初来乍到,心理的紧张和压力大,所以活动的安排要尽可能地轻松,活动节奏可适当慢一些,便于为后面第二阶段的游览活动高潮的来临做好铺垫。

2. 帮助旅游者认识周边的环境

人们在对周围的环境比较了解后,心理的压力就会逐渐减低。旅游者对环境的认识和了解应该是多方面的,例如本地的交通状况、气候特点、风土人情、著名景点、风味小吃等。这就对导游提出了比较高的要求。应该引起注意的是,导游认为是司空见惯的事物和现象,对旅游者而言,可能是非常新奇的东西。导游应该多站在游客的角度考虑问题,挖掘旅游者极为关心方向的内容,并向游客做一些介绍。例如,当中国的国门初开时,外国旅游者对中国人骑自行车上下班就极为好奇,到中国农村旅游的客人甚至还想尝试在中国的农村插秧、收庄稼等活动项目。

3. 形成旅游团的相关纪律和活动秩序

由于在最初的阶段,旅游者对环境不熟悉,所以他们比较信任导游,愿意听导游的安排,对于一开始就形成了良好秩序的旅游团,导游后期所花的精力和时间相对来说都要少一些,旅游者的满意率也要高一些。大多数情况下,旅游者都愿意遵守相关的秩序,当然,导游也没有必要板着脸宣布活动纪律,在谈笑间提醒旅游者注意即可。需要强调的纪律和秩序主要有遵守游览参观的时间、乘车时的座位安排等。

(二)游览过程中旅游者的一般心理特点

此阶段是指旅游者在旅游目的地停留的第二三天直至旅游活动结束前的第二三天。旅游者已经基本熟悉了环境,不安、紧张的心情开始弱化或解除,经过1—2天的休息,旅游者一般精力充沛、跃跃欲试。游览参观的活动内容也随之丰富和充实起来,这是导游带队最困难的时候,也是最能体现一名导游的能力的阶段。该阶段比较长,容易出现各种问题和无法预料的事件。因此,导游要做好本阶段的工作,可以从以下几个方面入手:

1. 提醒旅游者遵守旅游活动秩序

由于游客初到旅游目的地的紧张心情开始松懈,旅游者的个性化、自由活动的倾向开始出现,而且由于休息得比较好,精力充沛,情绪高涨,旅游者脱离旅游团的行为增多,这就要求导游注意加强旅游安全的防范工作,多提醒客人注意各方面的安全,要求旅游者尽量集体活动,避免出现意外。

2. 妥善安排游客的食宿

由于这一阶段的旅游活动安排比较密集,旅游者的体力消耗大,为了保证客人有好的体力参观游览,导游应该和饭店的餐饮部和客房部多加协调,让旅游者的生活服务能得到很好的满足。

(三)游览活动结束时旅游者的一般心理特点

此阶段是指旅游活动结束前的1—2天。旅游者紧张、兴奋的心情开始松懈,关心的重点转移到有关返程中的一系列问题上,也开始给亲人、朋友打电话,或者与旅游团中的一些成员话别以及购买一些相关的旅游纪念品等。旅游活动由高潮转向低潮,导游在安排旅游项目时要注意放慢节奏,为了给旅游活动画上一个完美的句号,导游可以注意以下三点:

1. 给旅游者留下充足的自由支配的时间

旅游者在此阶段都会为离开该地而忙碌,例如要包装行李、给亲朋好友打电话联络、购买一些旅游纪念品等诸如此类的事务,这些都需要时间来完成。导游要尽可能地为游客的离境提供方便。

2. 处理好前期导游服务中的缺憾

在前面的旅游活动的过程中,由于种种原因,在服务中总会有一些缺憾存在,旅游者可能会对导游的服务、线路安排有意见或情绪,对于客人出现的任何一种意见和情绪,都应该严肃对待,尽量弥补缺憾,因为不让旅游者带着遗憾离开是旅行社的基本目标。挽回消极影

响的手段和方法有宴请、合影留念、送纪念品等。我们应该重视这一项工作,因为每一个旅游者都可能是我们未来的宣传者,他既可能做正面的宣传,也可能做负面的宣传,他们的宣传是正面还是负面在很大程度上取决于我们的服务和售后。

3. 给旅游者留下最后的深刻印象

"越是接近最后阶段,旅游者对导游的要求越高。"[①]导游应该保持旺盛的精力,善始善终,精心安排好旅游者最后几天的旅游活动,由于近因效应的存在,旅游活动的安排宜精不宜多,应能为游客留下深刻的印象。活动要特色鲜明,要在最后的低潮中凸现高潮。如果条件允许,在离境时组织一场别开生面的欢送会,这一般会给客人留下极为深刻的印象。

二、掌握旅游节奏

从广义上来说,无论是宇宙万物,还是人类生活的各个领域,均存在着一定的节奏。一般而言,人们不喜欢杂乱,但也害怕单调;喜欢变化,但又讨厌无规律的活动;喜欢交替,但又回避无休止的重复。

从旅游动机的实质来看,旅游者是在追求多样性和单一性的最佳结合点。高强度的旅游游览活动让旅游者紧张,但过于单调、散漫、闲散的旅游和观光也会让旅游者觉得无所适从。因此,一项旅游活动或旅游产品要想为旅游者带来愉悦的感受,形成一次难忘的旅游经历,导游对游览活动节奏的掌握就显得尤为重要。

(一) 旅行游览活动的张弛结合

首先,游览参观活动安排要劳逸结合。在一条旅游线路中,总是不完全均匀的,这就要求参观游览活动要有远郊和近郊结合、城内和城外结合,如此安排,既符合旅游者生理节奏的一般变化,旅游者也乐于接受。例如在宜昌旅游的安排一般是第一天在市内游览,第二天就安排到三峡大坝参观,然后坐船离开宜昌,游览三峡。一般而言,坐车到三峡大坝去游览要比坐船游览三峡要累,所以安排在第二天,以保证游客能劳逸结合。

其次,餐饮安排要合理、富有变化。餐饮的安排也是一门有讲究的学问,一般旅游者在异国他乡时总存在一种矛盾的心理。一方面希望变化不大,能在一个全新的地方吃到自己所熟悉的菜肴,总是有很强烈的亲切感、比较容易被感动;但是游客同时也希望能品尝到该地独有的风味菜肴,既有好奇心,又害怕自己不能适应风味菜肴诸如麻辣或生吃等一些特殊的情况。

所以导游在安排旅游者餐饮的时候,首先要考虑让旅游者能吃饱,保证旅游活动中游客具有充沛的体力,风味餐应该是一种点缀,在富有变化的同时,保持一些相对的稳定。此外,对风味餐中的一些特殊的地方,导游要事先给旅游者讲清楚,避免游客的不适应。

(二) 导游讲解速度的快慢协调

导游的讲解内容应该根据行程速度、内容特点、场合场景来掌握快慢速度。既不能为了赶时间匆匆忙忙,使旅游者没有听清楚所讲的内容,也不能慢慢吞吞,把客人拖得很无聊。一般的要求是:行路时讲解稍快,欣赏时要慢,次要的景点少讲,重要的景点要讲得详细,客

---

① 刘纯. 旅游心理学[M]. 北京:高等教育出版社,2009.

人感兴趣的地方可以多讲一些,客人不太喜欢的景点、传说少讲。要达到如此的效果,就要求导游对沿途的景点内容把握准确、理解深刻。

(三)导游语调的抑扬顿挫

一个人说话的频率是大致不变的,但声音的强弱大小是有差异的,如果一直是高声调的讲解,旅游者就比较容易感到疲劳、烦躁和不安,但是如果导游的声音比较小,由于达不到听觉刺激的阈限,客人往往不太容易听清楚,影响对导游的评价。优秀的导游总是能够对自己讲解声音的高低变化进行及时调整,让游客感到是一种愉悦的享受。

导游可以有意识地锻炼自己这方面的能力,例如,自己看到一则故事或传说以后,首先很夸张地讲解一遍,用录音机将自己的讲解录制下来,自己多听听,寻求一些感觉,纠正讲解中的错误和不规范的地方,然后可以考虑讲给自己的同事或朋友、家人听,要求他们给予评价,然后再次录音,听效果,就有可能达到比较满意的效果。

三、协调客我关系

(一)协调好导游和领队的关系

领队是指受雇于组团旅游公司或旅行社,陪同旅游者由居住地出发到旅游地,结束全部游程后,再陪同旅游者回到居住地并协调与接待方关系的导游。首先,领队是组团社的代表。其次,领队虽然是组团社的代表,但在一个完全陌生的环境中,旅游者一般视其为"自己人",对于领队的信任程度一般都比较高。导游如果要取得比较好的服务效果,得到旅游者对自己的认可,取得领队对自己的信任就显得尤其重要,协调好了与领队的关系,就等于成功了一半。

任何人都有获取别人对自己尊重的心理需求,所以在实际的导游工作中,地方导游首先应该表示出对领队的尊重。遇到有关酒店住宿的调整、安排游览日程表的变化等敏感问题,导游一定要首先取得领队的认可;否则,若领队不配合,导游后期的工作一定会极为被动。

(二)处理好导游和游客之间的关系

我们说要注意协调好和领队的关系,并不等于说我们可以无视旅游者的存在,旅游者是导游的衣食父母。正因为如此,地方导游在协调好与领队的关系的同时,更应该处理好和游客之间的关系。

德国一位旅游专家曾经说过,如果旅游团的客人是站在"圆周"上,那么导游就应该站在"圆心"上。这位专家实际上为导游处理和游客的关系提供了一个比较形象的比喻,也即我们导游对所有的旅游者应该是一视同仁的。导游要力求做到对每一位客人都既没有明显的疏远,也没有过分的亲近。在实际工作中,即使导游做到了"一视同仁",旅游者也会根据某些待遇上的差别来指责导游有亲疏远近之别。有经验的导游会尽量避免同一个旅游团的客人得到不同的待遇,例如,进餐安排的先后、乘坐的旅游车的好坏等。如果实在不能避免,导游在事先一定要和旅游者商量,取得他们的谅解。对于"吃亏"的客人,事后应给予一些补偿,使他们保持心理的平衡。

我们强调对待客人要"一视同仁",并不反对导游对某些特殊的客人予以"特别关照",因为每一位客人都希望自己是"特别"的,只有导游为他提供了针对他个人的服务时,游客才会觉得他是重要的,才会特别满意。

导游处理好和游客之间的关系,首先要在不违背原则的前提下,尽量满足客人提出的一些"超常规"的要求;其次要在旅游者遇到特殊情况时,主动为游客解决问题的方法和服务;最后还要注意语言的艺术性,让旅游者感受到自己是受到了"特别的关照"。

第三节 饭店服务与旅客需求

一、饭店服务的特点

(一)饭店服务的基本含义

1. 饭店

饭店是以大厦或其他建筑物为凭借,通过出售住房、饮食、娱乐、健身服务等商品,使旅游者的旅居成为可能的一种投宿设施和综合性经济组织。随着社会经济的发展和客人需求的不断变化,现代化大饭店已发展成为集吃、住、行、游、购、娱乐、通信和商务于一体,能满足各类客人不同需求的综合体。

2. 饭店服务

饭店服务首先指的是服务员为客人所做的工作,服务员的工作是饭店服务产品的重要组成部分。从形式上看,服务就是服务员所做的接待服务,如解答疑难、清洁卫生、美化环境等工作,但从实际上看,服务是服务员通过语言、动作、姿态、表情、仪容仪表、行为举止所体现出的对个人的尊重、欢迎、关注、友好,所体现出的服务员本身的严格认真的服务精神、顾客至上的服务意识、热情周到的服务态度、丰富的服务知识、灵活的服务技巧、快捷的服务效率等内容,这些可以说是酒店服务产品的核心内容。因此,西方饭店业认为服务就是"service"(本义即服务),每个字母都有着丰富的含义。

S——smile(微笑):其含义是服务员应该对每一位宾客提供微笑服务。

E——excellent(出色):其含义是服务员将每一服务程序,每一微小的服务工作都做得很出色。

R——ready(准备好):其含义是服务员应该随时准备好为宾客服务。

V——viewing(看待):其含义是服务员应该将每一位宾客看做是需要向其提供优质服务的贵宾。

I——inviting(邀请):其含义是服务员在每一次接待服务结束时,都应该显示出诚意和敬意,主动邀请宾客再次光临。

C——creating(创造):其含义是每一位服务员应该想方设法精心创造出使宾客能享受其热情服务的氛围。

E——eye(眼光):其含义是每一位服务员始终应该以热情友好的眼光关注宾客,适应宾客心理,预测宾客要求,及时提供有效的服务,使宾客时刻感受到服务员在关心自己。

(二)饭店服务的特点

1. 综合性

饭店向每位宾客提供的产品(商品)都是上述几个方面的综合,每个方面都是产品的一个组成部分。若哪一个部分或环节出了问题,都会直接或间接影响到饭店服务产品的品质和声誉。

2. 直接性

饭店服务的生产与消费是同步进行的,生产的同时就是消费。而其他物质产品的价值的实现需要经历三个阶段:生产—流通—消费。

3. 不可储存性

饭店向客人提供的各种设施和服务(客房、餐饮、娱乐、康体、环境等),不能储存,不能搬运,只有当客人住进酒店消费时才能进行;当客人离店时,服务也就随即终止。同时饭店服务因受酒店设施和时间等条件的限制,不能事前生产出来贮藏备用,也不能临时增加。以客房为例,其数量是固定的,如果客房当天不能出售,服务就无法进行,这部分收入就会失去。

4. 产品质量的不稳定性

这是由于:第一,服务的对象有着不同的动机和需要,他们的兴趣、爱好、风俗、习惯各有不同;第二,服务者在提供服务时受他们的知识、性格、情绪的影响,因而会造成同一种服务产品在不同的时间和地点有可能出现不一致的现象。管理者的任务之一就是要力求饭店的服务质量保持稳定。

由于上述几方面的影响,易使顾客在消费前产生"担风险"的心理,因而不利于饭店商品的销售。例如某顾客在饭店餐厅就餐前,不可能要求服务员事先展示一遍如何服务操作后才去进餐,而只能在用完餐后,也就是说服务与消费同时结束时才能做出是否"物有所值"的结论。因此在有选择的情况下,决定顾客是否前来饭店消费的主要因素,是顾客对饭店的信任以及饭店在客人心目中的地位。

饭店服务的上述特点,要求饭店员工不断提高服务质量,在宾客心中建立一个良好的形象,使客人能够回头率高。同时还可以利用客人的口碑为饭店进行有效的推销,这样做就可以在一定程度上消除宾客担风险的心理,增强企业对饭店的信心,从而提高饭店的竞争力。

(三)饭店服务的基本形式

饭店服务有如下形式:

(1)静态服务。

静态服务指饭店内所有供客人使用消费的物品、设施。如电视机、餐桌、牙刷等。

(2)有声服务。

有声服务指客房内闭路电视、新闻广播;餐厅进餐中的乐曲;大厅播放的轻音乐等。

(3)无声服务。

无声服务常指飞机、火车、汽车时刻表、游览图、总台时钟、酒店内各种无言标牌、灯饰等。其他如各种灯光组合是否合理,大厅的灯光音响能否给初到本地的客人一个宁静的氛围,舞厅等处的灯光搭配是否有助于烘托女性的化妆色彩等,均属于无声的服务范围。

(4) 即时服务。

即时服务是随着社会生活节奏的加快,服务节奏也应加快。如对客人的委托代办事宜要尽快办好,不能拖延等。

(5) 缓冲服务。

缓冲服务是在即时服务做不到的情况下,要想一些缓解措施。如客人到餐厅不能马上供菜就餐,可先上一些小吃以避免客人久坐干等的尴尬局面。

(6) 增兴服务。

增兴服务是为了增加在酒店内某些场所的消费娱乐而提供的服务。如在进餐中提供卡拉OK表演等。

(7) 补偿服务。

补偿服务是由于店方过失造成客人的损失和不快,要想尽办法予以补救。如房间备用品不全要及时补充等。

(8) 针对服务。

针对服务是针对某一些类型客人而提供的服务内容。如设置残疾人专用设备,即房间无门槛、窗户为有护栏的落地式、电器开关设置在1米以下等。

(9) 预警服务。

预警服务最常见的例子就是当客人已经饮酒过度,还要再喝的时候,服务员应委婉地劝阻客人,或上一杯饮料,但绝不能使客人丢丑。有些饭店为了达到多销售酒水的目的,在客人饮酒达到高潮时,对客人反复劝酒,致使客人酩酊大醉,是不可取的。

(10) 诱导服务。

诱导服务是对于拿不定主意的客人,服务员要加以引导,帮助其选择消费方式。

二、住店旅客一般心理特征分析

"人的心理活动随着时间、地点的不同,以及在客观事物的影响下随时都可能发生变化,心理活动是人的一种心理状态。"①当宾客来到饭店,首先必须了解他们需要什么,在饭店这一特定场合下,需求是宾客产生一系列心理活动的内在原因。这些需要的满足程度将会在宾客的心理上产生什么样的反应,这是我们饭店工作人员必须加以认真思索的。宾客在饭店有如下一般性心理需求:

(一) 方便

方便是旅游者首先要考虑的因素,求方便是旅游者旅游的最基本、常见的心理需求。

"方便"包括三个方面的内容:第一是饭店的位置是否方便,饭店的地点在交通上是否方便,离活动的地方,如游览场所距离是否较近等;第二是饭店的设施是否能提供方便,如是否有餐厅、有空调、有商店、邮电设施、外币兑换等;第三是接待服务是否能提供方便,如住房手续是否简便,行李运送、问讯是否能得到迅速、及时的解决等。

---

① 刘启程.旅游心理学[M].天津:天津大学出版社,2005.

"方便"是宾客最基本的心理需求,也是饭店的首要任务。以顾客为中心,满足旅游者的方便心理需求,让旅客在饭店处处感到方便。这样旅游者在心理上就会得到安慰,产生愉快、舒适的情绪,并可以消除旅途的疲劳和不安。如果旅客在饭店感到不方便,就会产生沮丧、不满的情绪,可能导致旅游者离开本来要继续住宿的饭店,要知道这种现象的补救成本是非常高的。

(二)清洁

宾客要求生活在一个清洁的环境里,这是普通的正常的心理状态。

清洁不仅是生理上的需要,也能使人产生一种安全感、舒适感,它能直接影响宾客的情绪。饭店的清洁卫生包括饭店内外的环境清洁、设备设施的清洁、食品的洁净、员工的个人卫生等。清洁卫生是宾客基本的心理需求。美国康奈尔大学饭店管理学院的学生花了1年的时间,调查了3万名宾客,其中有60%的人把清洁列为住宿饭店的第一需求因素。如果住宿和伙食的条件是不清洁、不卫生的,就会使宾客感到懊丧、厌恶,甚至愤怒。例如,有的饭店虫蝇横行、床品等不常洗换、卫生间有异味等,这些都会导致宾客心理上的反感,有的甚至会要求立即离店。

(三)安全

安全是人类的基本需要,也是宾客在旅游过程中迫切要求满足的重大需求。

饭店加强保卫措施,增加防盗、防火设施,重视宾客财物的保管等,这些都是宾客安全感所需要的。

(四)安静

宾客带着旅途的劳累来到饭店,希望有一个安静的休息场所,能够使他们消除疲劳,当游客需要休息的时候,最讨厌被干扰,这是普遍的心理现象。

现代饭店注意馆址的选择、隔音设施的选择以及服务工作的轻声化,为饭店的客人营造安静、舒适的休息条件。因为安静是宾客对饭店的基本要求。

(五)礼貌

宾客有自我尊重的需要,要求饭店工作人员对他表示尊敬。

在现代社会中,文明礼貌是人际交往关系中的基本准则。在宾客当中,不论社会地位、经济地位存在什么差异,都需要以礼相待。尽管对于具体的礼节有习俗信仰上的区别,宾客需要礼貌招待是具有共同性的。宾客对于礼貌的需要,其迫切性是因为直接关系到人格的尊严。礼貌可以平衡人们之间的关系。饭店服务工作成功的前提是尊重客人。

(六)公道

饭店的价格是否公道,服务接待是否公平,这也是宾客心理需求之一。

所谓"公道"就是指公平合理。公道是通过比较而产生的,因而是相对的。这种比较存在于饭店之间,也存在于不同服务员或同一服务员对不同的宾客的服务中。宾客需要公平合理、平等的相待。宾客一旦感受到不公道的待遇,会情绪激动,为争取平等待遇而进行投诉,不公道待遇会使宾客在人格上受损害,最终会影响饭店的经济效益。

上面提到的宾客的各种需求,反映了宾客在饭店活动时的心理状态,需求的满足程度越高,宾客满意度就越高,从而饭店的利润也就会增长,可见这种良性循环满足了多方的利益。同时,研究宾客的需求心理,可以为提高服务水平提供一定的依据。

三、旅客心理需求的个性差异

现代饭店是全方位满足宾客住、食、娱、购等需求的场所。宾客对饭店需求有共同性,但具体到每位宾客需求的表现形式和内容上,却会存在差异。例如:有的宾客想住便宜的单间,有的则想住豪华的套间。在生活习惯方面,宾客之间也存在着很多不同。例如:有的宾客喜欢中国茶,有的喜欢喝矿泉水;有的惯用西餐,有的喜食中餐等,饭店服务在这一方面要特别注意。宾客之间的差异,还表现在性格上,有的宾客率直,有的婉转;有的温柔随和,有的要求高、爱挑剔等。宾客之间,由于国籍、性别、年龄、职业以及经济水平、社会地位和宗教信仰的不同,必然存在各种各样的差异,他们的需求也各有差异。饭店服务人员要尽可能地去了解宾客之间的差异,了解旅客个性上的一些特征,这对做好个性化服务是非常必要的。

四、宾客的情绪反映

宾客的情绪经常反映他们的内心世界,了解宾客的心理状态可以从情绪的变化着手。宾客情绪的好坏,客观上就是对某种事物或某种服务的评价,它经常受到饭店服务(优或劣)的影响。但这并不等于说,宾客在饭店内的情绪反应,全部是由饭店服务所引起的。有的宾客在游览某地时,游兴大发,回到饭店仍回味无穷,情绪极佳;也有的外出活动遇到了一些不愉快的事情而影响情绪,回到饭店后就表现出消极情绪等。

宾客的情绪会随时通过面部表情、神态举止、言语等方面流露出来,它反映着宾客心理活动的倾向。体察宾客的情绪反映,采取相应的服务措施,主动调节宾客的情绪,是饭店服务的一项重要任务。例如,如何使宾客由激动转为平静,由愁变喜,由不愉快到愉悦,这是许多有经验的服务人员能够办到的。因为他们善于体察宾客的心理,经常注意宾客的情绪反应,并研究相应对策。

随着现代饭店服务项目的增多,服务部门也相应增加,除住宿、餐饮外,还设有商店、美容美发、康乐活动等场所和服务。各部门由于分工的不同,服务对象的心理活动也各有其特点。

第四节　前厅服务与旅客心理

一、旅客在前厅的一般心理

前厅是饭店中宾客最初与最后接触的部门。前厅服务贯穿于宾客在饭店内活动的全过程,是饭店的中枢,它在饭店服务中起着非常重要的作用。

接待服务是宾客来到饭店所接受的第一项服务工作，它给宾客的首次印象是十分重要的，这项工作由前厅部负责。接待服务在时间上并不长，但宾客在心理上的感受却非常丰富，印象也极为深刻。

宾客来到饭店首先是用各种感觉器官去感知周围的事物，然后通过思维做出初步的评价。他们用眼去审视前厅的环境和接待人员，用耳倾听环境是否静谧，用鼻嗅闻空气中的气味等。宾客在被接待过程中，对时间的知觉也特别敏感，不希望耽搁较长的时间，同时受尊重的需要也非常强烈，有些宾客由于旅途劳累，来到饭店期望能找个地方休息一下；有的宾客对这家饭店慕名已久，有一种信任感；有的是初次前来，感到陌生，甚至有些疑虑，如去哪里办住房手续，是否方便、舒适等。

（一）求尊重心理

尊重的需要是非常重要的一种心理需求。当宾客一进入饭店，首先打交道的就是前台的接待人员，他要求受到饭店的尊重，首先就是要求受到前台服务员的接待，这种接待就要体现出对客人的尊重。从这一刻起，客人要确立主客之间的社会角色和心理角色关系。不论旅游者以前的社会角色是怎样的，当他一进入饭店，与饭店服务员的社会角色就变为接待和被接待、服务和被服务的关系，而心理角色则体现为尊重和被尊重的关系。在此处，服务人员与宾客之间的心理角色关系是由他们之间的社会角色关系决定的。旅游者得到服务人员的尊重，确立以客人至上的关系是理所当然的，这也要为以后发生的所有关系确定基调。

（二）求快速心理

客人入住和离店时的心理要求是同样的，手续入住办理和结账手续办理过程要准确、快捷。

（三）求住店的相关知识心理

旅游者出门旅游，到了一个陌生的地方后，迫切想知道这个地方的风土人情、交通状况、旅游景点等各种情况，以满足自己的好奇心理。因此，前厅服务员在接待客人时，一方面要介绍本饭店的房间分类、等级、价格以及饭店能提供的其他服务项目，让客人做到心中有数；另一方面，如果客人询问其他方面的问题，服务员也应热情、耐心地介绍，比如，本地有什么风景名胜、有什么土特产品、购物中心在哪里、到每一个旅游景点的乘车路线及时间等。另外，前厅服务最好和旅行社的业务结合起来，把旅行社提供的服务项目和推出的旅游产品的有关资料准备好，以供宾客咨询、索取、使用。这样做的另一个好处是冲淡客人在前台办手续过程中等待的无聊感。

（四）求方便心理

旅游者对饭店提供的服务是否方便甚为关心，如通信、交通、商务中心提供的服务、生活设施等方面。

二、前台服务人员的接待策略

针对宾客在来到饭店时可能产生的心理活动，前厅部工作人员应该主动组织和调节宾客的心理活动。我们可以从以下几个方面做好接待服务工作，满足宾客的心理需求。

(一)环境布置

饭店的环境,当它作用于宾客的感官时,通过脑的反射活动获得感觉印象,同时经过分析综合活动对印象做出思维上的判断,这在时间上往往只需要一刹那的工夫,然而,它作为记忆表象却可以保留很长时间。对接待服务工作来说,首先要重视接待区域的环境布置。一是环境布局的合理,如停车场与接待厅室之间的距离不宜过远,接待休息室与总台的衔接,以及外币兑换等的方便与否,接待厅室的容纳量等;二是环境的美化,当宾客来到饭店门厅时,首先给他们的视觉形象是整洁的和富有特色的,它应该有别于来到机关、学校等地。著名的饭店都很重视门厅的美化,如绿化庭园、休息大厅里的民族艺术装饰品、空气的调节、清洁的保持等;三是醒目的标志,接待区域各服务单位及项目使宾客能一目了然,但它与整体布局又要有合理和谐的统一。总之,环境的布置关系到店容店貌,关系到宾客的第一感觉印象,它在宾客心理上的影响是很大的。

总之,饭店前厅的环境设计既要有时代感,又要有地方民族感,要以满足客人的心理需要为设计的出发点。一般情况下,前厅光线要柔和,空间宽敞,色彩和谐高雅,景物点缀、服务设施的设立和整个环境要浑然一体,烘托出一种安定、亲切、整洁、舒适、高雅的氛围,使客人一进饭店就能产生一种宾至如归的感受。前厅布局要简洁合理,各种设施要有醒目、易懂、标准化的标志,使客人能一目了然。前厅内的环境和设施要高度整洁,温度适宜,这也是对前厅的最基本要求。

(二)尊重宾客

客人一进入饭店就持有受到尊重这样的期望,作为前台服务人员应该满足客人的这种要求。服务人员要笑脸相迎,语言要礼貌友好,要有热情,既要尊重客人的人格、习俗和信仰,又要尊重其表现出的各种行为。不因客人的语言是否规范、行动是否得体、程序是否合理而作出不同的接待行为。

(三)员工的仪表

接待人员的仪表应与环境的美化相辉映。仪表美不仅是指面部亲和、衣着整洁挺括,具有易识别性,而且包括站立、行走的姿势。接待工作人员在岗位上应意识到是进入"角色的扮演",要以自己整洁大方的仪表去吸引宾客,但它绝不能让人感到做作。接待人员的面部表情和神态举止,要引起宾客亲切、自然的共鸣。仪表与礼貌是分不开的,接待人员应熟练掌握礼貌用语,了解各个不同国家、民族的风俗礼仪。仪表美也应该是心灵美的反映,外在与内在的一致性,决不能成为一种纯商业性的、简单机械的人体器官运动,给宾客一种虚假的感觉。

在选择接待人员的时候,应注意到其外形、体力和智力方面的素质,例如,迎送岗位人员的外形在某种意义上代表着全体服务人员的精神面貌,应严格筛选。

(四)员工的语言

语言是人们交际的工具。通过语言,人们交流思想和感情。接待人员的语言表达方式直接影响着宾客的心理活动。饭店是以出售服务,使宾客满意为其宗旨。要使宾客对服务感到满意,接待人员要研究语言的艺术。语音应清晰,语调应该悦耳;语言的内容应该是准确的、充实的;语气应该是诚恳的、有礼貌的。

为了使语言能够为宾客接受和理解,接待人员应尽可能多地掌握多种外国语以及我国的一些方言。

语言和思维有着密切的联系。如果接待人员在思想上把宾客分成等级,以貌取人,以财取人,对所谓"高贵的宾客"语言谦卑,献媚取宠;而对待"一般的宾客"却出言不逊,冷言冷语。这不仅有损服务人员的职业道德形象,而且有害于饭店的声誉。

(五) 服务技能

在接待工作中有很多服务技能需要服务人员熟练掌握,只有掌握接待服务工作的技能才能保证服务质量。如果业务不精通,动作不熟练,服务态度再好也不能满足宾客的要求。

接待服务技能,如迎送人员为宾客打开车门的动作怎样完善可以使宾客感到亲切、舒适。行李员运送行李物品如何做到平稳和快速。总台人员的验证技能、住房分配和登记技能、宾客流动情况的统计技能、财务计算技能、解答和征询技能、代办服务的有关技能等都要求达到自动化和完善化的程度。熟练的服务技能使接待工作缩短了时间,解除了宾客心理上的焦虑,再加上仪表、语言上的彬彬有礼,使宾客对接待工作感到方便、亲切和舒适。接待服务技能有好多方面,如打扫接待区的技能、电梯接待技能等都要通过钻研和练习达到熟练和完善的程度。

第五节　客房服务与旅客心理

客房是饭店的基本设施和重要组成,是旅游者休息的重要场所。因此,做好客房服务对旅游业来说是非常重要的。

一、宾客在客房的一般心理需要

1. 求安全的心理需要

安全是愉快、舒适的基石。他们希望在住宿期间饭店能够保障自身及财物的安全。

2. 求卫生的心理需要

宾客希望在旅游期间身体健康,要求客房清洁卫生,尤其是与身体直接接触的床上用品、口杯、浴缸、毛巾、马桶等用具清洁卫生,严格消毒。

3. 求亲切的心理需要

这也是旅游者被尊重的需要。

4. 求舒适的心理需要

旅客需要客房内设施齐全,热水供应及时,空调运行良好、无噪音等,要求一个舒适的环境。

5. 求方便的心理需要

可代客洗衣、缝补、代购车、船、机票、代熬中药等。

二、客房服务人员的服务策略

了解宾客在客房生活期间的心理特点,有预见地、有针对性地采取主动、有效的服务措施是客房服务工作的根本。

宾客租用客房,主要是住宿,是消除机体疲劳的生理需要,但其在客房的活动并不是单纯的休息。宾客中有的利用客房接待访客进行社交活动,有的利用客房从事公务和商务等活动,有的作为小型集会的地点;有的白天外出活动,有的白天在客房内活动。每位宾客的生活时间表可能不一致,从生活的需求来说,除休息外,还可能有在客房内进行医疗或用餐的需求,围绕着以休息为主的客房生活,存在着其他多样的活动内容,并且由于宾客之间的个体差异,客房服务工作的范围和内容具有复杂多样的特点。客房服务应该根据宾客的活动规律,在职责范围内尽可能地满足宾客在生理和心理方面的需求,大致上我们可以从以下几个主要方面的服务去满足宾客的心理需求。

(一) 洁净

清洁卫生的饭店环境(尤其是宾客租用的房间)往往被宾客视为最重要的需要。它既作用于生理,也反映在心理活动方面,不论是什么样的宾客,也不论在客房内外的任何角落以及任何时间,清洁干净的需求始终是存在的。清洁卫生工作一般是客房服务的首要任务。

客房清洁工作应该是在宾客不在场的情况下进行,这样做的原因是考虑到卫生工作对宾客的影响。

如果宾客在门把上挂出"请速打扫"的标志,或经宾客要求在宾客在场的情况下打扫卫生,这就要求服务人员注意自己的仪表、语言及操作方式。服务人员应该彬彬有礼,落落大方,避免可能引起宾客反感的情况出现。

清洁卫生工作应该考虑到它的全面和细致。由于某些方面的疏忽,往往会使整个工作招来否定的评价。例如电话机的拨号盘,宾客在使用时,通过手指的接触会立即发现它是否清洁;台灯的灯泡和灯罩,当夜间照明时,上面如果有灰尘会暴露得很清楚;浴缸上的水锈痕迹会使宾客感到不卫生。另外,固定的环境卫生工作还应结合外来污染的防治,如虫害的问题等。

有些措施则可增加宾客心理上的安全感。如在卫生间清扫后贴上"已消毒"的封条,在茶具上蒙上塑料袋等。这些措施都能起到一定的积极作用。

在清洁工作进行的时候,还必须考虑如何增强宾客的信任感,应该注意不要随意移动宾客的贵重财物。

保证客房的洁净,还应该从客房服务人员本身做起。那就是服务人员自己应该是整洁的,同时要熟悉各国的宾客对洁净方面的习惯和要求。

(二) 宁静

客房环境的宁静是保证宾客休息不受干扰的重要因素。宾客在客房休息的时间往往不受生活节律的局限。即使宾客没有休息,客房内外宁静的环境也会使人有舒适感。保持宁静的环境是客房服务的一项重要工作,它也是衡量服务质量的一个标准。

客房的宁静主要是防止噪声,不干扰宾客的休息或活动。防止噪声需要依靠必要的设施,如隔音性能良好的窗户、楼板、墙壁等。另外,饭店的选址也应避开周围的噪声干扰等。

最后,要坚持"三轻"要求,即走路轻、说话轻、动作轻。

(三) 亲切

客房服务要做到"宾至如归"。客房服务要达到这样的效果,需要全体服务人员具有使宾客感到亲切的服务态度。

服务人员的工作态度使宾客感到亲切,可消除宾客的陌生感、疏远感和不安的情绪,可增强信赖感,缩短宾客与服务人员之间情感上的距离,可以取得宾客对服务工作的支持。亲切的服务态度所带来的心理影响不仅是宾客的需要也是服务人员本身的需要。

(四) 细致

客房服务需要细致。只有细致才能有主动、周到的服务。细致是善于思考、善于观察的结果,热情细致的服务可以满足宾客对舒适、安全、亲切等诸方面的需求。

(五) 机敏

机敏表现在对事物的观察、分析、判断方面,反应灵活,机智敏锐。客房服务需要智力与体力的配合。智力上的机敏性是以一定的文化水平、业务知识及熟练的服务技能为基础的。

(六) 尊重

前面提到的几个方面,贯穿着满足宾客的尊重需要,特别是亲切的服务态度就是要求对宾客的尊重。尊重是人格的基本保证,客房服务应充分重视各国、各民族宾客的需要。

第六节 餐饮服务与旅客心理

餐厅服务是旅游饭店服务中不可缺少的一种环节,在整个饭店旅游收入中占有三分之一左右,因此,无论从完善旅游服务角度,还是从经济角度,做好餐厅服务和管理都是必要的。

同步思考

某饭店宴会厅,午餐时间。某客人点了一只龙虾。龙虾做好上桌后,客人指着龙虾问服务员:"小姐,上次我在这儿吃的龙虾肉是白色的,为什么今天的龙虾肉是橘粉色的?是不是不新鲜呀?"服务员回答:"不是的,先生。龙虾肉颜色的不同主要是因为品种不同。"客人又问:"你们这儿供应的不都是澳洲龙虾吗?"服务员答道:"人还有黑白呢,何况龙虾!"客人非常生气。

问题:本案例说明了什么?

答:饭店服务员不但要知识面广,还要根据客人心理需要进行服务。

一、宾客在餐厅的一般心理需求

(一) 求尊重、求公平心理

在餐厅服务中,要注意满足客人的尊重需要。尊重需要作为人的一种高层次的需要,贯穿于整个旅游活动中,在餐厅服务心理中表现得尤为突出。

公平合理也是客人对餐厅服务的基本要求。只有当客人认为在接待上、价格上是公平合理的,才会产生心理上的平衡。

客人在用餐过程中的这种比较,既存在于不同的餐厅之间,也存在于同一餐厅的不同客人之间。同样类型、同等档次的餐厅,价格上、数量上以及接待上的不同都会引起客人的比较。如果客人在就餐的过程中,并没有因为外表、财力或消费金额上的不同而受到不同的接待,在价格上没有吃亏受骗的感觉,他就会觉得公平合理,就会感到满意。因此,餐厅在指定价格、接待规格上都要注意尽量客观,做到质价相称、公平合理。

(二) 求卫生心理

就餐客人对就餐的环境卫生要求非常强烈,这也是客人对安全需要的一种反映,同时,对客人情绪的好坏产生直接影响。只有当客人处在清洁卫生的就餐环境中,才能产生安全感和舒适感。客人对餐厅卫生的要求体现在环境、餐具和食品几个方面。

良好的卫生环境会给人以安全、愉快、舒适的感觉。餐厅是供客人就餐的场所,应该随时都保持清新整洁,要做到空气清新,地面洁净,墙壁无灰尘、无污染,餐桌餐椅整齐干净,厅内无蚊无蝇等。

餐具卫生非常重要。因为除了有一些一次性的用具,其他餐具一般都是公用的。因此,餐厅必须配备有与营业性质相适应的专门的消毒设备,同时要有数量足够的可供周转的餐具。另外,对于一次性的方便筷子,最好经过消毒后进行单个包装,这样才能避免沾染上灰尘和细菌。

在餐厅服务中,食品的卫生应该是最重要的。餐厅提供新鲜、卫生的食品是防止病从口入的重要环节。因此,不论餐厅的档次高低,就餐的客人都有一个共同的期盼——能吃到新鲜卫生的食品。为此,餐厅的食品要原料新鲜,严禁使用腐烂变质的食品,特别是凉拌菜要用专用的消毒处理工具制作。食品饮料一定要在保质期内,坚决禁止供应过期食品。

(三) 求美心理

宾客在餐厅进餐,对美的需求是显而易见的。比如,游客对餐厅的环境、服务员的气质形象、菜肴的色香味、员工的服饰、装菜肴的器具等都有自己的追求和看法。

(四) 求快心理

客人到餐厅就餐时希望餐厅能提供快速的服务。其原因有以下几个方面:

(1) 习惯,因为现代生活的快节奏使人们形成了一种紧迫感,养成了快速的心理节奏定势,过慢的节奏使人不舒服,也不适应。

(2) 一些客人就餐后还要有很多事去做,所以他们要求提供快速的餐饮服务。

(3) 心理学的研究表明,期待目标出现前的一段时间使人体验到一种无聊甚至痛苦。从时间知觉上看,对期待目标物出现之前的那段时间,人们会在心理上产生放大现象,觉得时间过得慢,时间变得更长。

(4)客人饥肠辘辘时如果餐厅等待上菜的时间过长,更会使客人难以忍受。当人处于饥饿时,由于血糖下降,人更容易发怒。

同步案例   服务员小刘

在某宾馆的餐厅,服务员小刘正在忙着招待客人时,又有几位客人来吃晚餐。客人们点了六个菜和一锅汤。小刘先给客人上了茶后说道:"请稍等,一会儿就好。"就忙着给其他客人服务去了。过了好一会儿,其中的一位先生叫住了正在为他人服务的小刘,问道:"服务员,为什么我们的菜这么半天还不上?就让我们不停地喝水吗?"小刘赶忙走过去开口说道:"对不起,先生,请稍等……"这句话还没说完,客人就接上说:"别说'对不起'啦!我们已经'稍等'了很长时间了,快点儿上菜吧!"小刘不好意思地住了口,心想,这种情况下,如再多解释,客人更会觉得你很烦人,所以立即到后厨去催厨师先给这个桌子的客人上几个菜。很快,客人的菜炒好了,小刘立即将菜端上。然后,小刘向这几位客人道歉:"耽误您的时间很抱歉!没能及时给您上菜,请您原谅。"客人对小刘的表现表示满意。

(资料来源 http://www.doc88.com/p-0896170606285.html)

问题:上述案例反映了旅游者的什么心理?

分析提示:一般来说,宾客到了餐厅坐定点菜后,都希望餐厅能够快速上菜,不愿意长时间等待。由于旅游时间安排紧凑,或要赶下一个旅游目的地,或要赶火车、飞机,人们不希望在吃饭时花费太多的时间。另外,即使没有什么急事,也不希望等待较长时间,因为长时间的等待,有一种被遗忘、被冷落的感觉,这也是宾客不满意的主要原因之一。

(五)求知心理

求知是宾客在餐厅进餐的心理需求之一。如对地方特色佳肴、菜名、食用方法和菜肴相关的典故等,旅游者都有强烈的求知欲望。

二、餐厅服务人员的服务策略

(一)尊重客人

1. 微笑迎送客人

到餐厅就餐的客人,服务人员首先要给予热情的接待,这是餐厅服务的良好的开端。心理学研究告诉我们,饥饿的人容易激动,血液中的血糖含量降低时,人容易发怒。所以,客人一进餐厅,服务员就应把客人的情绪向愉快方面引导。服务人员的服务应该让每一位宾客都感觉受到了尊重,不能顾此失彼,有所遗漏。俗话说"宁落一群,不落一人",只要有一个人感到不快,就是矛盾产生的火星。

2. 领座恰当

客人到餐厅就餐,服务人员要主动上前领座,而不能让客人自己找座位,以免客人产生

被冷落感。在领座过程中,要征询客人的意见。

3. 尊重习俗

服务人员在介绍菜单、帮助上菜、倒酒和派菜等服务上,除了应该注意服务技巧以外,还要注意尊重客人的风俗习惯、生活习惯。

(二)餐厅环境洁净

餐厅员工一定要把清洁卫生放在十分重要的位置,搞好餐厅环境卫生、菜肴卫生、餐具卫生以及服务员个人卫生。

(三)提高餐厅各方面的形象

1. 餐厅的形象

这种形象应该是视觉、听觉、嗅觉多方面的。餐厅的外观要美,内部装饰要协调,甚至一张菜单也要别具风格。美的视觉形象能引起宾客的联想,环境是整洁的,就会想到食品是卫生的等,卫生又会带来舒适感,也带来了安全感。对整洁的要求应该是严格的。视觉形象还应考虑光线和照明,餐厅的灯光设计应是和谐完美的。听觉对宾客也有重要作用,优美的听觉能促进食欲,很难设想在吵吵嚷嚷的场所中宾客会吃得非常舒坦。有的餐厅会考虑到厨房的间隔距离,有的则会安装隔音设施等,这都是在听觉形象上采取的措施。另外,还应注意室内空气的调节,使温度适合宾客的需求。

2. 员工形象

员工应该非常注意自己的外表,衣着整洁,同时做好头部和手部的卫生。要研究接待的技巧、语言的艺术。要善于分配自己的注意力,在顾客众多的情况下,不致顾此失彼。要观察顾客的特征,在领位时要充分顾及宾客的需求。

3. 产品的形象

餐厅所提供的产品主要是食品。我国传统的食品以它的色、香、味驰名中外。很多外国旅游者都为能一饱口福慕名前来,他们有一种期望的心理,品尝之后若名不虚传,他们不仅会希望再来品尝,而且会广为传播。

产品的形象还应注意与之关联的各个方面,如若装食物的器皿有污损,上菜时服务人员的手指是否碰到食品等。

(四)服务要又快又好

满足宾客的需求,要在服务质量上下工夫,还要十分注意服务的速度。

为了满足客人的这种需要,可采取如下的一些服务策略:

(1)备有快餐食品为那些急于就餐者提供快速的服务。

(2)客人坐定后,先上茶水以安顿客人,使他们在等待上菜过程中不会感到太无聊或觉得上菜太慢。另外,也可以根据客人的消费金额免费提供一些小菜,供客人食用。

(3)反应迅速。客人一进餐厅,服务员要及时安排好客人的座位,并递上菜单,让客人点菜。

(4)结账及时。客人用餐结束,账单要及时送到,不能让客人等待付账。

（五）勤介绍

"新鲜的、奇特的事物或现象容易引起人们的注意和兴趣。"[①]餐厅的经营应该在特色上下工夫，很多风味餐厅由于有特色而创建了自己的品牌。如新疆吐鲁番宾馆就有自己独特的维吾尔族风格，他们供应维吾尔族风味的抓饭、烤羊肉、烤包子和拔丝葡萄、拔丝哈密瓜及其他具有吐鲁番地方特色的饭菜，深受宾客欢迎。

对自己的特色菜要勤介绍（当然，所有的菜肴上桌时都要报菜名），尤其是有典故或特别含义的菜肴要把大致的故事告诉旅游者，满足他们的求知欲望。

知识活页

餐厅服务五忌

第一，忌旁听。在客人交谈时，不旁听、不窥视、不插嘴是服务员应具备的职业道德。服务员如有急事要与客人商量，也不能贸然打断客人的谈话，最好先在一旁等待，以目示意，等客人意识到后，再上前说"对不起，打扰你们谈话了"，然后把要说的话说出来。

第二，忌盯瞅。在接待一些服饰奇特的客人时，最忌讳久视客人、品头论足，这样容易使客人感到不快。

第三，忌窃笑。客人在餐厅聚会、谈话中，服务员除了提供应有的服务外，应注意不在客人面前交头接耳，不品评客人的言谈，以免使客人有被窥视窃听之感。

第四，忌用口头语。有的服务员缺乏语言技巧，在餐厅服务中可能会伤害客人，如"你要饭吗？"这类征询客人意见的语言，使人听起来不愉快。

第五，忌厌烦。在餐饮服务中，有的客人用不文明的语言使唤服务员，此时，服务员不能因客人的不礼貌而表现出冷淡或不耐烦。相反地，应通过主动、热情的服务，使客人意识到自己的失礼。如果服务员很忙，可表示歉意，说"请稍候，我马上就来"。

总之，餐厅服务人员的服务策略为：尊重客人，主要是微笑迎送客人、领座恰当、尊重习俗等；餐厅环境洁净；提高餐厅各方面的形象美，主要是餐厅的形象、员工形象、产品的形象；服务要快速，满足旅游者的需求。

第七节 康乐服务与旅客心理

现代旅游饭店越来越向综合性服务方向发展，即在满足客人住宿、饮食、购物等物质需

[①] 刘启程.旅游心理学[M].天津：天津大学出版社，2005.

要的前提下,还要进一步满足其精神方面的需要,如音乐茶座、舞厅、游泳池、美容、美发等一系列康乐活动应运而生。在我国综合服务项目较多的大中型宾馆饭店,设有专门的康乐中心;国家旅游局也有明文规定,要求三星级以上的饭店要具备满足宾客膳宿、过夜、娱乐享受需要的服务项目。康乐性服务包括以增强健康体质为主要活动内容的服务、以娱乐性为主要活动内容的服务和以生活美化为主要内容的服务三大类。在康乐性服务中,客人的一般心理有哪些特点?如何根据他们的心理特点做好服务工作呢?

一、康乐性服务的内容

(一)体育健身服务项目

主要是以满足宾客体育健身需要为目的的服务,主要包括游泳池、健身房、网球场、保龄球场、壁球室、台球室、高尔夫球场、乒乓球室等。

(二)娱乐性服务项目

这类服务项目是以满足客人娱乐为主,主要包括音乐茶座、舞厅、卡拉OK厅、电子游艺室、射击场等。

(三)生活性服务项目

这类服务项目是以满足宾客生活需要为主,又带有健身保健性质,主要包括美发、美容、按摩、桑拿浴、彩印扩照等。

二、宾客在康乐部的心理需求

(一)求健美心理

随着经济的发展、社会的进步以及生活质量的提高,人们对健美的追求也越来越高。客人在会议、工作之余,希望通过运动达到健身、延缓衰老、改善心肺功能,减轻紧张和压力等目的。

(二)求娱乐心理

运动可以带来愉悦,改善心境,因此,运动健身的同时也满足了娱乐的需求。

(三)求尊重心理

宾客求尊重的心理需求,在饭店的任何场合都会有所表现,只是在康乐部,并不是每一位宾客都能掌握每一样运动技巧或熟悉每一样运动的,这就需要服务人员给予技术或规则上的指导,因此宾客非常在意服务人员对自己的服务态度,甚至会担心服务人员因自己不懂某项活动而瞧不起自己。

(四)求知心理

康乐部的运动项目是繁多的,运动、娱乐的方法与规则也各自不同,有些项目客人可能初次接触,因此,宾客有强烈的了解学习与这些项目有关知识的需求。

(五)求卫生心理

康乐场所虽然是个高雅洁净的场所,但由于客流量大,场所设备使用频繁,有关设备是否消毒,场所内空气是否流通,游泳池水是否及时更换,美容美发器械是否清洁等,都是客人非常在意的。

(六)求安全心理

康乐的目的就是强身健体,愉悦舒心,因此,安全保障就是满足以上需求的前提。客人希望在运动或娱乐的时候,不发生任何意想不到的人身伤害或财产损失。

三、康乐部满足宾客心理需求的策略

针对以上客人的心理需求,康乐部服务人员应明确康乐场所的特殊性,做好恰如其分的服务工作。

(一)做好防患于未然的工作

充分做好安全保障工作,及时检查、维护所使用的设备与场所,把保障宾客的生命财产安全放在首要地位,以满足宾客求安全的心理需求。康乐部服务人员应始终以"防患于未然"为原则,每天要例行检查和保养设备、修缮设备场地。比如游泳池场地,地面或水池下是否有玻璃碎片等易刺伤宾客的东西,是否滋生苔藓,致使路面湿滑,等等。所有涉及生命财产安全的隐患都要及时消除,以免造成后患。

(二)主动陪练,行为鼓励

作为康乐部的服务人员,应懂得所负责项目的基本知识,熟悉设备器械以及相应的保健知识;能根据客人的需要制订运动训练计划,做好有针对性的服务工作;能为客人做比较标准的示范动作。当客人有伙伴时,可为客人照管衣物等随身物品,或帮助客人计分当裁判;客人没有伙伴时,可提供陪练服务,同时要态度诚恳,主动热情,既不能只输不赢,也不能只赢不输,更不能与客人争输赢,伤害宾客的自尊。

(三)热情礼貌、态度友好

客人来到康乐部以后,服务人员要热情问好,引领入座,介绍康乐部的服务项目供客人选择。要细心观察客人动态,及时询问需求,做好销售服务,使客人有受到极大尊重的良好感受。

(四)干净整洁,空气新鲜

康乐部的环境卫生,除了应按饭店通用的卫生标准保持卫生状态外,还应该对每天使用的运动器械、餐饮具等做必要的消毒处理;且保持地面干净卫生;门窗、墙壁、服务台、桌椅干净,物品存放有序;空气清新,无蚊蝇等,保证幽雅整洁的环境。对于游泳池,要使用现代化的设备,使池内水质清洁,池边无脏物、垃圾等;对患有皮肤病或其他传染病的客人,应严格执行卫生防疫部门的规定,礼貌劝阻。在需要更换鞋子、衣服的运动场所,应保持鞋子,衣服干净整洁,无异味,无污垢。在美容美发厅,应将美容美发器械等用紫外线消毒器严格消毒,保持毛巾,头布,床单等用品一客一换,严格消毒,这样才能使客人放心消费。

(五)知识广博、主动介绍

康乐部的服务人员只有对自己所负责的服务项目有较深的了解与研究,才能更好地为客人服务,满足客人的求知心理。因此,服务人员不但要懂得了解客人的心理,同时还应该了解或掌握诸如中国茶艺、茶文化的知识，音乐知识，美学知识，运动器械的名称、功能、特点、不足、适应对象及正确使用的方法等。针对不同消费者的文化层次做适当的介绍，既可以满足宾客的求知需求，还可以增强宾客的康乐兴趣。

第八节　旅游商品服务与旅客心理

在旅游服务体系中，提供旅游商品的服务是必不可少的重要组成部分。我国有许多城市设立了文物商店，一般的宾馆、饭店以及风景旅游区也设立了商场或商品销售部。富有民族特色的旅游商品吸引了广大旅游者，但服务质量的好坏也影响旅游者的购买行为，因此探讨旅游者购物的心理及如何做好服务工作就显得非常重要。

一、旅游者购物时的心理特点

（一）购买旅游产品的心理

旅游者购买某地的旅游产品，更多的是为了保留旅游经历，以后看到这个纪念品可回忆起当时亲身经历的旅游生活；如果馈赠亲友，还可以增强情谊。

（二）求知的心理

旅游者通过购买某物品获得了某种知识，萌发了对某种事物的兴趣，比如，有些旅游者在购买和田玉的过程中，通过导游或服务人员的讲解，了解了玉的知识，对玉产生了兴趣；有些旅游者特别喜欢售货员或导游能介绍有关商品的特色、制作过程等。

（三）求新奇的心理

追求新奇是人们旅游的动机之一。旅游者在购物的过程中，好奇心起一种导向作用。人们在旅游地看到一些平时在家看不到的东西时，就产生好奇和购买的欲望。如到南京，旅游者喜欢购买雨花石；到云南丽江，旅游者喜欢购买烙画；到西安，旅游者喜欢购买兵马俑模型；到新疆，旅游者喜欢购买地毯等。

（四）求价廉实用的心理

这种心理的核心是"实惠"，一些旅游者特别注意商品的效用、质量和价格，他们通常喜欢购买物美价廉的实用商品，如不少日本游客喜欢买点中国的人参等中成药，或到香港购买许多日用品带回国。

实际上，旅游者在购物过程中并非只有一种心理动机，常常是几种心理交织在一起，有时存在受他人购物影响而漫无目的的购物行为，但是求尊重的心理始终贯穿在旅游的全过程中。

二、旅游者购物时的心理服务策略

（一）弱化旅游者的自我防御倾向

服务员并不急于促成客人购买，首先争取客人的心理认同，使客人觉得在这里购买商品，值得信任，而后便自然地做出购买行为，并获得一种良好的心理感受。

（二）善于观察旅游者

一般来说，旅游者刚一入店，服务人员不可过早热情地打招呼。过早招呼客人会引起客人的戒心，而太迟的反应又往往会使客人觉得服务人员缺乏主动和热情以致失去购买兴趣。因此，要善于观察客人的表情与动作，如发现客人在寻找什么，然后突然止步盯着某一商品看时，服务人员应马上微笑着向客人打招呼："您好，我能帮您做什么？"或"欢迎光临！"等，这时进行到位的介绍就会形成最佳的促销契机。

商品部的服务人员必须善于察言观色，通过对旅游者的言行、年龄、穿着、神态表情等方面的观察，经过分析、比较，做出判断，积极主动发现客人身上明显的生理特点、情绪、需要和行为特点，有针对性地为客人服务。

（三）根据旅游者的个性特点进行个性化服务

一般来说，急躁型的旅游者来去匆匆，排长队或售货员的动作缓慢都会使他们失去购买的欲望。他们在购买物品时不太谨慎，容易受暗示，购物之后又易后悔，并想方设法退货，因此服务人员在为他们服务时不可急慢。但也要提醒他们认真考虑，以防止购买之后后悔退货。

性子比较慢的旅游者，一般选购的时间长，一遇到干扰即会中断购买行为。因此，对待缓慢型顾客，服务人员要平静地等待，不可流露不耐烦的情绪。

有些旅游者独立性强，常常自主做出购物决定，但对服务人员当参谋的行为也不反感。服务人员应尽量让他们独立完成购买活动。

依赖性强的旅游者希望服务人员当参谋，很少注意商品质量。因此服务人员应主动给他们当参谋、出主意、检验和查证商品质量。

多疑型的旅游者对服务人员的介绍非常警觉，并常伴有讽刺性微笑，爱挑毛病，喜欢寻找与服务人员介绍不符之处。对这类旅游者，服务人员应耐心服务，尽量让他们自己去观察与检验商品，不要与旅游者争辩，如果该商品有哪些毛病应提前向他们讲清楚。

（四）态度热情，行为主动

许多事实表明，服务人员积极热情、详细生动的介绍，可以激发客人的购买欲望。有时，客人不一定要买什么，但由于服务人员热情主动，不厌其烦地介绍，或者因旅游者对商品有了更多的认识，或者因盛情难却，最终达成了交易。反之，服务人员若漫不经心、不主动介绍商品，就可能失去交易的机会。因此，服务人员在介绍商品时，应先介绍低档商品，后介绍中高档商品。另外，充分介绍商品的特性，让旅游者多了解商品的价值、特点，多比较几种样式，可以增加其选择的机会和购物乐趣。服务人员在介绍商品的特点后，如果旅游者仍犹豫不决，就要抓住时机，以适当优惠的方式，进一步吸引旅游者，增强其购买欲望。

总之，服务人员在介绍商品时，要根据客人的不同情况，采取不同的方式进行服务。客人无论是否购物,服务人员都应热情相待,切忌购物时笑脸相迎,没有购物时冷脸相对。

教学互动

互动问题:旅游者对导游的看法通常是有差别的。
1. 从旅游者的角度分析产生差别的原因?
2. 从导游的角度分析产生差异的原因?

要求:
1. 教师不直接提供上述问题的答案,而引导学生结合本节教学内容就这些问题进行独立思考、自由发表见解,组织课堂讨论。
2. 教师把握好讨论节奏,对学生提出的典型见解进行点评。

本章小结

内容提要

导游人员应尽量了解旅游者的具体特征,有针对性地提供服务,才能高质量地完成导游工作。导游人员应该注意把握旅游者的心理规律,利用一些心理策略完善导游服务。要掌握旅游者在前台、客房、餐厅、康乐、购物时最突出的心理需求,以及相应的心理策略。

核心概念

导游;领队;饭店;前厅;客房;康乐

重点实务

游览过程服务心理知识及饭店服务心理知识在旅游服务中的运用。

本章训练

知识训练

一、简答题
1. 在游览讲解过程中,导游如何抓准不同旅游者的心理需求?
2. 导游人员如何满足旅游者的好奇心?
3. 多位宾客在餐厅包房里进餐,服务员需要始终在包房里服务吗?为什么?
4. 宾客对饭店有哪些一般心理需求?

二、讨论题
1. 为什么游客初到目的地充满好奇心?运用心理学原理说明。
2. 饭店服务心理学对其他旅游行业有什么借鉴意义?

> 能力训练

一、理解与评价

旅行社招聘导游人员时比较喜欢打扮得体的,为什么?

二、案例分析

漂亮的导游

背景与情景:导游小杨在去机场接团前精心打扮了一番,做了个漂亮的发型,戴了一条金项链和一对漂亮的耳环,服装和手提包也都是名牌。她想:初次和旅游者见面,应该给客人留下美好的印象。到了机场,出口处只有她一个导游,可是那个团队的客人似乎没有看到她,一个劲儿地在那里东张西望,寻找接他们的导游。直到小杨打着旗子走过去问他们是哪个团的,他们才明白眼前这个打扮入时的姑娘原来就是接他们的导游。小杨带着客人去停车场的时候,听到有客人在议论她的穿着给人感觉不像导游,有人担心地说:"她会导游吗?靠得住吗?"小杨听了心里不是滋味,心里想:"让你们瞧瞧我会不会导游。"上车以后,小杨开始给客人介绍本市的景观。她的介绍肯定是很棒的,因为她刚刚在比赛中得过奖,可是客人一点掌声也没有,一个个都往车窗外面看。到了吃饭的时候,该团队的一位女士对小杨说:"小姑娘,你打扮得太漂亮了,简直不像导游,我们也觉得不太舒服。"听了这位女士的话,小杨嘴里答应着,心里却不服气,她想:嫉妒了吧?这是我的自由。第二天、第三天,小杨换了更好的衣服,又换了一条更好的项链。可是,不管小杨讲什么,客人还是没有多少掌声,而且没有游客与她主动说话。三天的游览结束了,小杨送客人去机场。在机场,团长对小杨说:"你的讲解很好,这几站就数你最好。不过,你的打扮也是第一的……如果你去当模特儿可能比当导游更好一些。当模特儿挣的钱更多呀!"团长的话让小杨的心里可真不是滋味。从机场回来的路上,司机见小杨闷闷不乐,就对她说:"要说你的讲解,肯定没问题。我见过的导游中就数你讲得最好!不过,你确实是穿得太漂亮了,首饰、服装都让人觉得你不像导游,更像是一位贵妇人。客人跟你一比——我都看出来了,她们比不过你,所以她们就不愿意跟你说话。"

(资料来源　http://3y.uu456.com/bp-dfcb341f0066f5335a812141-1.html)

问题:

1. 小杨错了吗?错在哪里?
2. 导游在服饰方面应该注意什么?

第十章
旅游营销心理

学习目标

通过本章学习,应当达到以下目标:

职业知识目标: 学习旅游广告的地位和作用、旅游广告的类型,掌握旅游营销人员心理素质的培训方法。

职业能力目标: 运用本章专业知识研究相关案例,培养与"旅游营销心理"相关的旅游服务情境中分析问题与决策设计能力。

职业道德目标: 结合"旅游营销心理"教学内容,依照行业道德规范或标准,分析旅游者的购物心理,更好地营销。

引例:庐山之美广告

背景与情景: 美在山峰之雄伟奇特,秀峰藏香炉峰、文殊峰等诸峰于其内,峰峦险峻,下临深谷,远离尘世喧嚣,耳听着远处寺庙依稀传来的晨钟暮鼓,坐看云行云起日照西落,恍惚间仿佛时间也放慢了脚步,将繁华尘世皆凝结于此刻的空气里。

美在川泉之灵动秀美,三叠泉抛珠溅玉,宛如白鹭千片,上下争飞。芦林湖,湖水如镜,晨雾未散之时,泛一叶扁舟,散发静立于其上,何妨安然享受这醒来又未醒的时光?

美在历史文化之博大精深,那掩映在莽莽深山中鳞次栉比的文化景观,让怀揣着各种信仰的英雄才子无一不为之折服,也见证了多少幕历史大戏更迭上映,让人们无一不从中感受到人文历史的沧桑和厚重。

(资料来源 http://www.jintang114.org/html/guanggaoyu/2014/1026/17122.html)

随着中国经济的发展,昔日商业注重以阵地战为主的硬营销,今日则转为以注重攻心战为主的软营销。在此状况下,侧重于刺激消费者情感购买动机的商业文化,便以其无可替代的优势,显示出无穷的魅力。越来越多的消费者加入购买旅游产品的行列,而这种对于旅游的投入,实际上是花钱买经历;舍得花钱买"无形"的经历,不仅是生活水平提高的表现,也是生活质量提升的标志。

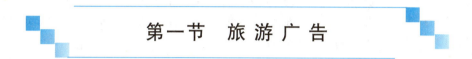

第一节　旅游广告

广告是直接向现有的和潜在的目标市场传递信息的一种活动。广告是促销活动中一种典型的方式,旅游广告是旅游宣传和旅游营销中经常采用的一种重要手段。

一、旅游广告的地位和作用

首先,旅游广告是旅游目的地在公众中树立自己的旅游形象的重要手段。在全球范围内旅游业作为支柱产业迅速崛起,得到了世界各国的普遍重视。旅游业与民众的紧密贴近,使每个国家和地区在发展旅游业的过程中都非常注重各自的外在形象,如同好的产品需要好的广告一样,对于现代旅游业来说,旅游广告效果如何,直接关系到预期的旅游收益。例如,新加坡和泰国旅游业的发达与两国都将旅游宣传费的60%用于旅游广告不无关系。

其次,旅游广告是旅游企业开拓市场的主要媒介。一般认为广告是一种投资,是企业营销计划的一部分。企业总是通过广告来实现自己的营销计划,通过对公众进行宣传、说服,使之购买自己的产品并在公众中树立企业形象。由于旅游企业向旅游者出售的是特殊形式的产品——旅游产品,旅游产品本身的无形性、不可储存性、综合性和需求弹性较大等特点,决定了旅游企业必须关注旅游广告的设计理念、发布形式和时机、广告效果评估等一系列问题,使巨额的广告费取得应有的回报。旅游企业在发布各种形式的广告时,尤其应该注重旅游广告传播心理策略,只有这样,才能在激烈的市场竞争中立于不败之地。

再次,旅游广告能激起旅游者的旅游动机和购买旅游产品的冲动。潜在的旅游者要变成现实的旅游者,必须是在前提条件(闲暇时间、可自由支配收入、健康的身体条件)具备的情况下,在一定的外界刺激下,才会产生外出旅游的欲望和动机,然后才会有实际的旅游行为出现。但是,在大部分的时间里,人们并不是都能具备这些条件,因此,潜在的旅游者具有相当大的不确定性。旅游广告的目的就在于有效地刺激人们的心理需求,激发其旅游的愿望,使潜在的旅游者变为现实的旅游者。

最后,旅游广告能强化旅游者对旅游经历的感觉,增加其对旅游产品品牌的忠诚度。消费心理学家认为,消费者的态度更多的是在试用之后形成的,而不是在试用之前形成的。旅游广告中有一种特别的现象:旅游广告的热心读者是准备决定外出的人和刚从宣传的目的地回来的旅游者。对于前者,我们可以预料他们对旅游信息的需求。对于后者,我们可以这样认为:从旅游地回来的旅游者需要重新评价对该地的看法,旅游广告强化了旅游者旅游经

历的感觉,增加了对旅游产品品牌的忠诚度,如果旅游者对自己的旅游表示满意、认为旅游产品的购买是划算的,他们可以成为宣传者,他们的亲身经历对其他人是具有说服力的。

二、旅游广告类型

旅游广告的类型是随着社会的进步而不断出现新的旅游广告类型和广告发布形式。传统的广告形式有报刊广告、电台和电视广告、室外广告牌和宣传画、印刷品广告(含挂历、明信片、旅游手册、活页宣传册等)。随着社会经济和文化水平的发展,广告的形式也不断创新,出现新的广告形式并取得了令人瞩目的效果。例如有些旅游企业运用 Internet 网络发布自己的广告,就取得了一些意想不到的效果。

(一) 报刊广告

报刊和杂志中的广告,统称报刊广告。它们是印刷广告中最主要的广告形式,因为报刊印刷的数量比较多,读者的覆盖面相当广泛。它们均以文字和图片为主要的视觉刺激。报刊广告不像电台广告和电视广告那样受时间和地点的限制,读者可以反复阅读,并可以长久保存。

调查资料表明:人们在阅读报刊广告所介绍的旅游广告时,一般首先关注里面的插图,然后才会阅读文字内容。因此,旅游广告必须设计出有吸引力的图片,或者先提出某一个问题,吸引读者去阅读内容。而对于文字内容的阅读,读者也并非从第一行开始读起,而是先停留于大号字或黑体字上,只有出现他们感兴趣的内容时,人们才会进一步阅读其具体内容。这就要求旅游广告的标题必须醒目、新颖,字体的型号选择恰当。在旅游广告中对于美术字的运用必须合适,以利于对广告内容的理解为原则,防止出现为了单纯地追求字体美而造成识别上的困难。此外,报刊中的旅游广告还必须注意版面的安排要协调,考虑留出一定的空白,给潜在的旅游者一个自由想象的空间。

对于报纸广告和杂志广告,两者有一些区别。报纸的覆盖面要比杂志的覆盖面广,信息传递要快一些。但是,鉴于纸质和印刷质量的原因,报纸广告的外观形象不能理想地反映出旅游地的美好景色,势必影响其广告效果。报纸广告更适合于刊登有关旅游报价、旅游行程等有关内容;而杂志广告一般都有高质量的彩色印刷,在旅游风光、风土人情的介绍方面具有报纸广告所无法比拟的优势,而且可以用更多的篇幅来传递有关旅游的一切信息。这样既有利于理解,又有利于记忆或保存。其缺点是影响的范围相对较小和出版周期较长,旅游信息难于及时传递给潜在的旅游者。

(二) 电台广告

无线电广播播放的信息可以传递到工厂车间、商店广场、居民家庭等四面八方,电台广告在经历了电视广告的巨大冲击后又重新在逐步影响着现代人的消费观念。广播广告是以语言、音乐为传播媒体来反映相关的旅游信息,其信息传递的效果如何,在很多时候取决于听众对广告内容的理解程度。为此,通过电台播放的旅游广告首先要求语言清晰明了,能准确传达有关的旅游资讯,在对重要的内容如电话号码、联系方式等进行播报时,语速要慢,并加以重复,以增强听觉效果。因为旅游活动一般给人以轻松、愉悦等印象,所以在旅游广告中配以和谐、轻松的背景音乐往往能取得较为理想的广告效果。

一首好的旅游广告歌曲,极有可能成为一首流行歌曲,为众人所知,为众人传唱。一旦如此,对旅游地或某一旅游企业的形象确立将起到不可估量的作用。好的旅游广告可以调动听众对旅游活动、旅游景点进行充分的想象,取得较好的效果。

广播广告传播迅速、覆盖面较大是其优点,并且广播的收听不影响人们完成其他的工作,不过其缺点也很明显,主要在于声音的传播转瞬即逝,又没有视觉形象,所以留在记忆中的印象往往消退得非常快。人们又不可能随意听取,要保留就更难了。

(三)电视广告

现在电视机已经非常普遍,观看电视节目已经成为不少人的一种生活方式和生活习惯。据调查,电视是很多人获得旅游信息的主要来源之一,所以在电视节目中播放旅游广告、旅游风光片一般能取得良好的传播效果。

"电视广告是一种将印刷、绘画、电影、摄影和声音等诸多广告形式融于一体、给观看者以视觉和听觉的同时刺激的广告形式。"[1]正因为如此,电视广告的效果是目前旅游广告的一种理想选择。形式多样、生动活泼是电视广告的最大特点,传递旅游信息能够给旅游者带来身临其境的感觉。各个旅游景点的秀丽风景、服务设施很难用文字给人留下深刻的印象,而电视广告的多重感观效果、大容量的信息、视听震撼力都能达到良好的宣传效果。在必要的时候,我们可以拍摄一些以旅游者在旅途中的游览活动等内容的广告宣传片,由于存在示范效应,一般很容易引起潜在旅游者的购买冲动,导致外出旅游或购买相应的旅游产品。

就目前而言,电视旅游广告还可以对旅游地通过一种潜在的、隐性的宣传而取得一些特殊的效果,例如前不久在中国中央电视台推出了一套名为《城市平台》的节目,采取由现场观众答题的方式来介绍国内一些城市的自然风景、人文历史、风物特产等内容。近年来,中国的一些省、区和城市也在央视做广告,例如旅游大省云南,在国内较早地介入了荧屏广告,通过西双版纳的热带雨林风情、通过昆明世博会打造云南旅游大省的名片。中央电视台的国际频道电视广告更多,河南省强调其"中华文明、中原之源",黑龙江省做冰雪广告,山东的威海、青岛、烟台、蓬莱、聊城也各自为自己的城市形象做广告。一夜之间,广告"千树万树梨花开"。据央视有关人士统计:目前第4套节目每天轮番播出的城市形象广告不下20个;旅游黄金期,广告投放量更是成倍增加。哈尔滨市旅游局就声称,他们在央视两年投入的300多万元,换来的是"冰雪节"5个亿的收入净增长。电视广告的主要不足之处在于缺乏保存性,为了弥补其缺点,大多数旅游企业都求助于重播。另外,电视广告的制作成本和播出成本一般也比较高,容易制约旅游企业对电视广告的选用。

(四)网络广告

与传统媒体比较,网络广告具有传播范围广、灵活性强、交互性强、信息量大、广告效果可评估等优点。

首先,网络广告的传播范围广泛,可以通过国际互联网络把旅游广告信息全天候(无论刮风下雨都不影响效果)、不间断地传播到世界各地。这些网民一般都具有较高的消费能力,一般都比较热衷于旅游活动,是网络广告的受众,他们可以在世界任何地方的 Internet

---

[1] 屠如骥.旅游心理学[M].天津:南开大学出版社,2012.

上随时随意浏览旅游广告的信息。这些效果,传统媒体是无法达到的。

其次,网络旅游广告的受众数量可准确统计,利用传统媒体做旅游广告,很难准确地知道有多少人接受到旅游广告的信息。以报纸为例,虽然报纸的读者是可以统计的,但是刊登在报纸上的旅游广告有多少人阅读过,却只能推测而不能精确统计,至于利用电视、广播和路牌等媒介的旅游广告的观众人数就更难估计。而在Internet上可通过权威公正的访客流量统计系统精确统计出每个旅游企业或旅游目的地的广告被多少人看过,以及这些用户查阅的时间分布和地域分布,从而有助于旅游企业正确评估广告效果,审定旅游广告投放策略。

再次,网络旅游广告具有灵活的实时性,在传统媒体上做旅游广告发版后很难更改,即使可改动,往往也需付出很大的经济代价。而在Internet上做旅游广告能按照需要,及时变更广告内容。这样,旅游企业经营决策的变化能及时实施和推广。

最后,网络旅游广告具有强烈的交互性与感官性,网络广告的载体基本上是多媒体、超文本格式文件,只要观众对该旅游地或旅游产品感兴趣,仅需轻按鼠标就能进一步了解更多、更详细的相关旅游信息,从而使潜在的旅游者能亲身"体验"旅游产品,形成对旅游地或旅游企业品牌的认知。如能将虚拟现实等新技术应用到旅游网络广告之中,让潜在游客如身临其境般感受到旅游地的美好风景、有趣的旅游活动,并能在网上预订客房、车船票等,将大大增强旅游网络广告的实效性。

网络旅游广告的缺点是观众面比较狭小,同其他的传统广告媒体相比,电脑网络的普及程度远远低于报纸、广播和电视,特别是对于像中国这样拥有巨大的农村市场的实际状况而言,差别就更大。

三、旅游广告传播的心理策略

要激起旅游者动机,必须注意旅游广告的效果。纵观国内目前所发布的旅游广告,大多存在创意不新、千篇一律、形式雷同等问题。在广告铺天盖地地涌向消费者时,人们总是习惯于加以选择和过滤,每一家旅游企业为了让自己的旅游广告不被"过滤"而能够进入旅游者的视线,就必须注重旅游广告传播的效率,为了达到良好的旅游广告传播效率,心理策略是重点。

旅游广告能在五花八门的广告海洋中凸现,引起消费者的注意,国内外有许多成功的范例。我们分析了一些取得比较好的宣传效果的旅游广告后发现,除了要坚持一般的广告传播原则之外,尤其应该重视以下几点:

(一) 找准心理诉求点

找准了心理诉求点,你的广告就成功了一半。人们在阅读各种广告时,一般都是具有某些心理需求的,这些需求也许并不为自己所知道,但会在潜意识里影响着人们对所宣传的对象的认知,如果旅游广告拨动了消费者心里敏感的"弦",一定会引起极大的"共鸣"。

同步案例 江南风味

我国台湾地区一家报纸刊登了"江南春别墅"旅馆的广告,标题是:"中国人忘不掉江南风味",广告引用了南唐后主李煜的《虞美人》词:"春花秋月何时了,往事知多少。小楼昨夜又东风,故国不堪回首月明中。雕栏玉砌应犹在,只是朱颜改。问君能有几多愁,恰似一江春水向东流。"词的下面写着:"中国人忘不掉江南风味,中国人应该享受最具江南风味的生活。"接着又描述了"江南春别墅"迷人的园林景色,使"人们仿佛回到故国的江南园林、二十四桥、西子湖、苏杭……"。这条广告非常成功。

问题:这条广告成功的原因是什么?

分析提示:这条广告抓住了台湾的同胞怀念祖国内地,眷恋江南,回忆故国景物,满怀离愁的心境。此广告把怀念故土的情怀作为诉求点来吸引宾客,此情此景,感人心脾,取得了名噪一时的效果。

(二)抓住有利的、恰当的时机

能抓住有利的、恰当的时机,是旅游广告取得骄人战绩的又一法宝。有利的时机并不会随时都有,其出现往往是在预先的计划或预料之外的,所以要想抓住稍纵即逝的机会,需要旅游广告策划人具有敏锐的眼光和灵活的头脑。

同步思考

美国夏威夷旅游组织在得知某地遇到大风暴时,即在当地的电视台每天广播一次,劝当地的居民:"你们已经受够风暴的困扰了,快到夏威夷来吧!这里的阳光灿烂。"1986年7月,英国王子安德鲁结婚大典,英国旅游组织即时推出旅游广告:"皇家结婚只一天,英国365天欢迎您。"这两则广告均效果良好。

问题:这两则广告效果良好的原因是什么?

答:此两则旅游广告均抓住了有利时机,见缝插针,用意独到,故此收到了良好的效果。

(三)旅游广告手段和形式多样化

好的旅游广告没有定势。一般而言,要让潜在的旅游者首先意识到旅游景点或旅游企业的存在,这是旅游广告的第一目标,也是最初的广告目标,从而使人们认识到旅游广告所宣传的对象的独特性,甚至将其和正面的、优雅的印象联系起来,并且在购买相关的旅游产品时,首先想到该旅游目的地或旅游公司,就是非常高的旅游广告目标了。因此,我们必须注意旅游广告手段和形式的多样化。

一般的旅游广告形式和效果及其优缺点我们已经在前文有所论述,此处主要介绍几种特殊的旅游广告手法。

1. "逆反广告"

这样的旅游广告可谓出奇制胜,巧妙地利用了人们的逆反心理,取得了特殊的广告效果。

> **知识活页**
>
> **菲律宾旅游的"十大危险"**
>
> 　　小心购物太多,因为这里的货物便宜;小心吃得过饱,因为这里的食品物美价廉;小心被晒得一身古铜色,因为这里阳光充足;小心潜入海底太久,记住勤出水换气,因为这里的海底世界特别瑰丽;小心相机内存不够用,因为名胜古迹太多;小心上山下山,因为这里的山光云影常使人顾不了脚下;小心爱上友善好客的菲律宾人;小心坠入爱河,因为菲律宾的姑娘实在热情美丽;小心被亚洲最好的餐馆宠坏;小心对菲律宾着了迷而舍不得离去。

2. 侧重式广告

世界各国由于民族、语言、文化背景的不同,游客的旅游需求也不尽相同,这就要求旅游广告要有侧重性。香港的旅游业针对不同地区的游客,广告宣传的策略也不一样。比如对日本人而言,宣称游客只要付出能力之内的花费,便可拥有一流的享受和旅游乐趣;对北美人和欧洲人而言,则强调香港的东方神秘色彩,以及其现代化社会里的中国传统生活方式;在亚洲地区,就突出香港国际大都会的优越环境,称其饮食、休闲、购物和观光多姿多彩,是个非常适合举家同游的好去处。众所周知,香港不过是"弹丸之地",但海外游客却接踵而至,旅游业收入已成为三大创汇行业之一,其有侧重点的广告宣传手段,功不可没。

3. 幽默化广告

世界各国有许多令人叫绝的幽默化旅游广告,比如荷兰一家旅行社采用直截了当而富于幽默感的技巧广告,对开辟靠近北极地区旅游的广告语是:"请飞往北极度蜜月吧!当地夜晚长达24小时"。

4. 感情诱导式广告

感情诱导式广告即以娓娓动听的语言和诱人的形象,唤起游客的注意和兴趣,打动旅游者的心理。如澳洲观光协会把当地景色概括为一句话:"澳洲给人的感觉就是神奇美妙。"短短一语,使人心驰神往。

5. 名人广告

韩国前总统金大中为促进韩国旅游业,放下总统架子,亲自参加拍摄宣传风景名胜的广告片,反响良好。

另外,新闻效应广告也是现代旅游业出奇制胜的一招。1996年,福州市鼓山涌泉寺方丈普法大师斥资20万元人民币,买断福建电视台早晨8点整报时特别段位的广告权,在社会上引起强烈反响。对此,大师直言不讳:为了弘扬我宝刹的法名!同时,涌泉寺被人们深深地记住了。

(四) 旅游广告形式与内容的有机统一

旅游广告的形式要为内容服务,要避免为了旅游广告形式的完美而忘掉要宣传的主题内容,形式应该是为内容服务的,而不是内容为形式服务,我们应该关心旅游广告形式与内容的有机统一。

要使旅游广告起到事半功倍的效果,需要旅游业和广告业业内人士联合起来,多动脑子、多想法子、多出点子、多用奇招,否则再美的风景、再好的宫观圣庙也只能"藏在深山人不识"。

第二节 旅游营销人员心理素质培训

在旅游企业的市场营销部我们经常会听到大家公认某人比较能干,能够比其他人招徕更多的客源、更能开拓新的市场。我们在这里所说的能干,实际上就是指一个人在市场营销活动中的能力和心理素质比较好。一个人具有优良的职业心理素质和能力,才能适应旅游市场营销工作的需求。

一、职业心理素质和能力

在心理学上,职业心理素质是指一个人能够从事一项特定的工作所必需的各种心理品质的总和,既包括其在神经系统和感觉器官上的先天的特点,也包括通过后天的学习和实践所获得的能力。能力是指直接影响活动效率,使活动顺利完成的个性心理特征。能力总是和人的具体活动相联系,并通过实践活动得以发展。

职业心理素质和能力实际上是以上二者的结合,对于不同的职业岗位,既有相同的心理素质和能力的要求,同时对从业人员的要求也存在很大的差别,例如同是旅游从业人员,对饭店的员工要求和对旅行社导游的要求就有较大的差异。我们对职业心理素质和能力的研究一方面是为了方便我们的旅游企业在挑选新的员工时作为参考,另一方面是为了我们现有的旅游营销人员能够对照相应的标准查看自己的不足之处,以求更好地适应现有的工作岗位。

二、旅游营销人员的综合素质和能力结构

旅游营销是一项极具开拓性的工作。在目前激烈的旅游市场竞争中,旅游企业面临的竞争和压力极其严峻,对旅游营销人员提出了很高的要求,除了具备良好的业务素质和明确的职业规范外,还需特别健康的心理素质、坚强的意志,敢于进取、冒险、创新的精神和良好的人际关系、团队意识及组织协调能力,而这些都需要从实践中学习和强化培训。

(一)强烈的进取心和上进心

要成为一名优秀的旅游营销人员,必须具有很强的进取心和上进心,即敢于进取,富有冒险、创新的精神,在性格上主动进取而不是消极防守。

旅游市场营销工作的特殊性决定了它比其他任何工作更依赖于个人的主动精神,而在比较成功的旅游市场营销人员身上,经常表现出一种想要获取成就的强烈愿望。从一定的

意义上讲,旅游市场营销工作永远是积极进攻,而不是消极防守,面对竞争对手的攻势进行积极的反击实际上也是一种进攻。

强烈的进取心和上进心的形成有赖于一个人的信心和自我激励能力。旅游营销人员的信心应包括三个方面,首先是对自己的信心,要相信自己能干好,是一位敬业的、优秀的旅游营销人员,那么就能克服一切困难,干好自己的工作。"事在人为",只要自己想干好,就一定能干好。其次是对企业的信心,相信企业能提供好的旅游产品,能提供发挥自己才能和实现自我价值的机会。旅游营销人员要把自己的一切活动完全纳入企业行为中,并以自己是该企业的一员而骄傲,本质上是一种企业自豪感和认同感。最后,要对自己推销的旅游产品充满信心,相信自己所推销的旅游产品是优秀的,自己是在用该产品向潜在的旅游者提供优质的服务,会让对方幸福、快乐,有成就感。而所谓自我激励能力,就是旅游市场营销人员应该以"事业"为达成推销的目的,而非仅以赚钱为着眼点,具有强烈的"把产品卖出去"的愿望。成功的旅游营销人员的感觉是:非达成这笔交易不可,顾客可以帮助他满足自己的心理需要。事实上,对最优秀的旅游推销员而言,推销—征服是一种升华自我的有力手段。其进取心和上进心会随着对旅游市场的开拓和征服而戏剧性地增长。

成功的旅游市场营销人员都认识到:要达成并签署一项旅游协议,并不是一帆风顺的,会遇到许多问题与障碍。这时就要我们对所遇到的问题想办法解决,一定要有韧性、耐心和百折不挠的精神。

(二) 乐于与人合作的精神

在目前市场经济竞争非常激烈的环境下,要想凭一个人的微薄力量取得成功的可能性是有限的。所以,一名好的市场营销人员必定是具有团队意识、善于并乐于同他人合作的人。应该引起我们注意的是,在现代的市场竞争中,很少有完全的"胜利者"和"失败者",因而我们所说的与人合作绝不仅仅是同自己的同事、朋友的合作,在部门内和部门间的合作,而且也包含了和竞争对手的合作。

乐于与人合作的精神主要体现在能够容忍他人自由发表个人的看法、接受他人的一些观点,善于发现各种观点或方案之间的共同点,简而言之,就是要会"求同存异"。在一个由许多不同兴趣爱好、气质、性格的员工组成的营销集体里,每个人都应该更加宽容。心理学的研究表明,人与人合作的前提是相互的理解和信任、相互的肯定性评价,很难想象在一个争吵不休的营销团队里会有良好的工作业绩。

(三) 豁达的生活态度

因为旅游营销工作充满酸甜苦辣,可以说挫折是旅游营销人员的家常便饭,没有开阔的胸怀,没有开朗的性格和豁达的生活态度是干不下去的。有许多旅游营销人员受到一些挫折后,就掉队转行,"不经历风雨,哪能见彩虹",旅游营销人员必须具备胜不骄、败不馁的顽强精神。

旅游市场营销工作是富有挑战性、开拓性的工作,必须要有百折不挠的精神。具有坚强的意志和强大的挫折容忍力,在碰到一些问题和困境时能依靠自己豁达的生活态度来克服和解决这些问题。

保持豁达的生活态度、拥有一颗平常心的关键在于对自己的成功或失败进行合理的归因。美国心理学家维纳的研究结果表明,在现实中,一般人在对自己的成功或失败进行分析时常做四种归因:一是个人努力程度的大小,二是个人能力的大小,三是任务(事业)难度的大小,四是机遇状况的好坏。这四种归因中可以分为稳定与否和内外两个维度。具体而言,如果一个人将自己的成绩或不如意归结为内部不稳定因素(个人努力程度),会增强行动者今后的努力和持续性行为;如果一个人将自己的成功或失败归结为内部稳定因素(个人能力的大小),就会降低今后的努力大小和持续性行为;如果一个人将自己的成就或不如意归结为外部稳定因素(任务的难度),就会降低行动者的自信心、成就动机和努力的程度;如果一个人将自己的成绩或不如意归结为外部不稳定因素(机遇状况的好坏),就不会影响一个人的积极性,有可能会增强其今后的努力程度。

根据该理论,一名好的旅游营销人员在遇到营销成绩不如意或者人际关系的矛盾时,归因于不稳定因素对于平衡自己的心态、保持良好的精神面貌相当有效。在有出色的营销战绩时多归因于稳定性因素,可以增强自己的自信心,支持自己进一步的成功;若同时归因于不稳定性因素则会使自己保持冷静、谦虚状态,对自己有准确的认识。

针对自己的成功或是失败做何种归因,要视具体的情况和个人的性格特征而定。但是,无论做何种归因,其重要的目的都是在于保持一颗平静的心,拥有豁达而自信的精神状态,这是一名成功的旅游营销人员的必备精神面貌。

(四) 说服他人的能力

如果旅游企业营销人员具有较强的说服他人的能力,则旅游者能很快接受旅游企业所推出的旅游产品。旅游营销人员站在企业与社会接触的最前沿,是向社会反映企业的一面镜子,社会大众通过对旅游营销工作的认可在心理上接受旅游企业及其相关的旅游产品。

说服他人的能力实际上是组织协调能力的体现,因为旅游营销人员在对外工作中是本企业利益的代言人,是旅游企业和市场连接的纽带。无论在同其他企业进行谈判,还是在公共场合介绍本企业的产品,旅游营销人员都必须说服他人,使其接受自己的宣传和主张。旅游营销人员的语言能力和表达技巧在很大程度上决定了旅游中间商或潜在的旅游者是否对你所推销的旅游产品感兴趣和关注的程度。

优秀的旅游市场营销人员能感觉到顾客的反应,并能随着这种反应调整自己的推销策略。他绝不会墨守一套固定的推销方式,而会根据自己与顾客间的反应行事,达到推销的目的。

因为在大多数情况下,人们总是习惯于将真实的自我、动机等隐藏起来,所以具有良好的说服他人的能力的关键点:在于能够通过对谈话细节的观察和分析,能够仔细倾听对方表述观点,注意到客户的心理需求,找到客人真正需要的东西。好的旅游市场营销人员是一个有心人,能捕捉到顾客的每一个细小变化,做出迅速反应,能捕捉住每一条信息。如此这般才能改进我们的工作方法,才能做得更好。

一名旅游营销人员的敏锐的观察力取决于其对工作的兴趣、注意力,同时也决定于其掌握观察知识的多少和方法,为了提高旅游市场营销人员的观察力,我们可以从以下几个方面入手:

(1) 仔细倾听。听清楚对方说什么,怎么说,话中的含义是什么。

(2) 仔细观察。关注对方的身体语言、姿势,因为受到社会文化的影响,一般人都已经学会了如何控制自己的面部表情,但并未注意控制自己的身体姿态,一个有经验的人比较容

易通过观察对方的各种不同的身体语言而了解对方是否在说谎。

(3) 尽量多提问题,要避免说错话。

(4) 不要把对方给自己的第一印象当做信条加以肯定,因为第一印象有时和实际情况并不相符。

(5) 事先做好准备。在会见自己的客户之前,先了解对方的习惯和期望,考虑在自己的观点或意见提出后其可能会有何反应,确定自己下一步该如何做才能达到自己的营销目的。

三、旅游营销人员综合素质和能力的形成与发展

我们认为:一个人的能力和综合素质的提高是一个渐进的过程,需要在实际的营销实践中得到不断的提高和加强。没有实际经验的积累和时间的磨炼,只有纸上谈兵的理论,在激烈的市场竞争中是注定要一败涂地的。尽管如此,我们也不应当忽略一些短期的、实际有效的培训,目前旅游营销人员都在提倡建立学习型组织和团体。旅游营销人员在培训中也可以感到有成长的愉悦感,增强对旅游企业的认同感。

现在旅游企业针对旅游营销人员的学习、培训活动不少,在方法上绝大多数是传统授课式的、灌输式的教育,可以说这样的培训对目前最需要培养实际经验的营销能力、人际沟通能力的旅游营销人员来说成效并不显著,因此,以体验、经验分享为教学形式的培训的出现就会让人更为振奋。

旅游市场营销是以团队形式工作的,在条件允许的情况下,最好基层员工、部门经理与主管、领导者团队整体参加,有利于旅游营销人员综合素质和能力的形成与发展。具体而言,有以下几种培训方式可供选择:

(一)专题研讨班

针对旅游企业经营和推销中遇到的热点问题,选择若干专题,聘请旅游营销界的专职讲师以及高校、政府部门的权威人士共同组成讲师团,针对每一个专题,由一位主题报告人做主题演讲并与听众沟通交流,使大家一方面获得相关的知识要点、最新的观念,同时也获得旅游市场营销中具体的操作思路。

(二)参加由企业管理培训公司组织的公开课

现在国内已经出现了一些专门的企业管理培训公司,他们会针对某个具体工作岗位、某项具体的工作、某项特殊的技能举办一些培训班,旅游企业可以组织本企业的旅游营销人员报名,此类课程的教学内容一般是在简单介绍相关原理与框架结构的基础上,注重操作上的训练。这种公开课对于旅游营销人员的基础能力的提高是有帮助的,但在短期内是不易见到明显的效果的。

(三)旅游企业内部培训

"企业内部培训始终是旅游企业的最佳选择。"[①]旅游企业也可以依据自己的需求与专业的咨询公司共同商定企业内部的培训主题。这应该是今后旅游市场营销培训的一个大的方向和趋势。经过双方沟通后确定培训主题和培训方式等相关事项,由专业培训公司依据旅游市场营销的特点、人员水平等各方面因素,开发具有个性化的培训课程,到旅游企业内部

---

① 屠如骥.旅游心理学[M].天津:南开大学出版社,2012.

开展培训,与专业培训公司合作的培训最大的缺点就是运作成本高,但确实能取得比较好的效果。

(四) 旅游市场营销实战模拟训练

现在有不少的企业管理培训公司引进国外市场营销实战模拟系统,参加的学员通过系统的模拟测评,确定各人的经营、市场销售模拟岗位,共同参与几个企业团队之间的市场开发与推销的模拟游戏,经过几个循环以后,由系统自动评价各个团队的推销、经营业绩,从而达到训练参与人员市场推销水平的目的。训练过程中由专业咨询公司的咨询师现场辅导讲解配合,可以使学员在较短的时间内对目标市场中的推销技巧、手段以及旅游市场营销的计划、决策、执行、控制、反馈等主要环节获得一个全方位的亲身体验,从而产生最佳的训练效果。

(五) 其他培训方式

企业也可以在研讨班与公开课的基础上,结合企业实际,通过选择、组合其中一些主题来确定企业内部培训的主要内容。

潜在的旅游者要变成现实的旅游者,必须是在前提条件(闲暇时间、可自由支配收入、健康的身体条件)具备的情况下,在一定的外界刺激下,才会产生外出旅游的欲望和动机,然后才会有实际的旅游行为的出现。但是,在大部分的时间里,人们并不是都能具备这些条件,因此,潜在的旅游者具有相当大的不确定性。旅游营销的目的就在于更加有效地刺激人们的心理需求,激发其旅游的愿望,使潜在的旅游者变为现实的旅游者。抓住潜在旅游者的心理需求,提供有针对性的营销方案,我们不仅要关心旅游广告的设计、发布,用以打动旅游者的心,而且还要有一支训练有素的旅游市场营销队伍。

内容提要

本章讲述了旅游广告传播的心理策略、旅游广告形式和手段的多样性,旅游营销人员应该具备的心理素质及培训途径。

核心概念

广告;旅游广告;职业心理素质

重点实务

旅游营销心理知识在旅游服务中的运用。

知识训练

一、简答题

1. "一对一"服务的含义。

2. 如何做到旅游广告的形式与内容的统一?
3. 旅游营销人员的综合素质有哪些?

二、讨论题
1. 实力不雄厚的旅游企业不愿意在电视台做广告,为什么?
2. 为什么旅游营销人员要更加具有主动性?

能力训练

一、理解与评价
旅游企业比较愿意投放网络广告,请给以解释?

二、案例分析

亚细亚旅游品牌命名的空洞化现象

背景与情境:在最近召开的东盟旅游会议上,北伦敦大学米歇尔·西特库克教授提出了旅游品牌命名存在空洞化的问题。他认为,"亚细亚"作为旅游品牌,其名称空洞而无意义,旅游目的地针对潜在的顾客,宣传其真正的、具有特色的与众不同之处才是非常必要的。他提出了"应促销旅游概念而不是国家或民族主义,应宣传这一地区的真正的文化现象"。他还说:"像'印度尼西亚'或'亚细亚'这样的字词出现在旅游宣传中,对英国的最终消费者来说没有什么作用,他们不会有什么反应。"在这种情况下,最好还是促销某一个特定地点或一种经历,而不是宣传国家或民族主义、国际组织等概念。他认为,在东南亚地区,对潜在旅游者令人着迷的旅游目的地有跨国界的"马来世界"、"湄公河地区"以及巴厘岛和澳大利亚北部的"动物边界地带";东南亚的"蜡染布制作"和"古老的香料之旅"以及"东南亚音乐之旅"都会成为开拓市场的潜在机会。"亚细亚"一词对学者和政治家来说很重要,但对旅游者或消费者来说则不同,比如,打算到欧洲度假的人谁会想到"欧盟"或"欧共体"呢。但在欧洲确实有中南欧的提法,这一地区包括意大利和奥地利,这时旅游者不特别介意他们身处何国。而去东南亚各国旅游的欧洲潜在消费者却不明白"亚细亚"这一概念,也不了解哪些国家是亚细亚成员国。

(资料来源 http://go.huanqiu.com/picture/2012-02/2651259.html)

问题:
1. 本案例中,旅游品牌命名的空洞化违反了旅游广告的哪些原理?
2. 旅游广告营销应该注意什么?

第十一章
售后服务心理与旅游者投诉

学习目标

通过本章学习,应当达到以下目标:

职业知识目标:了解旅游产品售后服务的意义,提高售后服务意识水平,理解旅游者投诉的心理,掌握正确处理投诉的方法以及提高售后服务质量的策略。

职业能力目标:运用本章专业知识研究相关案例,培养与售后服务心理及旅游者投诉相关的旅游服务情境中分析问题与决策设计的能力。

职业道德目标:结合"售后服务心理与旅游者投诉"教学内容,依照行业道德规范或标准,提高服务意识,强化职业道德素质。

引例:脏皮鞋

背景与情景:有一天,某饭店客房的一位服务员在为一位客人做夜床时,发现鞋篓里有一双沾满泥土的脏皮鞋,就把皮鞋擦干净,上完鞋油后放回原处。这位常住客一连几天从工地回来,都把沾满黄泥的皮鞋放在鞋篓里,而那位服务员每天都不厌其烦地将皮鞋擦得油光锃亮。客人被服务员毫无怨言而又有耐心的服务感动了,在第九天将10美元放进了鞋篓。服务员在擦完鞋后又原封不动地将钱放进了鞋篓,分文未取。这使那位客人非常佩服,同时也感到不安,一再要求饭店总经理表彰这位服务员。

(资料来源 http://blog.sina.com.cn/s/blog_6a142b850100y6ab.html)

为什么案例中的这位客人既感动又不安呢?因为这位服务员在按岗位规范和程序进行标准操作的同时,为客人提供了超出其所付费用价值的服务。这种服务是一种无形的、精神的,但又是收效好的感情投资。它倾注着员工对客人的尊重、对客人利益的关心和对本职工作的热爱与自豪,可以给客人出乎意料的超值满足与享受。但是,如果服务人员没有那种诚

恳而高尚的服务品德,也是不可能一如既往地为客人热情服务并感动客人的。现代企业以超值服务的观念营销自己的产品,使顾客对企业服务的满意感超越他们对企业的期望,让顾客真正地认可企业,从而使企业在激烈的市场竞争中不断发展,这将是企业全新的经营战略和成功的保障。

第一节　旅游产品售后服务的意义与服务策略

一、旅游产品售后服务的意义

服务在社会经济活动中的重要性与日俱增,社会经济越发达,服务的地位就越突出;不论是服务业还是以产品营销为主体的企业,服务将成为企业价值和利益的核心;服务的这种核心地位是由市场驱动和技术驱动两个因素决定的:一方面,顾客已经不满足于用技术手段解决需求问题,顾客不但重视购买物品的实用价值,还重视购买时的心理体验与情感价值。他们需要企业提供更多的形象价值、人员价值、超值服务来满足其购物时的愉悦心境,并希望尽量减少顾客的时间成本、精神成本等。这迫使企业向顾客提供增值服务。另一方面,随着技术的发展,尤其是在信息技术领先发展的条件下,企业的创新服务变得更加便捷,使企业的服务更加高性能化、智能化。而如今企业间的竞争与其说是产品的竞争,不如说是服务的竞争。服务既是企业间竞争的焦点,也为企业的发展提供了机遇;成功的企业善于捕捉和运用服务机遇,通过销售和信息有关的支持性辅助服务,做好售前、售中与售后的服务工作,从而形成竞争优势。支持性辅助服务可以使顾客与企业之间的交易变得更加方便快捷,使顾客更加满意;而顾客满意与否会直接影响企业的口碑宣传,影响企业的长远发展;许多企业管理人员发现,亲朋好友的推荐比企业的广告更能促使顾客购买产品和服务。而顾客只有对自己以往的消费经历感到满意,才可能向亲朋好友推荐企业的产品和服务。如果顾客在购买或享受服务产品时,情感受到了伤害,利益受到了损失,期望变成了失望,而生产企业又不及时补救,顾客自然就会远离这个产品的生产企业。比如,一些餐馆提供了美味佳肴但顾客不会再来第二次,因为餐馆未能很好地兑现承诺或满足顾客的心理需求。顾客因为餐馆服务态度不好提出了意见,反而遭到了服务员的白眼与讽刺等。这些服务的失误损害了顾客的利益,必然引起顾客的不满和投诉,顾客满意度自然会大大下降。所以,让顾客满意是企业营销的最终目的,而顾客的满意度来自于顾客对服务质量的评价。

旅游者在加入旅游团队时就已经一次性购买了全部旅游经历中的各个组成产品,旅游产品的销售、生产和消费是在旅游者和服务人员之间同时发生、同时消失的,因此,可以说旅游者在消费的各个阶段都是在享受售后服务,旅游企业与服务人员更应该重视售后服务。要留住旅游者,树立品牌形象,就一定要为旅游者提供满意的消费经历以及满足旅游者在任何购买阶段的要求。不但要做好销售前、销售中的服务工作,还必须重视销售后的服务与承诺;不但要履行以前的承诺,还要向旅游者做出新的承诺,这样环环相扣,不使任何一个环节中断才不会影响旅游者整体的满意度,才不会影响旅游企业的生存。通过服务营销、情感营销来表达对旅游者的关注和感谢,尽量满足旅游者的需要,让旅游者感受到他们的购买行为是正确的,进一步吸引潜在旅游者的目光更多关注企业的产品或服务;要进一步加强与旅游者的联系,在情感上对旅游者进行同化,争取旅游者的好感和满意度,给旅游者留下值得信任并能满足旅游者需要的良好的初始印象。如果发生旅游者不满意情况,旅游企业应能关注旅游者的感受,及时进行补救和补偿,如通过道歉、送礼物、免费提供额外的服务等办法向旅游者真诚表达歉意。实际上,旅游企业的服务质量/价格=价值。提高了服务质量,即使在相对提高价格的基础上,也不会影响企业的价值存在。因此,旅游企业应树立"对旅游者服务保证"的理念,树立强烈的服务质量意识,做好售后服务,从而提高旅游企业的知名度与美誉度。

二、影响旅游服务质量的因素

我们可以通过分析服务过程明确影响售后服务质量的要素。

首先,旅游者是通过服务人员与企业接触从而引发购买行为并评价企业的,因此,在服务过程中,旅游服务人员的举止、仪表、态度、情绪、语言等直接影响旅游者;同时,服务人员的技术、数量、办公时间及其安排,办公室和柜台的摆设,服务的工具、设备,旅游者的数量与知识水平等也都在一定的场合影响着顾客是否做出购买决策。比如,一家饭店的前台服务员让电话那边的顾客等了很久才接起电话,或者前台服务员不能够明确地回答顾客的咨询问题,那么该饭店的服务就失去了吸引力,从而影响顾客对该饭店服务产品的良好感知。

其次,旅游者是与企业在交换过程中完成购买与消费的,由于服务产品的生产和消费同时进行,旅游者直接参与服务产品的生产过程,并影响到他们对服务产品的认知,这期间自然包括旅游者与服务人员的相互沟通,这种沟通取决于服务人员的行为,如他们说什么、做什么以及如何说、如何做等;旅游者与企业的物质设备、技术资源之间的相互作用;旅游者同企业各个系统如等候系统、账单系统、传递系统等之间的相互作用;同一交换过程中,旅游者之间的相互作用等。毫无疑问,旅游者在购买服务的过程中,不仅要同服务人员打交道,还要了解和熟悉企业的经营管理制度和运作程序,有时还要使用诸如售货机、取款机之类的技术设施,而且还会跟其他顾客打交道。所有这些交换过程都将对旅游者感知企业服务产生重大影响。如果旅游者认为这些过程过于烦琐和复杂,或者受到不友好的对待,那他们就很难给企业的服务质量以较高的评价。

由此可见,在服务过程中存在着两个重要因素,影响着服务产品的质量,"一是人的因素;二是物的因素,即企业的有形展示"[①]。

(一)人的因素

涉及服务产品表现的人大致有三类:一是企业本身的人员,他们的态度、专业技能、知识,行为和仪表对于消费者从服务产品消费中所获得的满足水平有极大影响。虽然有的工

---

① 陈筱.旅游心理学[M].武汉:武汉大学出版社,2013.

作人员与消费者直接接触,有的不直接接触,但他们的服务理念都对服务的形态、特色和性质有所影响。比如,同样是一顿丰盛的大餐,如果餐厅能够播放轻柔的音乐,领班和服务员能够穿着干净整洁的工作服,一边为顾客介绍奉上的食物和佐餐酒,一边快速地回答着顾客的询问,那么顾客对于该餐厅的服务质量的评价一定比另一家什么服务项目都没有的餐厅要高得多。同样,都是给顾客端上一碗热汤——服务产出是一样的,如果服务员能够亲切地给客人加上一句"小心烫,请慢用"这样亲切的提醒,其服务过程也就大不一样,那么,这个顾客就很有可能成为"回头客"。在这里,吸引顾客的不是服务员的服务产出,而是服务员的服务表现。二是为销售服务企业工作的,或有工作关系的其他单位和人,如公关代理、中间人以及其他相关人员。"人"及其质量对于销售服务的企业确实很重要。三是"消费群体",包括过去、现在以及潜在的消费人群,由于他们在服务生产过程中均有参与,因此也对"过程"产生影响,同时他们之间也会相互影响,比如,加入某旅游团的消费者对某服务质量的看法,会受到其他曾加入同一旅游团的消费者的影响。

但是,在这几类人群中,影响服务质量的最主要因素仍然是服务员。

(二)物的因素

服务是无形的,而服务设施、服务设备、服务人员、顾客、市场信息资料、定价目标等都是有形的,这些有形物都可为无形的服务提供有形的证据,有形展示的实物包括设备、设施的布局陈设以及服务实体性要素。

许多服务都是依赖于设施性物品而完成服务表现与产出的。主要包括服务设施和服务设备,如建筑物外观、内部装饰和室内陈设、飞机的型号、停车场、园林,车辆与其他服务设备等。服务设施是影响顾客期望和感觉中的服务质量的重要因素之一。比如,旅行社为游客提供五星级饭店,如深圳的五洲宾馆和香格里拉大酒店、广州的东方宾馆和中国大酒店,如果让从未住过并对该类饭店一无所知的游客从中选择,相信绝大部分的游客都会选择五洲宾馆和东方宾馆,因为这两家饭店比它们的竞争对手拥有更加宏伟和美丽的建筑物外观。同样,当游客走进内部装修豪华的饭店,进入有格调、有品位的旅行社或者旅游纪念品商店时,他们主观上会认为该类服务企业的服务质量比其他的企业好。当游客走进有自动柜员服务设备(自助取款机和自助存款机)的银行,走进有自助信息咨询系统(通过电脑来传播电子旅游信息)的旅行社,住进有自助洗涤机器和自助零食售货机的饭店时,他们也会对该类服务企业的服务质量有较高的期望。

因此,服务企业不但要将核心服务产品提供给游客,比如旅行社将旅游信息与资源,饭店将住宿服务,餐厅将餐饮服务等提供给客人,而且,更为重要的是,在提供这些核心服务的时候,服务人员是否以他们服务的可靠性、响应性、保证性、移情性和有形性来显示其服务的质量。比如,旅游投诉部门能否认真聆听游客诉说的被骗的经过,并以恰到好处的态度开导游客且承诺为游客讨回公道;饭店服务人员在提供服务时能否将良好的服务态度、服务方法、服务程序和服务行为等展示于游客,都直接影响游客对于企业服务质量的评价以及他们还是否光顾这个企业。

三、提高售后服务质量的策略

(一)增强服务人员的服务意识

要提高服务人员的服务意识,要热情亲切、主动周到、诚恳友善、耐心细致,而这些服务意识恰恰是在标准化服务基础上的个性化服务、超值服务和超前服务的体现。它需要服务人员不但遵守服务的规范和程序,同时还要服务灵活和有的放矢。以餐厅为例,服务从原料的采购、验收、科学保管开始,经过切配、烹饪等中间环节,最后端进餐厅。然而餐厅服务又构成一个子系统,迎宾、引宾入座、敬献菜单、聆听客人点菜、上菜、派菜、斟酒,均有一套标准和要求。它注重操作的规范和程序,以保证整个服务过程如流水般的顺畅,给人带来赏心悦目的感受。但是面对既有中外之分、南北之别,更有性格差异、禀赋不同、需求不同的各种各样的客人,服务人员能否在服务过程中时时处处站在客人的位置上,想客人之所想,急客人之所急,"于细微处见真情",用周到、高效的超值服务去满足客人,自觉淡化自我意识而强化服务意识,这就是个性化服务的体现。比如,正常的上菜程序是先上汤,其次是肉食,然后再上主食。可是,如果服务员看到客人明显非常饥饿了,主动把服务流程改动一下,让厨房在上菜之前先给客人奉上主食,那就是提供了个性化服务。因此,首先要求服务人员具有积极主动为客人服务的服务意识,做到心诚、眼尖、口灵、脚勤、手快。也只有这样,才能真正打动人心,给客人留下美好的印象,也理所当然最容易招徕回头客。再如当客人借钢笔用时,我们同时递上一张白纸,当客人再需要一张白纸时,我们早已为他准备好,这就是超前服务。服务人员只有把自己的感情投入到一招一式、一人一事的服务中去,真正把客人当做有血有肉的人,真正从心里理解他们、关心他们,才能使自己的服务更具有人情味。同时还需要服务人员言行一致、表里如一。在旅游服务工作中说话和做事要统一,做出的承诺和达成的契约一定要设法兑现。"言必行,行必果"是我国古代就确认的道德传统,是对自身人格的尊重与珍惜;言而无信,说了不做,不仅降低了自身价值,也损害了企业的信誉和声誉,对旅游服务人员来说这也是不尊重游客的一种失礼行为。

作为旅游服务企业管理者,要完善优质服务管理制度,可以通过诸如上门服务制、全天候服务制、产品终身服务制、免费服务等制度以及用户访问制、用户档案制,用户投诉制、服务网点制等用户沟通制度和员工服务规范、员工培训制度、奖惩制度来实现售后超值服务。将超值服务理念与生产过程联系起来,建立严格的质量奖惩制度和质量管理体系,在经济责任制中明确质量的否决权,每个部门、每位员工都有各自的质量指标,组成严密的质量网,也就是企业内部的顾客服务网络,使售后的高质量服务得以延伸,使企业的美誉度得以发扬。

(二)根据顾客需要,灵活调整服务程序

心理控制理论认为,个体通过两种心理控制方式以达到心理的平衡与宁静,即个体通过影响其现存世界(他人、环境和事物存在的表征等)而加强其平安与宁静的首位控制;和个体通过适应现存世界或改变个人的认知、情感和行为而加强其平安与宁静的次位控制。个体在与环境和他人交往时积极改变环境的一些方面以便于把负面的心理效应减到最小并获得最大的潜在满足感。比如,顾客在与服务企业打交道时,想获知大量有关信息来感知并判断周围环境对自己的影响,顾客对周围环境及其变化状态的信息感知越多,就越有把握改变环境中一些不利于自己的因素,对服务预期效果的把握就会越准确,与企业的服务行为就越加配合,从而获得较高的满意度。因此,服务企业在服务过程中为消费者提供足够量的信息,

尽可能提高消费者对其服务的认知度,使消费者在消费过程中感觉到自己拥有较多的主动权和较大的控制力,充分地了解服务过程、状态、进程和发展,以减少风险忧虑,增强配合服务过程完成的信心。

顾客的需要是多样的,虽然我们不能根据所有顾客的需求制定服务程序,但我们可以根据顾客的需要调整变化我们的服务程序,灵活应变地满足顾客的要求。比如,客人在离开饭店时,如果提出把没来得及办完且与饭店无关的事委托给服务人员继续帮助办理,并将办理完的结果邮寄给自己的要求,一般会被饭店方面拒绝,服务人员认为,这些事与饭店提供的服务无关,不是饭店服务的内容,其实恰恰相反,客人提出的委托是客人对饭店寄予的期望与信任,是客人有可能回头的理由,服务人员如果拒绝了客人的要求,客人虽然能够理解,但也失去了对饭店的期望与下一次再来的愿望。我们常常见到一些客人提出一些看似无理但有实情的问题,如"我们不喝茶,要么把我们的茶位费用免除掉,要么把那些茶换成价格相等的可口可乐,可以吗?""我们好饿,先给我们上饭再说,好吗?"对于这些问题,顾客得到的答案往往是否定的。"对不起,公司规定不喝茶也要付茶位费用,而且我们不能够随便帮客人把茶换成其他饮料。真的很对不起,这是公司规定,我们也没有办法。"在这里,道歉是没有用的,客人需要的是你能否解决问题,而不是你的道歉。如果服务不是根据客人的现场情况想办法解决,那么该服务就没有能够满足顾客的现实需要,其结果就是该服务的消费价值也不一定高,更不能够被确定为优质服务的标准。

(三) 开通售后服务质量监督热线

通过开通售后服务质量监督热线电话、投诉信箱和服务质量网上反馈等服务,并由专职部门和专责人员来负责受理和处理来自各方面的投诉,及时了解顾客的反馈意见,并以此作为服务质量检查手段,评估和考核员工的服务质量是否达到顾客要求的水平与标准。与此同时,管理人员还可以通过顾客的投诉意见,研究改进服务质量的措施,修改服务质量标准,以符合顾客的需要和达到他们期望的服务水平。

(四) 制定具体的服务标准,进行有效的服务

管理人员应该通过营销调研,了解新顾客对于各类服务属性的期望以及老顾客对服务企业的体验与期望,确定各类服务属性的具体质量标准,以便服务人员执行。比如,要求饭店前台服务员必须在 15 秒内接听电话,这就是具体、明确的质量标准。如果用"尽快"一词,则具体指标不确定,服务员难以操作执行,影响服务效果。

(五) 采取针对性强的调研手段,及时了解顾客的消费需求与期望

通过聘请专业的市场调研公司为服务企业设计相应的调查方式,了解顾客对于各类服务属性的期望,确定各类服务的质量水平。市场调研手段可以是问卷调查、面对面的深入访谈、邀请顾客组成小组来进行讨论等,而最后制定的服务程序必须根据顾客的期望来设计。比如,饭店可在客房内放置"住店旅客评价意见卡"以收集顾客的意见,然后由专人负责统计分析,测算每月旅客对于酒店各项服务的满意率,并以此研究改进措施,提高服务质量标准;或采用让顾客打分的方法,并附上回寄信封和邮资,提高意见征询单的回收率,但所有内容的设计必须简单明了、针对性强。

(六) 建立宾客档案,实行个性化服务

服务人员在接待客人时实行个人跟踪服务,将客人的爱好、饮食习惯、生活习俗、消费特

点等记录下来,作为个人档案,当客人再次光临时,要给予特别关照,实行个性化服务。美国著名的里茨·卡尔饭店给每一位客人建立个性档案,人人都可以得到心满意足的个性化服务,该店的常客达到24万之众。

(七)在客人旅游结束或离开饭店时主动登门访问

客人离境或离店时服务人员应主动登门访问,可以使客人因感到该企业非常关心他们而产生对该企业的好感。企业也可以借此从中了解到客人此次旅行的目的是否达到,还可能了解到客人一路上所到的其他旅游企业的情况,或许还会听到客人发自内心的合理化建议。

(八)设立专职部门进行内部监督

服务企业还可以在企业内部各部门挑选有责任心、业务熟练、正直的工作人员组成内部服务质量监察员队伍,每月将自己在工作中发现的本部门和外部门有关服务质量的问题按规定的格式(时间、地点、事情经过、原因、责任人、改进建议)报告给服务质量监察部门处理。

> **同步思考**
>
> 为了提高员工的业务水平和服务态度,香港很多旅行社的管理人员会经常指派一些内部员工假扮顾客,打电话去其他部门询问各类有关该部门业务的问题或进行问题反映,一旦发现该部门的工作人员业务不熟或者态度不好,这些"顾客"就会把当时的情况记录在案,然后向上司汇报,让他们跟进处理。
>
> 问题:这样做有什么意义?
>
> 答:通过这些"顾客"发现的问题,管理人员能够系统地分析深层次的原因,并通过提升管理方法、完善管理制度,提高企业的服务质量水平与标准。

(九)与客人建立长久的服务关系

与客人建立长久的服务关系如在每一个有意义的节日里,向为之服务过的客人寄发贺卡、优惠券;或通过发送电子邮件祝贺其生日快乐;当企业开设新服务项目或联络办法有变动时向客人邮寄信件(或电子邮件);或邀请附近的老顾客参加促销活动等。

第二节 旅游者的投诉心理与如何正确处理投诉

追求产品质量"零缺陷"是每一个企业希望的生产目标,然而,不管是标准化的工业生产还是个性化的服务企业,都无法确保永不出错,尤其是在服务人员和顾客高度接触的服务性旅游企业,不同的顾客对服务质量有不同的要求,即使同一位顾客在服务过程中对服务质量

的要求也会发生变化。那么,发生"生产事故"的概率要比工业制造业大得多,这就要求服务人员必须自觉地以优质服务作为自己的行为准则,灵活地满足顾客的具体需求,一旦顾客提出不满或投诉,旅游服务性企业调查清楚后必须予以服务补救,以弥补顾客的损失。所以探讨旅游者的投诉心理以及如何做好服务补救工作十分重要。

一、引起旅游者投诉的原因

引起旅游者投诉的原因多种多样,我们只从服务接待中的主观和客观两方面来分析客人投诉的原因。

(一) 主观方面

1. 服务态度

服务人员的服务态度是引起客人投诉的主要原因之一。如服务人员冷若冰霜的态度;有的服务人员看见客人就像没看见一样,眼神飘忽或低头而过,不主动问候客人,或者以"喂"代替;有些服务人员在工作时间与同事聊天、忙私事等;有些服务人员与客人交流用语粗鲁。有位客人与朋友到某饭店咖啡厅,要了两杯咖啡,等了15分钟,服务员却端来了两杯啤酒,客人很生气并告诉服务员啤酒不是他要的,服务员不但不道歉反而还气呼呼地说:"不是你要的是谁要的?"有些服务人员不尊重客人的风俗习惯,如信仰基督教的客人正在房间祈祷时,服务人员闯进去打扫卫生;在餐厅给不吃牛肉的印度客人用牛肉做菜肴;法国客人过生日时送黄色菊花;在度蜜月的日本客人的客房中摆放荷花等。有些服务人员无端地乱怀疑客人取走饭店的物品,或误认为客人没有付清账款就离开等。所有这些都是不尊重客人的表现,都会引起客人的反感,甚至发生冲突,从而导致客人投诉。

2. 服务行为

不良的服务行为也表现在各个方面。饭店里服务人员在客人休息时大声喧哗、高声谈笑、打电话;给客人递房间钥匙或其他物品时,不是双手递送而是扔给客人;未经客人同意,闯入客人房间;忘记客人交代过的事情,如预约了"叫早"的客人却没有按时"叫早",耽误了客人的事情,客人要求代办飞机票、火车票之类忘记办理,丢失或搞错了客人的菜单等;有些服务员损害、丢失了客人的物品,如行李无人搬运或行李员搬运行李时乱丢乱放,打碎、遗失了客人购买的物品,搞坏了客人的箱包,擦坏了客人的皮鞋,洗坏了客人的衣服,丢失了客人衣服上的纽扣,打扫卫生时乱动客人的东西,丢失了客人自带的牙刷或贵重物品。有的导游偷懒,不愿多做讲解,带客人游而不导,让客人自己看,导游却在车上睡觉或办私事;有的导游只是干巴巴地背导游词;有的导游在离开旅游景点时不清点人数,落下客人也不负责任;有的导游随意取消安排好的景点,也不做任何解释。因某种客观原因造成节目被迫取消,但没有与客人协商并达成一致的认识。清洁卫生方面也容易引起客人的投诉,有的饭店使用的床具不干净,床单上、枕头上沾着头发或有污渍;烟头、果皮到处都是;房间有蚊子、蟑螂、老鼠等;卫生间地板有积水,挡水帘上有肥皂的痕迹和污垢;浴缸里有污渍等。有的饭店餐厅食品不干净,食品变质还出售,端上桌的饭菜里有虫子、头发或杂物等;食物味道过咸或太淡;油过多过腻或没有油水;服务员上菜时将手指戳进菜里或不戴卫生帽;餐厅服务员上菜时不小心将菜汁洒在客人的衣服上或上菜太慢等都会引起客人的投诉。

(二)客观方面

引起客人投诉的客观原因是由服务企业的条件、设施、价格等引起的。如电梯、空调不起作用,水箱漏水,马桶黄迹斑斑,下水道堵塞;排气扇不起作用,下水道臭气往房间涌;电视只是摆设,不起作用;窗户坏了,桌椅破损、餐具破损不更换;房间没有多功能性的电源插座,拨打电话不方便;餐厅地面太滑(使客人摔倒);价格比同行收费高或服务条件与实际收费不符以及结账时发现与实际消费有出入等原因,都会引起客人投诉。

二、旅游者的投诉心理

(一)求尊重心理

客人如果是因服务人员的服务态度与服务行为引起的不满,他就想通过投诉找回尊严,希望有关人员在情感上能够理解自己,尊重自己,支持自己的行为并表示歉意。

(二)求发泄心理

客人心中有怨气,只有通过向管理人员和服务人员发泄,并希望主管人员对相关人员做出相应的处理。处理之后,客人气愤、郁闷的心情才会变得轻松舒畅。

(三)求补偿的心理

如果由于旅游服务人员的职务性行为或旅游企业未能履行合同,给旅游者造成了物质上的损失或精神上的伤害,旅游者投诉的目的是要求有关部门给予物质上的补偿。

(四)关心企业发展的心理

并不是所有的旅游者都是为了满足个人的需求才投诉的,有些旅游者是出于对旅游企业的关心才投诉的,只是希望引起有关部门的重视。这一方面有利于游客维护自身的合法权益,另一方面有利于企业发展。如:客人发现服务企业所做的广告宣传词有病句或有错字;发现该企业的服务设施不周全,无法满足客人的需要;发现餐厅服务员的衣着不整洁;发现客房里提供的电话号码或邮政编码不准确等等都可能引起投诉,其目的是让管理者不要忽视这一类"小"问题,它影响服务企业的形象与声誉。

三、处理投诉的原则与方法

(一)旅游投诉处理的原则

处理旅游者投诉时,应遵循以下原则:

1. 正确认识投诉的作用

旅游者的投诉并非都是坏事,实际上客人如同企业的一面镜子,正是通过他们的投诉才发现了企业自身难以发现的不完善之处;正是他们的表扬才使企业知道客人的需要是什么,企业的优秀之处在哪些方面。所以,企业不要只盼望得到表扬信而惧怕收到投诉,而应该感谢客人的投诉,感谢客人帮助企业发现问题,从而改正问题,提高服务质量。美国专家科夫曼在《酒店业推销技巧》一书中说过:"在贵店预订是一种惬意的感受还是恼人的体验,你真的知道吗?你觉得你处理得很好,但这真的是经验之谈吗?你说:'我从未接到过投诉,'你当然接不到。很多客人出于某种原因,一去不复返。他们没有时间来向你解释,就默默地离

去了。你永远都不明白这到底是什么原因,甚至连他们的走,你都不知道。"[①]企业管理人员应该意识到没有投诉并不意味着企业的服务质量令客人满意,或许他没有时间,或许他失望得连投诉的心情都没有了,他还会再次光临吗?而当客人都不光临了,企业怎能清楚地知道这其中的原因?因此,旅游服务企业应该认识到投诉的积极意义,认真对待投诉。

2. 理解客人的心情,真心诚意帮助投诉者

旅游服务企业接待投诉者,首先应表明自己的身份,让旅游者产生一种信赖感,相信能帮助他解决问题。要理解投诉者当时的心情,同情其所面临的困境,并给予应有的帮助。

3. 不能狡辩或与投诉者发生争辩

在接待投诉时,接待人员不能因投诉的旅游者存在着情绪激动、言语粗鲁、举止无礼的行为而与投诉者针锋相对,而是要保持冷静,给予理解,绝对不要急于辩解或反驳,即使是不合理的投诉,也应做到有礼、有理、有节,既要尊重投诉者的面子,又应弄清事实,做出恰如其分的处理。

(二) 旅游投诉处理的程序与方法

1. 认真倾听

受理和处理投诉是从听取投诉者的讲话开始的。首先,向投诉者表示真诚的感谢,把他的投诉看成是对本组织的爱护。其次,认真倾听,投诉者希望他的意见能引起旅游企业的充分重视。无论是面对面的投诉还是电话投诉,都要认真倾听,不要轻易打断对方的谈话;接待人员可以通过提问的方式来弄清问题。

2. 保持冷静

在投诉时,投诉者总是觉得理由充足。因此,不要争辩和反驳投诉者的意见,以免给客人留下不接受意见的印象,使其盛怒而去,影响旅游企业的声誉。为了不在其他客人身上产生不良影响,应当请投诉者到专门的接待室,个别地听取旅游者的投诉。幽雅的环境和私下交谈容易使人趋于平静。受理投诉的人员最好是女性,因为女性的微笑能平稳投诉者的情绪,有利于事情的解决。

3. 给予理解关心

接待人员应设身处地地为客人着想,对投诉者的感受要表示理解,用适当的评议给投诉者以安慰与关心,不要采取"大事化小,小事化了"的态度,此时,尚未核对旅游者投诉的事实,仅能对旅游者表示理解与同情,语言可采用虚拟语气,如"我能理解您的心情,如果是我遇上这种事,也很生气……",以表示理解。

4. 弄清真相,不转嫁他人

了解清楚是哪一方面出现的问题,是服务态度还是服务设施;是服务价格还是交通问题;是服务人员有欺骗行为,还是误会等,弄清事实真相,不随意答应或否决,不包庇隐瞒或转嫁他人,不推卸责任,也不推诿怪罪客人。

5. 记录要点

接待人员要记录投诉者投诉的要点,如果没有听清楚,可要求客人慢慢陈述,重复一些

[①] 陈筱.旅游心理学[M].武汉:武汉大学出版社,2013.

词句,这样不但可以使投诉者觉得接待人员在认真对待自己,而且还会因受到尊重而缓和了情绪,减少了对立态度。另外,记录的资料可以作为解决问题的依据。

6. 告知处理方法或征求客人解决的对策

接待人员要慎重告知解决的办法,千万不可轻率地向投诉者做出不切实际的许诺,或者不痛不痒地表示:"由于权力有限,我只能表示理解,没有办法"等,若有可能,可请投诉者提供解决问题的方案或补偿措施,以待双方商量,如果是自己能够解决的问题,应迅速回复投诉者,告知处理意见。

7. 告知处理时间

最好能告诉投诉者具体的时间,不含糊其辞。但要充分估计解决问题所需要的时间。

8. 及时解决

只道歉无实际行动是没有用的,而且旅游者的投诉如果没有得到及时妥善的处理,旅游企业还要面对两个新出现的问题:其一,旅游者就原先的旧问题第二次提出投诉;其二,对旅游企业人员工作的低效率表示失望,所以,为了不使问题进一步复杂化,为了节约时间,为了不失信于旅游者,必须及时处理问题:对一些合理的投诉,即明显是服务或管理工作的失误,应立即向投诉者致歉赔礼,在征得投诉者同意后,做出补偿性处理,该退款时则退款,该补偿时则补偿。另外,在执行的过程中如果发生意外情况,应及时反馈给旅游者,取得旅游者的谅解。

同步案例 客人被刺伤后

一天下午,位于南京长江大桥南引桥附近的双门楼宾馆大堂内有一支团队在办理离店手续,大堂副理和行李员、总台服务员一个个忙得不亦乐乎。正在此时,住在204房的上海某厂销售部朱经理焦急地来到大堂。"我被你们的铁钉刺伤了。"她的手捂着臀部,眼里流露出极度不安的神色。大堂副理见状便先搀扶她到沙发上坐下,并让服务员迅速送来热茶、热毛巾,然后请她把经过情况细细道来。事情是这样的:这天午餐后,朱经理回到房里在床上打了一个盹。下午3点打算到南京市郊的一家工厂去联系业务,所以起身后稍许梳洗一番便坐到镜台前整理拎包。岂料刚坐下,臀部便被凳子上一个突出的钉子刺痛了。她用手摸一下凳子,发现海绵层中有一尖钉突出在外。大堂副理听到这儿,立即给医务室去电话,由于酒店里不能注射破伤风针,所以他请大夫马上陪朱经理到附近医院去打针,同时又迅速调来总经理专用车。大夫与客人乘上汽车后,大堂副理即与客房经理到204房查看凳子。果然有一枚铁钉,上面有一层海绵覆盖着。客房部经理立即让服务员换了凳子,并责成服务员把房内所有用品做一次全面检查。朱经理在大夫陪同下很快回到酒店,大堂副理旋即带上大束鲜花登门拜访。"由于我们工作上的疏忽,使您蒙受伤痛,我代表酒店总经理向您致以深切歉意。"他诚恳地说道,"您有什么要求尽可以告诉我,一定尽力而为。"大堂副理话音未落,服务员端上一大盘时鲜水果,果香四溢。朱经理虽受到一些皮肉痛苦,注射过破伤风针后已无后顾之忧,又目睹酒店如此诚意,她当即表示充分理解,并说,双门楼宾馆服务一贯良好,被钉子

刺伤虽不高兴,但这毕竟还是可以理解的。

(资料来源 http://www.docin.com/p-692034680.html)

问题:本案例对我们有什么启示?

分析提示:万一发生功能服务的事故,酒店必须不遗余力地妥善解决。这类事情导致客人投诉,为数不少。然而,在双门楼宾馆,由于大堂副理处理妥善、及时,客人感受到了酒店对她的关心与尊重,这样便从根本上消除了客人投诉的念头。

9. 检查落实和记录存档

与投诉者联系,检查核实投诉是否已圆满解决。将整个过程写成报告,存档。

10. 完善管理制度

定期了解客人的投诉与处理投诉的情况,并整理成书面报告,呈报上级部门,以作为领导完善服务制度、改进服务工作、提高服务质量的工作依据。同时,应建立客户信息系统、产品售后跟踪系统、售后服务运营系统、绩效评估系统;开通服务质量监督热线,由专职人员或专责人员负责受理或处理来自各方面的投诉,以便于及时了解服务现场发生的情况。

知识活页

正确对待顾客投诉要牢记50条建议

法国专家菲利浦·布洛克等在《西方企业的服务革命》一书中,提出了处理客人投诉的50条建议,牢记这50条建议对旅游企业是有好处的。

(1) 对待任何一个新接触的人要和对待老顾客一个样。
(2) 没有无关紧要的接触或不重要的顾客。
(3) 投诉总不是容易辨认清楚的。
(4) 没有可以忽视的投诉。
(5) 一份投诉是一次机遇。
(6) 发牢骚的顾客并不是在打扰我们,他在行使他的权利。
(7) 处理投诉的人一定被认为是企业中最重要的人。
(8) 迅速判明投诉的实质。
(9) 用关键词限定投诉内容。
(10) 每当无理投诉出现高峰,应该设法查明来源。
(11) 在采取纠正行动之前,应立即对每份投诉做一个礼节性的答复。
(12) 要为顾客投诉提供方便。
(13) 使用提问调查表以方便对话。
(14) 组织并检查答复投诉后的善后安排。
(15) 接待不满的顾客时要称呼他的姓,握他的手。
(16) 处理投诉应因人而异。
(17) 请保持轻松、友好和自信。

(18) 让顾客说话。
(19) 要做记录,可能时使用一份印制的表格。
(20) 告诉顾客他的问题由你负责处理,并切实去办理。
(21) 要答应采取行动,还要设法使人相信你的许诺。
(22) 要证明投诉登记在案后立即开始行动。
(23) 告诉顾客他的投诉是特殊的。
(24) 不谈与顾客无关的私事。
(25) 防止露出羡慕、烦躁或偏执等情绪。
(26) 既要让人说话,又要善于收场。
(27) 学会有效地发挥电话的功用。
(28) 要像对待你的老主顾那样对待原本不属于你的顾客。
(29) 决不要在地位高的顾客和棘手的问题面前胆怯。
(30) 要核实别人向你传递的消息。
(31) 要让别人听你的话,扯着嗓门叫喊是徒劳的。
(32) 复述事实不要带偏见。
(33) 切忌轻率地做出判断。
(34) 想一想是否有立即答复的可能,问一问顾客希望你做些什么。
(35) 别急于在电话中商讨解决问题的方案。
(36) 请留下你向顾客所做出的任何诺言或保证的书面记录。
(37) 如你当场爱莫能助,不妨先宽宽他的心。
(38) 在对话交谈时,对方未说完之前,切莫打断。
(39) 对话完毕,立即开始行动。
(40) 写一份意见书给作为你的顾客的某个企业。试探一下别人对待你的方式。
(41) 千万别对顾客说:"您应该……"
(42) 凡是收到和寄出的一切文书都得签注日期。
(43) 要结识那些多次不满的顾客。
(44) 除非万不得已,不用电话答复书信。
(45) 尽快索取你可能需要的补充信息。
(46) 若情况许可,可用幽默致歉。
(47) 受过你服务的顾客可能成为你的朋友。
(48) 总是由顾客说了算。
(49) 用典型模式提高服务速度。
(50) 时刻为顾客着想,为顾客工作,如同你是顾客一样。

教学互动

互动问题:旅游企业遇到顾客投诉是常有的事情。

1. 投诉的顾客都是无理取闹吗?
2. 顾客投诉对企业有好处吗?

要求:

1. 教师不直接提供上述问题的答案,而引导学生结合本节教学内容就这些问题进行独立思考、自由发表见解,组织课堂讨论。
2. 教师把握好讨论节奏,对学生提出的典型见解进行点评。

本章小结

内容提要

旅游者在消费的各个阶段都是在享受售后服务,旅游企业与服务人员更应该重视售后服务,从而提高旅游企业的知名度与美誉度。了解旅游服务过程中的影响因素,掌握提高售后服务质量的策略,引起旅游者投诉的原因多种多样,只从服务接待的角度谈,有主观和客观两方面的原因,旅游者的投诉心理包括以下几方面:求尊重心理、求发泄心理、求补偿心理、关心企业发展心理等。要把握好旅游投诉处理的原则,要按一定的程序与方法处理旅游投诉。

核心概念

售后服务;服务态度;服务行为;旅游投诉

重点实务

售后服务心理与旅游者投诉知识在旅游服务中的运用。

本章训练

知识训练

一、简答题

1. 旅游产品售后服务有什么重要意义?
2. 旅游者投诉时,有哪些心理特点?
3. 正确处理投诉的程序与方法有哪些?
4. 如何提高售后服务质量?

二、讨论题

1. 有些旅游者总是觉得自己的投诉被旅游企业推诿,为什么旅游者会产生这种想法?

2. 如何正确认识旅游者的投诉行为?

▶ 能力训练

一、理解与评价

一些人认为:售后服务是旅游企业在激烈的市场竞争中立足的根本。请给以解释?

二、案例分析

五星级饭店的民工

背景与情境:2004年东南亚地区发生海啸之后,海南省某五星级饭店凭借以往的经验判断,避寒胜地海南岛必定会变得"红火"起来,于是他们乐观地预估了2005年春节海南饭店的需求量,把春节期间的海景套房标价为每晚1000美金,并广泛向旅行社的采购人员推销,很多旅行社因此预付了昂贵的订金,锁定了大量的饭店客房。然而,当年的海南旅游需求却不像事先预测的那么红火,相反,海南的饭店供过于求,于是春节期间的房价直线下跌,之前锁定大量客房的旅行社纷纷提出退订要求。可是该饭店拒绝了旅行社退订的要求,结果,旅行社"一怒"之下进行报复,让民工入住该五星级饭店,还故意让民工们在饭店大堂吃盒饭,以此来扰乱该五星级饭店的正常运作,给该饭店造成了较为恶劣的社会影响。

问题:

1. 该饭店面对旅行社的退订要求应采取什么方式才可以避免恶劣影响的产生?为什么?

2. 从饭店对旅行社提出问题解决的过程中反映出该服务企业存在哪几方面的问题,应如何改进才能挽回饭店的信誉?

第十二章
旅游交通部门及其他部门旅游服务心理

学习目标

通过本章学习,应当达到以下目标:

职业知识目标:掌握旅游交通服务心理等与旅游息息相关的其他部门旅游服务心理,为走上社会打下坚实的基础。

职业能力目标:运用本章专业知识研究相关案例,培养与"其他部门旅游服务心理"相关的旅游服务情境中分析问题与决策设计能力。

职业道德目标:结合"其他部门旅游服务心理"教学内容,依照行业道德规范或标准,强化职业道德素质,更好地促进旅游业的发展。

引例:旅游车的轮胎爆了

背景与情景:出了上饶火车站后,旅游团的全陪杨小姐和武夷山的地陪王小姐顺利地接上了头。此团由 25 位年轻人组成,目的地是武夷山。从上饶到武夷山,汽车有四个多小时的路程。坐了近七个小时的火车现在又坐上汽车,游客们虽已有些疲劳,但第一次到一个地方的新鲜感使他们游兴丝毫未减。游客们一边认真地听王小姐沿途讲解,一边欣赏车窗外的田野风光,还不时地提出些问题。车厢里始终洋溢着欢笑声。车行两个多小时后,路况越来越差,车越来越难走。王小姐诙谐地称这段路为"妈妈的摇篮",又说大家来这儿旅游是为老区建设做贡献。车上的年轻人都乐了,兴奋地大声笑闹。过了一会儿,天渐渐黑下来。车子驶上了一个大山坡,车灯所照之处,尽是雨后从山上坍塌下来的石块泥土。杨小姐一边叮嘱游客坐稳,一边关照司机把车开慢点。车子在山坡上扭秧歌似地行驶着,游客们也都累了,王小姐停止了她的讲解,因为她知道,这时游客最需要的是闭目养神。除了车子行驶的声音,四周非常平静。突然,一声炸响从车底下传来,车上昏昏欲睡的游客都被惊醒了。"车胎炸了,这下坏了,我们要在车上过夜了。"车上有人说。司机马上刹住了车,王小姐、杨小姐随着司机下了车,司机绕着车子检查了一番,说:"糟糕,炸了两个轮胎。"怎么办？车子刚好驶在半山腰,前不着村,后不着店,而此时是晚上七点多,游客们肚子已咕咕直叫。杨小姐和王小姐、司机商量了一下,当机立断：由杨小姐先安抚游客,把情况跟大家说清楚,然后全体下车；地陪王小姐配合司机先把备用轮胎换上,尔后两人尽快去前面山脚下一个汽车修补厂补胎。司机驾着车和王小姐走了。全陪杨小姐和二十多位年轻人留在武夷山的这条公路上,虽然大家都是从大城市里来的,但因人多,心里并不发慌。杨小姐真诚地向游客道了歉,请他们原谅自己没把防范工作做好(说实话,这种事情没办法预防)。游客们被杨小姐的真诚所打动,都表示只要把车修好,他们等久一点,再饿一点也能坚持。

　　武夷山的夜景是那样的美。夜空中晶莹的繁星点缀在黑色的苍穹上,树丛中有不知名的小虫在鸣叫。置身于这样的大自然中,使这些来自城里的游客有一种说不出的惬意,也使他们觉得时间过得特别快。一个多小时后,汽车终于回来了。这二十多位年轻人,还有杨小姐都乐了,他们叫着、喊着、笑着,这声音久久地回荡在大山中⋯⋯

　　(资料来源　http://wenku.baidu.com/link?url=0E3HdZaqK8HAginDnGg_AJ0KM)

　　旅游服务心理不但包括导游服务心理、饭店服务心理等主要的旅游服务心理,而且还包括旅游交通服务等其他旅游服务心理。旅游服务的宗旨就是一切为游客着想,让游客玩得开心,住得安心,行得放心,一切顺心。

第一节　旅游交通部门旅游服务心理

　　现代旅游业的发生、发展有赖于旅游交通服务：合理的交通线路,先进的交通工具,配套的交通服务设施(机场、车站等)及优异的交通服务等等。

一、游客对旅游交通服务的心理需求

　　旅游交通是指一般交通中服务于旅游业的部分。旅游交通服务包括人们离开居住地到达目的地的交通服务和在旅游地游览时的交通服务。行是旅游活动的首要环节。游客开始旅游活动的第一步便进入了交通服务的范畴。人们不仅把旅行看做是达到目的地的一个手段,还把它作为整个旅游的一个部分。由此可见,旅游者对旅游交通的心理需求是多层次的和多样性的。

(一) 游客多样性的需求

1. 游客求安全的心理需求

出门旅游安全第一。对于游客来说,安全是首要需求。人们期望"一路平安",决不希望发生交通事故。安全是旅游活动的前提。只要被认为是安全的旅游交通服务,人们才敢放心地旅游。现代旅游要求提供的交通工具在性能和质量上安全稳妥,如某一地区交通事故不断,游客连起码的安全都得不到保障,则必然破坏该地区旅游形象,严重影响该地区旅游市场的发展。游客时时将安全与生命直接联系在一起,途中看到有交通事故发生也会极大地打击他们的兴致。自身遭遇一些小的交通事故都会使他们惊慌失措,可能因此而改变路线,或改乘其他交通工具,甚至取消去某地的旅游计划。可见旅游交通只有在确保游客安全的前提下,才能构成有效的服务。

> **同步思考**
>
> 一旅游团参加某旅行社组织的旅游,他们坐着汽车公司的大客车行驶在崎岖不平的山路上,驶至一急转弯时,司机并未放慢速度,致使转弯时车碰在岩崖上,将靠在车窗边的一位游客头部撞伤,因诊治无效,该游客右脸面部神经麻痹。据查,在山路行驶时,路况极差,车体抖动厉害,车上导游人员并未做任何警示及采取必要的措施(如让司机减慢行车速度)。事后,该游客提出了索赔。
>
> 问题:案例中的主要责任人是谁?
>
> 答:导游和司机。

2. 游客求快捷的心理需求

方便快捷是一般游客最常见的心理需求。游客外出旅游,总是希望尽快地到达目的地,把有限的休闲时间更多地用于游览活动,而不愿大量消耗在旅途之中。因为对游客来说,旅途大多是无意义的、枯燥乏味的,特别是长距离的旅行,容易引起身心疲劳,所以游客对旅游交通服务有方便快捷的心理需求。

出于方便快捷的心理需求,有的风景名胜或民俗风情虽然很有特色,但交通不便,费时费力,多数游客也不愿前往。游客总是期望尽量缩短时空距离,而现代交通工具的进步,正是为适应人们方便快捷的心理需求而发展起来的。航空交通成为国际长途旅游的高速飞行工具;火车发展为高速列车,一般火车不断提速夕发朝至;高速公路在修建,高性能的汽车在研制等等。

3. 游客求准时的心理需求

人们外出旅游,往往按既定的计划进行。何时何地启程,换乘何种交通工具,何时到达目的地,何时返回等等,这其中的旅行时间、游览时间、休息时间,都有事先的安排。因为旅游交通带有严密的连贯性,前一站的误点和滞留要影响下一站的游览活动,甚至会发生一系列的经济责任事件,如房费、交通费、餐费等的结算问题;部分游客还可能诱发一些涉外事件,如有些入境旅游者不能按时返回本地等。所以,游客对旅游交通服务普遍具有"准时"的心理需求。如果旅游交通服务不能按计划要求准时运行,必然打乱游客的旅游计划,影响整个旅游活动的进程,打破游客的心理平衡,使他们不安、不满、烦躁、恼怒,有时可能会达到无法容忍的地步。其结果不仅造成游客时间、精神、物质的损失,而且使旅游业的信誉蒙受损失。可见,准时是旅游交通服务最基本的工作规范。

4. 游客求舒适的心理需求

人们休闲外出旅游,是为了放松自己,得到身心的快乐享受,舒适也就自然成为大多数游客的心理需求。当今已进入大众旅游时代,人们已逐渐地改变"受些辛苦,一饱眼福"为目的的旧式旅游,转向追求舒适快乐的旅游。这种快乐不仅限于旅游目的地,而且贯穿于旅游活动的全过程,当然包括旅游交通。旅游交通服务不仅要为游客提供"行"的方便,而且要为游客提供"行"的舒适快乐,旅游交通服务设施的条件状况,直接影响着游客。比如,游客希望设备齐全、环境优雅的候机(车、船)场所;希望乘坐外形美观、宽敞明亮、舒适平稳、便于休息和游览的交通工具,希望提高旅途的舒适度和活跃旅途生活,能配备空调,安装闭路电视,希望外部干净,内部无异味、无蚊蝇、无痰迹,保持清洁卫生。

5. 游客求价廉的心理需求

游客中无论经济收入高低,都希望旅游交通部门有更多的可供选择的旅行工具和价格,购票时都愿意选择价廉的。出于希望价廉的心理需求,一般游客都尽量选择优惠价(如淡季票价下降,寒暑假对教师、学生的优惠),以节省旅游交通费用。

(二)游客多层次的需求

游客对旅游交通服务的心理需求带有明显的多层次和多元性。

1. 不同收入水平游客的心理需求

一般来说,收入不高的游客,对旅游交通的需求较低,这部分游客为了节省旅游交通费用,多选用价格低廉的交通工具,并能够接受某些交通服务不到位带来的辛苦。而对于收入比较可观的游客来说,在旅游交通工具的选择上,则追求高档和舒适。

2. 不同旅游目的游客的心理需求

参加特种旅游的游客,对交通服务的心理需求与众不同,他们追求新奇刺激,勇于冒险,比较能吃苦,愿意骑骆驼穿越沙漠,驾车在山路上颠簸,乘皮筏在江河漂流。而在观光游览或体验当地民俗风情中,则要根据不同需要乘坐特殊的交通工具,如骆驼、马车、缆车、木筏、小舟、游船等等。

二、游客对旅游交通条件的知觉

"旅游者对旅游交通服务的知觉,体现在旅游者从居住地到旅游目的地的旅行中。"[①]旅行是在三维时空中发生的,人们既可以用旅行时间,也可以用旅行的距离来感知量度。而空间的远近、时间的长短都可以直接影响到旅游者的动机、态度和旅游的决策行为。

实际上有许多人用时间来感知距离,例如,从南京到上海乘火车要 4 个小时,南京到北京乘火车要 19 个小时。有时人们对旅游时间的知觉也可以通过不同的交通条件来知觉。比如,南京到北京乘飞机只要 2 个小时,乘火车要 10 几个小时,乘长途汽车则花费的时间更

---

① 高玉祥.个性心理学[M].2 版.北京:北京师范大学出版社,2005.

多。因此，人们对旅游交通条件和交通工具的选择性知觉也影响其对旅游交通服务的知觉。从而影响到旅游者的决策和旅行行为。这里从旅游者对时间、距离、交通工具的知觉来讨论其对交通条件的知觉及其行为反映。

（一）旅游者对时间和对距离的知觉

1. 对时间的知觉

旅游者对旅游交通服务的要求与旅游者的时间知觉密切相关。旅游者对旅游时间的知觉一般有三个要求。

（1）旅途要快。

即要求交通服务能在较短的时间完成由居住地到旅游目的地的行程。因为在有限的闲暇时间内，人们要完成计划中所有的地点、项目和内容，就要设法缩短无意义的时间和空间距离，否则就会浪费金钱或失去职业。为此，我们常见到人们在旅游时喜欢乘飞机而不喜欢乘火车，愿意乘快车而不愿意坐慢车，愿意乘直达目的地的车而不愿意中途多次停留。

（2）游览要慢。

游览区内的交通应舒适、时间充足，使旅游者能从容地观赏，细细地品味，由于前面路途的快所节省的旅游时间为游览中的慢提供了时间基础。

（3）一切要准时。

因为旅游者存在时间的压力，一方面是计划的原因，在工业化社会中，人们已养成守时的习惯，旅游交通不准时会引起人们内心的种种不安和实际的不便。

2. 对距离的知觉

人们对旅游距离的知觉常常因人而异。比如，从广州到北京行程为 2313 公里，乘火车需要 36 个小时，老年人会觉得旅途时间太长，身体吃不消而放弃；年轻人因精力充沛觉得只花一天半在火车上算不了什么；母亲可能感觉带孩子旅游为了长见识，所以乘车长途旅行花一天半也不很介意；而年幼的孩子感到远距离是一个不会终止的行程，开始的游兴已荡然无存。对距离的知觉可从两个方面影响旅游行为和态度：一方面距离作为旅游的限制因素，起阻碍作用，另一方面对娱乐型旅游者，远距离是一种刺激因素，起着激励作用。

（1）距离的阻碍作用。

国外地理学家曾提出距离摩擦力这一概念，它的意思是：旅游要付出一定的代价，当一个人从甲地到乙地旅游时，要付出金钱、时间、体力等方面的代价，而且还要付出感情上的代价。距离越远，付出的代价越大。这些往往使人对旅游望而生畏，因此，只有能从旅游中获得某些好处，并能使这些代价得到回报时，人们才能下定决心去旅游。这些代价起着摩擦力的作用，它抑制旅游者的要求，所以距离可起阻碍作用。的确，当旅游的距离增加时旅游费用也会增加，体力消耗、时间的花费都将随之增大，人们就更不容易下决心到较远的地方去旅游了。这一原理有助于解释，为什么加拿大和墨西哥的赴美旅游人数，大大超过所有其他国家的赴美旅游人数。对同一旅游点近距离的游客比远距离的游客多，距离是重要原因，它对远距离的游客起了一种阻碍作用。

（2）距离的激励作用。

距离对目的地是游览观光的旅游者来说，有时起到一种刺激作用。研究表明，远处的旅游点正因为远,对游客才有吸引力。所以遥远距离的目的能使人产生一种神秘感和朦胧感,反而有一种异乎寻常的吸引力。虽然距离摩擦力会使人驻足于较近距离的旅游地,但远距离可以帮助人们产生一种遥远地点的知觉,这一知觉使该遥远地点更为诱人,而将旅人吸引到较远的目的地去。实际情况也是这样,当旅游者经济上许可时,只要对远距离的目的地感兴趣,他也许很轻易地决定去较远的地方旅游。

总之,距离和时间的长短,影响人们的知觉,会对旅游行为产生影响,至于产生什么影响,这是因人而异的,对旅游接待国或旅游景点来说,充分地、良好地开发、利用、规划、管理好旅游资源是吸引国内外远近距离游客的前提。

(二)旅游者对交通工具的知觉

现代旅游的发展,使电机、火车、各种类型的游览汽车、游船等已成为游客旅游的主要交通工具。但是在旅游活动中选用什么样的交通工具,游客的知觉作用也是很大的。

1. 对飞机的知觉

人们外出旅游,乘坐飞机不仅仅是一种时尚,更重要的是飞机具有速度快的特点,能使游客在较短的时间做较长距离的旅行,特别是远距离的国际旅游。因而乘飞机成为游客远距离旅游的首选交通工具。而在选择机型、价格与服务中游客则更偏重于对价格和服务的考虑。

2. 对汽车的知觉

随着汽车工业的发展,各种车型的出现,以及拥有小汽车的家庭的比例不断增大,加之长途公共汽车运营网络的不断扩大完善,高速公路的兴建等所有这些,使得汽车成为游客短途外出旅游的主要交通工具。这种方式的特点是自由、方便、灵活,但安全系数相对火车来说就比较低了。外出旅游乘坐汽车时,选择上可能除了公路的路况外,更注重车型、车况、设备等。比如,游览车的车窗是否特别宽敞,车内是否有空调设备,座椅是否舒适等等。

3. 对火车的知觉

一般来说,火车在游客心目中是较为安全可靠的,在我国的旅游交通中发挥着重要作用。在世界许多国家里,由于火车车次多,乘车方便,高速行驶,服务周到而深受游客的欢迎。但在游客对旅游列车的选择上,一是喜欢列车的运行速度快,在中途不停站或少停站;二是注重列车的始发及到站时间合适与否,游客一般喜欢朝发午至或夕发朝至,以利增多观光游览时间;三是喜欢乘坐舒适美观、服务周到的列车。游客一般希望自己乘坐的列车外形美观,车内装饰高雅,设备齐全,服务热情周到。

4. 对游船的知觉

游船是专门用于海上和江河湖泊上的游览交通工具,有些海岛景点和沿江景点只有乘船才能进入。乘船旅游的特点是速度慢,比较安全,对沿途的景物能从容地观赏并有时间细细体味。另外乘坐大型的游船还有比较舒适休闲的感觉,所以有人把大型游船称为"浮动的休养地"或"浮动的大旅馆"。但是,游客在旅游中究竟愿意选择什么样的游船是因人而异的。一般来说,游客一方面比较重视游船所能到达港口城市的多少、距离的远近及港口城市游览景点的多少;另一方面则关注游船的舒适度,餐厅的膳食是否丰盛,游艺厅及娱乐活动是否有特色,购票是否方便等方面。而以上这些都影响着游客的选择。

5. 对小汽车(出租车)的知觉

旅游者有时自己开车旅游或在旅游区改乘出租汽车作为代步的工具。如果出租车司机服务良好、态度和蔼可亲,礼貌热情又具有一定的外语能力,汽车外形美观清洁则利于旅游者良好知觉的形成而乐意租用。

三、改进旅游交通服务的对策

(一) 旅途中旅游者的心理和行为

随着航空事业的发展,飞机这种快速、方便、舒适的交通工具的吸引力越来越大。特别是在其安全性能得到可靠的保证以后,飞机已成为旅游者旅行,特别是长途旅行的理想交通工具。这里仅就飞行途中旅游者的一般心理和行为做一简单的描述来说明旅途中人们的心理行为的一般模式。

乘坐飞机旅行是旅游者的一种美好的享受。旅游者离开家人在一片"一路顺风"的送行声和挥手告别之后,由空中小姐引入机舱。在飞机一跃而起的时刻,旅游者会因为将脱离日常生活的紧张心理及行为上的束缚,接受新的体验而产生激动的感觉。游客随着飞机在空中平稳地遨游,激动紧张感顿减,取而代之的是一种前所未有的轻松。人们心神舒展,行为自由。由于好奇心的驱使,旅游者常常透过机窗俯瞰窗外翻滚的云海,鸟瞰大地的宽广、高山的渺小,以及城镇、河流、田野等,饱览与地面所视不同的景象。这时空中小姐的热情服务,美味的食品、饮料,机舱内优雅清洁舒适的环境都会增添旅途的情趣,使旅游者产生愉快的心情,消除了生理上和心理上的疲劳。但由于在空中航行,旅游者不同程度的紧张和担心也可能产生,这是旅游者出于安全要求的考虑。同样,乘火车、轮船、汽车的旅客对旅途也有要求安全、舒适,良好服务的心理需求。旅途中人们对噪声、空气污浊、温度变化异常反感,所以现代化的交通工具都应提供减音装置和空调设备。如果在旅途中能领略异地、异国的民俗、民风、地形、地貌,又能听到有关沿途风光的有趣介绍或伴以适当的文化活动,如民族音乐欣赏,便会增加旅途乐趣,活跃旅行气氛,消除长途旅行中使游客产生的生理和心理上的烦闷和焦躁不安的感觉,使游客的心理得到调节。

飞机到港或车船到站,旅游者投身一个陌生的世界,因人地生疏而产生莫大的不安。旅游者此时可有多种行为反应,有的东张西望,有的沉默寡言,有的大声喧哗,这种现象对刚入境者尤为明显。复杂的行为表情反映了复杂的心理状态。旅游者在经历了一段旅行到达目的地后,一般都迫切需要到饭店休息。他们希望从机场(车站、码头)到饭店的手续简便、快捷,服务人员服务热情。旅游者希望认识这个陌生的地方,并有一个欢乐、舒适、愉快、安全的旅游历程。

了解旅途中旅游者的一般心理和行为特征,有助于我们在旅游交通服务中,更好地结合旅游者的心理需求和对旅游交通的知觉,采取一些改进旅游交通服务的对策,以满足旅游者精神和物质上的需要,减少旅游者旅途中的挫折感。

(二) 改进旅游交通服务的主要对策

1. 旅游交通应确保安全

安全是旅游交通的生命线,是旅游活动的首要前提。再好的景区景点,只有被认为是安全的,游客才乐于前往一游,否则游客是望而却步的。出于求新求异的心理,一般游客总希望在旅游过程中尽可能乘坐各种不同的交通工具以享受旅游之乐。这就要求旅游交通部门应尽量满足游客对旅游交通的不同需求,首先要确保游客的安全。

毋庸讳言,交通工具在运行过程中往往会发生机械故障、技术事故及遭受自然灾害等的影响,存在着发生各种交通事故的可能性。旅游交通部门在确保游客生命财产安全的前提下,要经常检修交通工具,加强对司乘人员的安全教育,对游客宣传旅行安全知识。如果出了事故,必须及时采取抢救和善后处理措施,并抓紧对事故原因的调查处理。

现代旅游交通工具主要是飞机、火车、汽车、轮船。而中国传统的交通工具用于游览小巷胡同的三轮车,用于体育旅游与郊游的自行车,用于沙漠旅游的骆驼、勒勒车(蒙古式牛车),用于草原旅游的马匹、牛车,用于山地旅游的轿子、滑竿、溜索,用于水上旅游的游船、画舫、竹筏、羊皮筏、乌篷船等,都是现代旅游交通的一种补充的短途载客工具。无论哪一种交通工具,都要把安全放在首位。

同步案例　旅游团在台湾遇车祸

由××旅行社组成的香港旅游团40余人,于2014年10月17日抵达台北,18日前往台湾九份风景区旅游。下午两点多,该团冒雨乘坐的旅游车在九份地区转弯时刹车失控,坠落山谷,造成5人死亡,32人受轻伤,4人受重伤的惨剧。台湾有关方面表示,将全力救治受伤的游客,并尽快协助死伤家属来台处理善后事宜。香港旅行社已为旅游者上了200万元的保险金。据目击者称,当日下午雨天路滑,山区浓雾特别大,又是下坡,旅游车转弯不及刹车失控,坠入山谷。后来的调查证实,雨天有雾不假,但是,司机的主观原因使他成为这次事故的肇事者。原来,这位司机一上路就在手机里与对方大声争吵,有的游客劝他要小心驾驶,他不听,而且情绪十分激动,后来,在出事前两分钟,见到车子转弯时司机驾车的动作,游客们惊叫起来。结果,终于酿成大祸。后经查实,司机血液中酒精含量超标6倍多,属于醉酒驾车。醉酒司机无异于公路杀手。

(资料来源　http://wenku.baidu.com/link?url=0E3HdZaqK8HAginDnGg_AJ0KM)

问题:案例中导游该缺位吗?

分析提示:在整个案例的描述中,并没有导游的出现,但是我们知道,一次旅游活动最重要的就是行程安全。当前,旅游活动所乘坐的交通工具种类越来越多,有人喜欢猎奇,可以乘坐马车;有人喜欢探险,可以乘坐宇宙飞船。然而,不管是哪种交通工具,一旦有游客出现,导游就有义务督促驾驶人员一定要做好自我安全检查工作。

2. 交通服务设施的现代化——加强硬件建设

旅游交通服务的设施是为旅游者服务,并提供最佳心理效果的硬件。"工欲善其事,必先利其器",所以,首先应加强硬件建设,机场、车站、码头、运输工具逐渐实现现代化、网络化。我国首都国际机场是现代化的航空港,拥有世界先进的各种大中型客机,而且可以保证世界上任何类型的飞机在复杂的气候条件下顺利起降,从而解除了游客对交通的担忧,使游客随时来得了、走得开,行动自由。

3. 交通服务的情感化——加强软件建设

旅游交通服务是为旅游者提供的一种服务,游客对服务的知觉很重要的方面来源于服务人员的态度。所以要提高旅游交通服务的质量,获得最佳的效果,就必须加强交通服务的软件建设。要培养服务人员良好的心理品质。例如,高尚的情感,坚强的毅力、意志、敏锐的观察应变能力等。他们应善于了解游客的好恶、困难、需求和愿望,善于捕捉游客心理和情感的变化。在客观条件许可的情况下,"动之以情,晓之以理",尽量满足游客对旅游交通的合理要求,做好游客的知心人。

4. 建立一条龙服务体系

中国有句俗语:"在家处处好,出门事事难。"这句话中的"难",最主要的还是交通不便。旅行社或旅游交通部门实行接送、游览、导游解说、食宿等项目"一条龙"服务体系方便游客,就显得十分必要。它尤其适合团体包价旅游的需要,一方面可免除游客的劳累,另一方面在价格上要相对优惠些。"一条龙"的服务体系具有全程联网的特点,涉及不同的管理部门和各种交通工具。其服务体系好像一架"大联动机",具有很强的系统性和依托性。其中任何一个环节出现意外,就要发生一系列的连锁反应,影响正常运转而给游客带来诸多不便。这就需要从游客入境到出境的整个过程中,在民航、铁路、车船队、饭店、餐馆、旅游点等部门之间做大量的组织联络与协调工作。"一条龙"的服务体系又好像高水平的"接力赛",要求在接待服务和交通工具等方面在时间上要有精确的安排、周密的计划,努力把由突发性问题给旅游活动造成的影响减少到最低限度,使行、游、住、吃、购、娱各环节节节衔接。游客只需将有关费用一次付清,出发后即可按照预定日程旅行游览,免去了途中多次购票等烦琐手续,很好地适应了广大游客求方便的心理需求。"一条龙"服务体系要求强化质量意识和服务意识,协调处理好各种关系,实行全面质量管理,尽量使游客方便。

旅游交通服务是旅游企业服务中很重要的一部分,它不仅影响旅游者的旅游决策,而且影响旅游者的旅游态度,甚至影响旅游业的发展。旅游交通服务有关心理学问题的研究,有助于我们理解人们外出旅游时对交通服务的不同要求,及对旅游交通工具的选择。如为什么有些人乘火车,有些人乘飞机,另有些人乘汽车或乘其他交通工具;为什么有些旅游地风景优美、资源丰富却旅游者很少;为什么互相竞争的航空公司对旅游者的吸引力不同,他们如何改变形象以吸引旅游者选乘他们的航班等。

我们若能够了解旅游者对旅游交通服务的心理需求、对旅游交通条件和工具的知觉及在旅途中的心理状况,就有可能采取一些有针对性的措施提高旅游交通服务的质量,使旅游者获得良好的心理感受,促进旅游事业的发展。

第二节 其他部门旅游服务心理

一、政府旅游部门服务心理

政府旅游部门如何在不断变化的国际国内形势下,根据各旅游企业的实际情况,为他们提供各种类型的服务,对他们进行严格的管理,充分发挥各企业的积极性,这是旅游事业发达与否的关键因素之一。因此,本节分析旅游企业对相关政府的社会心理方面的需求,以帮助政府实现本地旅游产业健康发展、成功地实施对旅游行业管理的目标。

(一) 旅游企业对其领导部门的心理需求

旅游企业对其领导部门的需求总体来说可分为两大类:一是需要领导部门对其提供各种各样的服务,如信息服务、投资服务、宣传服务、市场导向服务等;二是要领导部门对其进行监督与管理。

1. 服务需求

(1) 投资服务。

区域内旅游资源再好再丰富,如果没有得到开发,资源就不能产生效益,因此,旅游资源的开发是旅游业发展的第一步。那么,由谁来开发,怎样开发?这就需要政府旅游部门给予投资开发方面的服务。这不仅仅需要给予政策上的倾斜,还要有实际的指导和帮助。如为了鼓励居民扩大消费,中国将加强重点旅游景区基础设施建设,发展适应不同消费层次的旅游方式,促进旅游消费。

(2) 宣传服务。

旅游企业要想获得最大的效益,必须使自己的旅游产品从众多的产品中脱颖而出,获得更多的注意力,这就必须通过旅游广告宣传服务活动。旅游广告是指旅游企业通过各种媒体将旅游产品、旅游服务、旅游理念传递给广大消费者。它包括旅游机构广告、旅游品牌广告、旅游服务广告和旅游观点广告等。其中最主要的是旅游品牌广告,因为它能代表旅游企业在公众中的形象。政府旅游部门作为一个地区的旅游代言人,更应该把整个地区看做一个整体进行宣传活动,为各个旅游企业提供宣传服务。如湖北省神农架林区旅游局举办的"神农架国际旅游杜鹃花节",为神农架提供了生态休闲游的国际旅游形象,树立了自己的品牌。

(3) 提供信息。

信息是开展事业的前提条件,而现代旅游业特别是国际旅游的发展和旅游者对各项专门旅游活动的新的需求等特点,就要求旅游企业应掌握各种各样的信息,为旅游市场的拓展和经济效益的提高提供基础。如现代的旅游者崇尚滑雪、攀岩、漂流等探险类的旅游项目,旅游企业应根据这些信息,在有条件的情况下,开发这些旅游资源,吸引旅游者来参与。

2. 管理需求

各旅游企业要发展离不开政府部门的管理,这种管理包括行风的监督、人员的管理两个方面。

1) 行风的监督

近年来,随着生活水平的不断提高,旅游越来越接近人们的生活,旅游业得以迅速发展。由于发展旅游业能带来一定的经济效益,使得一部分旅游企业在经济利益的驱使下,搞一些不正当竞争,违反旅游业的各种规定,因此,政府旅游部门必须对各旅游企业进行行风的监督与管理。例如导游索取小费、在旅游者购买纪念品时收取一定的回扣等不良现象,旅游领导部门都应该对其进行说服教育,让他们认识到事情的危害性并督促改正。

2) 人员的管理

旅游企业员工素质的好坏直接影响该企业的形象与效益,是旅游业成败的关键因素之一。旅游业员工应具有智慧的头脑、敬业精神和高尚的道德情操。因此政府领导部门应创造一定的条件,让旅游业员工有培训和学习的环境,不断提高他们的素质。另外,政府旅游部门还应采取一系列的激励措施,充分调动各旅游员工的积极性。

(二) 政府领导部门的服务心理对策

根据各级旅游企业的心理服务需求,为政府旅游管理部门提出相应的服务心理对策:

1. 合理的领导班子结构

"领导班子的合理结构包括年龄结构、知识结构、素质结构及专业结构,它是一个多维的动态的综合体。"①由于各年龄阶段都有自己的优势与不足,因此,首先领导班子内要求有各年龄阶段的人员,而且要充分发挥年轻干部的优势,顺应干部年轻化的时代潮流。在不同领导层次中,对年龄结构、年轻化的程度要求也有所不同。其次,政府旅游部门的成员必须具有足够的知识水平。因为在科技教育不断发展的今天,旅游部门的普通工作人员都具有较高的文化水平,而作为其领导成员应具有更高的知识水平。最后,合理的素质结构和专业结构也很重要,这样可以提高领导班子的战斗力,可以提高工作效率和服务质量。

2. 政府旅游部门的决策心理

领导工作的三大环节:决策、组织和管理。进行决策是领导者的基本职能,它包括确定目标及达到目标的途径和手段。各级政府旅游部门应根据自身的情况,制订出相应的旅游发展计划,然后再采取相应的手段:区域内旅游资源的调查分析和评价、本区旅游业的发展战略与规划、旅游资源的开发、旅游客源市场分析、旅游广告宣传服务等。在上面不同的决策阶段,领导者面临的情况不一样,所承受的心理压力也不一样,因此要求领导者有良好的决策心理品质。

> **知识活页**
>
> **良好的决策心理品质有以下一些要求**
>
> (1) 客观灵活性:要能客观地去寻求正确的决策,避免个人偏见的影响,同时还准备随时修正自己的意见;
>
> (2) 逻辑思维能力:能意识到矛盾,善于在各种错综复杂的意见中做出合乎逻辑的结论;
>
> (3) 判断分析能力:在情况含糊、信息不足或有矛盾的条件下,能适当做出判断;
>
> (4) 成熟与耐心:要有丰富的经验和稳定的情绪;要有耐心,即使花费很多的时间也要把每个细节都做好。

---

① 高玉祥.个性心理学[M].北京:北京师范大学出版社,2011.

3. 政府旅游部门的组织管理心理

为增强组织的活力,协调好各方面的关系,充分发挥员工的积极性,在组织管理中必须坚持以下原则:

(1) 目标认同原则。

组织的构建是为了完成一定的目标,因此,制定的目标必须具体,难度适中,各级目标应该一致,而且要让群众参与到目标的制定中来。

(2) 合理授权原则。

授权不仅能为组织和上级分忧,而且能激发下级的工作热情,增强其主人翁的责任感,因此,合理的授权在组织管理中很重要。授权时要注意职权相称,职大权小,任务难以完成,职小权大,会出现失控。要注意自上而下逐级授权,越到下面,授权应越小。领导在授权时不要忌才,既要采取信任的态度,又要进行相应的管理。

(3) 信息沟通的原则。

信息的沟通包括两个方面:一方面是上级向下级传达各种信息;另一方面要注意自下而上地收集各种反馈信息,这不仅能避免官僚主义而且可以解决实际问题。

(4) 隐结构与显结构相一致的原则。

隐结构是指人的个性、情感、能力、气质等方面的相互关系;显结构是人在组织中的角色关系。也就是说,每个人所担任的职务角色应与他的心理因素相协调。例如,工作安排时应将气质不同的人搭配在一起,刚柔相济,才能产生相辅相成的作用。

二、旅游问讯处服务心理

旅游问讯处是指设立在车站、机场、港口、码头等地方的一种旅游接待服务公共设施,主要为旅游者提供相应的旅游信息并且回答旅游者的各种咨询的一种接待设施。旅游问讯处是展示旅游业发展状况的一个窗口,直接反映本区旅游业的服务质量和发展状况,因此,问讯处的服务心理分析是重要环节。

(一) 旅游问讯处服务的性质

旅游问讯处具有以下属性:

1. 社会性

旅游活动本身就是一种社会活动,具有社会性。一方面它是经济发展到一定阶段的产物;另一方面,它的发展又涉及其他的许多方面,诸如吃、住、行、娱、购、游等。所以,旅游问讯处的工作人员不仅要和游客接触,而且要同社会的其他许多方面发生社会关系,这样才能进行更好的服务。

2. 服务性

旅游问讯处本身就是一种服务工作,服务性是它的主要特性。它的这种服务具有双向性:一方面它为旅游者提供各种服务;另一方面它是旅游业的服务机构,又为旅游业的其他部门提供服务。前者是它工作的对象和内容,后者是它工作的目的。

(二)旅游问讯处的服务心理

1. 旅游者的心理需求

(1)准确性。

问讯者希望从问讯处得到准确的信息,如本区域的气象、气候条件,交通条件,旅游资源的数量、质量和分布概况,旅行社的价格及服务内容等。这些信息的准确性不仅可能激发问讯者的旅游动机,而且对其旅行社的选取、旅游路线的安排方面都能起到很大的作用。

(2)服务热情。

旅游者在进行咨询服务时都希望得到热情的服务,这是旅游者普遍存在的一种心理需求。他们要求工作人员面带微笑,轻言细语,处处从问讯者的角度出发,为他们设身处地地着想,详细地回答他们所提出的各种问题。

2. 旅游问讯处的服务心理对策

根据问讯者的心理需求,应采取相应的服务心理对策:第一,要热爱自己的工作。第二,掌握服务区内的各项相关资源,准确地回答问讯者的各种咨询,满足游客对信息准确性的需求。这就要求员工不断地学习,积累经验,准确回答。第三,热情服务。热情服务对问讯处尤其重要,因为问讯者到问讯处进行咨询服务,是开展整个旅游活动的首要环节,首要环节服务的好坏直接关系到旅游活动的进一步开展。

三、青春后期旅游员工的心理承受力

旅游企业大多数职工是青年人,处于青春后期的旅游员工的危机感特别强,因此,分析和研究青春后期旅游员工的心理承受力,提高他们的工作积极性,也关系到整个旅游业的发展。

(一)青春后期旅游员工的心理特征

青春期一般指从18岁到28岁这一段时期,青春后期就是28岁以后的时期。首先,处于青春后期的员工具有遇事沉稳、不贸然激进的特点,求稳定是他们比较突出的心理,稳定的工作、稳定的收入、稳定的家庭是他们所追求的。其次,处于青春后期的员工具有经验丰富、思维成熟、能力较强的特点,他们都希望通过自己的努力得到不断的提高与发展,稳定中求发展是他们最明显的心理需求,而这些都是企业的宝贵财富。第三,由于生理上已经不再精力充沛、体力旺盛,所以处于这段时期的员工有很强的危机感,这种危机感使得他们心理上有很大的压力。旅游企业要考虑如何减少员工的这种压力。

(二)青春后期旅游员工的心理承受能力

心理承受能力是指在社会变革过程中人们对事物的心理适应和反映能力,是人们的认识能力、应变能力、心理平衡能力的综合体现。与其他的心理能力相比,心理承受能力更具有后天的习得性,它必须通过后天的学习和训练才能提高。心理承受能力可以通过下面几种方法得到提高。第一,提高社会的认识水平。人们对社会的认识、理解水平越强,其心理承受能力就越大。而认识受环境的影响很大,因此必须克服环境带来的影响,不断地学习,提高自己的认识水平。第二,增强突变应付能力。对事物不仅仅认识它的发展规律、变化规律,还要预测它的未来,这是成功应付变化的基础,也是提高心理承受能力的前提。第三,培养适度耐压能力。一定的压力可以变为前进的动力,但压力过大或者时间过长,人的心理承受能力反而会降低。因此,维持适当的压力,培养人们的耐压力,是提高心理承受能力的重要内容之一。第四,寻求理性情感互补,提高综合平衡能力。在社会发展规律变化中,人们在理性上接受不了,可以从情感中得到安慰;反之如果陷入了情感的束缚,可以用理性行为进行互补,所以寻求理性、情感、反映的互补对提高心理承受能力有重要意义。

青春后期的旅游员工有心理压力,这种心理压力既可以引起他们的消极反映,诸如焦虑、惊恐、抑郁等情绪,或者直接影响到生理方面,如头痛、无力等病症;又能够产生积极反映,诸如激发勇气、增强斗志等。其中的关键就是如何进行心理应付,而这种心理应付也就是一种心理承受能力。下面我们对如何提高青春后期旅游员工的心理承受能力提出相应的对策。

(1) 首先,处于青春后期的旅游员工应对社会有一个充分的认识。这就要求不仅认识整个国际和国内的形势,还包括本行业的发展变化趋势和特点,如市场经济条件下的人才观、就业观、我国加入WTO对旅游业的影响、现代旅游业的特点、旅游者对旅游产品的消费需求等。

(2) 不断提高自己各方面的能力,这一点对处于青春后期的旅游员工相当重要。因为青年员工有精力充沛、体力旺盛、思维活跃等优势,但在经验和能力方面比不上年长的员工,所以处于青春后期的员工应该扬长避短,充分发挥自己的才能。这里谈的能力主要包括观察力、语言表达能力、判断分析能力、组织应变能力等。通过提高自己的能力,来提高工作的满意度。

(3) 保持心理平衡,也就是用一种平和的心态对待事物。要认清自己的角色关系,与青年职工相处,要发挥自己成熟、稳重的心理特征,对他们有一定的指导、榜样的作用;与游客相处,要认清这种服务与被服务的关系,热情友好地进行服务。

(三) 旅游企业对青春后期旅游员工的管理

根据青春后期旅游员工的心理特征,领导部门应采取相应的管理措施:

1. 要有针对性

根据求稳定的心理特征,应给予稳定的环境,包括工资、福利、工作环境、生活环境等,让他们在稳定中安心工作。对于求发展的员工,应给他们学习深造、提拔晋升的机会,使他们的才能得到充分的发挥,让他们的自我价值得以实现。

2. 要有灵活性

青春后期的员工有很强的自觉性,在实施严格的规章制度时应有一定的弹性,尤其要注意方式方法,不能采取强硬的命令口气。采取灵活性在很大程度上也减少了员工的心理压力,让他们有自我发挥的机会。

3. 要有激励性

搞好后勤建设,在员工的住房、工资及各种补贴方面,急员工所急,想员工所想,排除他们的后顾之忧,使他们安心工作。

教学互动

互动问题:在外出旅游中,旅游者对交通工具比较关注。
1. 旅游者为什么会有这样的关注点?
2. 交通工具对旅游有什么意义?

要求:
1. 教师不直接提供上述问题的答案,而引导学生结合本节教学内容就这些问题进行独立思考、自由发表见解,组织课堂讨论。
2. 教师把握好讨论节奏,对学生提出的典型见解进行点评。

内容提要
本章讲述了游客对旅游交通服务的心理需求,游客对旅游交通条件的知觉,改进旅游交通服务的对策,旅游问讯处服务心理等内容。

核心概念
旅游交通;政府旅游部门;旅游咨询处

重点实务
其他部门旅游服务心理知识在旅游服务中的运用。

知识训练

一、简答题
1. 旅游交通服务包括哪些内容?
2. 游客对旅游交通服务的心理需求主要表现在哪些方面?
3. 谈谈目前改进旅游交通服务的对策。
4. 青春后期的职工如何减轻工作上的压力?

二、讨论题
1. 在中国西部乘火车、汽车旅行,如何让旅客保持愉快的心情?
2. 政府旅游部门应该如何为旅游者提供优质服务?

能力训练

一、理解与评价
有人说:"交通条件制约着一个地方旅游业的发展。"请给以解释?

二、案例分析

旅游车被扣

背景与情景:盛夏的一个中午,杭州××旅行社的导游员小唐接待了一个旅游团。此团游览的第一个景点是灵隐寺,第二个景点是虎跑。游完灵隐寺是当天下午15:00左右,小唐带游客到停车场上车,可旅游车门锁着,又不见司机踪影。小唐拨通了司机的手机,司机却告诉他一个意外的消息:车辆被交通警察扣了,可能无法继续下面的游程(后来了解到此车为非法营运车)。八月的杭州,天气异常闷热,水泥停车场上更是酷热难忍,旅游团游客得知情况后,怨声四起。面对这一情景,小唐没有慌神,他首先找全陪和领队商量,一起做游客的思想工作,并向游客表示歉意。然后,立即打电话向旅行社说明了情况,并要求尽快派车。等了半个小时左右,旅行社所派的车子终于到了,可游客个个都汗流浃背。

(资料来源　http://wenku.baidu.com/link?url=0E3HdZaqK8HAginDnGg_AJ0KM)

问题:

1.谁该为此事负责?

2.小唐的做法对吗?

参考文献 References

[1] 吕勤,郝春东.旅游心理学[M].广州:广东旅游出版社,2008.
[2] 吴正平.实用服务心理学[M].北京:中国旅游出版社,2012.
[3] 吴正平.旅游心理学教程[M].北京:旅游教育出版社,2014.
[4] 吴正平.现代饭店人际关系学[M].广州:广东旅游出版社,2013.
[5] 马莹.旅游心理学[M].北京:中国旅游出版社,2007.
[6] 张树夫.旅游心理学[M].北京:高等教育出版社,2010.
[7] 甘朝有,齐善鸿.旅游心理学[M].天津:南开大学出版社,2009.
[8] 孙喜林,荣晓华.旅游心理学[M].大连:东北财经大学出版社,2010.
[9] 马谋超,高云鹏.消费者心理学[M].北京:中国商业出版社,2011.
[10] 雷国营,韦燕生.旅游服务心理学[M].天津:天津大学出版社,2011.
[11] 刘纯.旅游心理学[M].北京:高等教育出版社,2009.
[12] 刘启程.旅游心理学[M].天津:天津大学出版社,2005.
[13] 屠如骥.旅游心理学[M].天津:南开大学出版社,2012.
[14] 黄合水.广告心理学[M].上海:上海人民出版社,2008.
[15] 陈莜.旅游心理学[M].武汉:武汉大学出版社,2013.
[16] 高玉祥.个性心理学[M].北京:北京师范大学出版社,2011.
[17] 张春兴.现代心理学[M].上海:上海人民出版社,2010.
[18] 程正方.现代管理心理学[M].北京:北京师范大学出版社,2013.
[19] 黄志成,程晋宽.现代教育管理论[M].上海:上海教育出版社,2012.
[20] 卢盛忠,钱冰鸿.组织行为学[M].杭州:浙江教育出版社,2011.
[21] 杨辛,甘霖,刘荣凯.旅游美学原理纲要[M].北京:北京大学出版社,2008.
[22] 秦龙.马斯洛与健康心理学[M].呼和浩特:内蒙古人民出版社,2008.
[23] 乔修业.旅游美学[M].天津:南开大学出版社,2007.
[24] 国家旅游局人事劳动教育司.旅游心理学[M].北京:旅游教育出版社,2008.
[25] 国家旅游局人事劳动教育司.导游基础知识分册[M].北京:旅游教育出版社,2010.

教学支持说明

全国高等职业教育旅游大类"十三五"规划教材系华中科技大学出版社"十三五"规划重点教材。

为了改善教学效果,提高教材的使用效率,满足高校授课教师的教学需求,本套教材备有与纸质教材配套的教学课件(PPT电子教案)和拓展资源(案例库、习题库、视频等)。

为保证本教学课件及相关教学资料仅为教材使用者所得,我们将向使用本套教材的高校授课教师和学生免费赠送教学课件或者相关教学资料,烦请授课教师和学生通过邮件或加入旅游专家俱乐部QQ群等方式与我们联系,获取"教学课件资源申请表"文档并认真准确填写后发给我们,我们的联系方式如下:

地址:湖北省武汉市东湖新技术开发区华工科技园华工园六路

邮编:430223

电话:027-81381206

E-mail:lyzjjlb@163.com

旅游专家俱乐部QQ群号:306110199

旅游专家俱乐部QQ群二维码:

群名称:旅游专家俱乐部
群　号:306110199

教学课件资源申请表

填表时间：_____年___月___日

1. 以下内容请教师按实际情况写，★为必填项。
2. 学生根据个人情况如实填写，相关内容可以酌情调整提交。

★姓名		★性别	□男 □女	出生年月		★职务	
						★职称	□教授 □副教授 □讲师 □助教

★学校		★院/系	
★教研室		★专业	
★办公电话		家庭电话		★移动电话	
★E-mail（请填写清晰）				★QQ号/微信号	
★联系地址				★邮编	

★现在主授课程情况		学生人数	教材所属出版社	教材满意度
课程一				□满意 □一般 □不满意
课程二				□满意 □一般 □不满意
课程三				□满意 □一般 □不满意
其 他				□满意 □一般 □不满意

教 材 出 版 信 息					
方向一	□准备写	□写作中	□已成稿	□已出版待修订	□有讲义
方向二	□准备写	□写作中	□已成稿	□已出版待修订	□有讲义
方向三	□准备写	□写作中	□已成稿	□已出版待修订	□有讲义

请教师认真填写表格下列内容，提供索取课件配套教材的相关信息，我社根据每位教师/学生填表信息的完整性、授课情况与索取课件的相关性，以及教材使用的情况赠送教材的配套课件及相关教学资源。

ISBN（书号）	书名	作者	索取课件简要说明	学生人数（如选作教材）
			□教学 □参考	
			□教学 □参考	

★您对与课件配套的纸质教材的意见和建议，希望提供哪些配套教学资源：